Business French
Made Simple

Related titles in the series

Business French
Made Simple

John Hudson
*Professeur Agrégé, École Supérieure
de Commerce de Clermont et Université Blaise Pascal*

and

Nicole Tosser
*Senior Lecturer, The Business School, Buckinghamshire
College of Higher Education*

Cartoons by Pierre Abgrall

**MADE SIMPLE
BOOKS**

4586 7/43 LANG

A nos enfants Cathy, Dominique,
Claire et Yann

Made Simple
An imprint of Butterworth-Heinemann Ltd
Linacre House, Jordan Hill, Oxford OX2 8DP

  PART OF REED INTERNATIONAL BOOKS

OXFORD   LONDON   BOSTON
MUNICH   NEW DELHI   SINGAPORE   SYDNEY
TOKYO   TORONTO   WELLINGTON

First published 1992

British Library Cataloguing in Publication Data
Hudson, John
  Business French. – (Made Simple Books)
  I. Title II. Tosser, Nicole III. Series
  448.3

ISBN 0 7506 0299 6

Typeset by Key Graphics, Aldermaston, Berks
Printed and bound in Great Britain by Clays, St Ives plc

Contents

■   = Cassette symbol

Acknowledgements

We wish to thank our family and friends for the support and encouragement that they have given us during the writing of this book.

We also wish to thank the following companies and institutions for allowing us to use their names and genuine documents to illustrate our text:

Ariston
Buckinghamshire College of Higher Education
Bull
Caugant
Comp'air
Cotten
Crédit Lyonnais
Ercol
M. Gaonac'h, Restaurant Le Galion, Concarneau
Institut de la Promotion Supérieure du Travail, Toulouse
Ondet, SA
Sainsbury's
Valéo
Waitrose

Unit 1

Introduction

OBJECTIVES

Books advising English-speakers on how to survive in France have been popular for centuries, so what is special about this one? Two observations commonly made in the international business community have guided our approach:

> 'The most useful foreign language for business people to learn is . . . the one spoken by their customers.'
> 'It's easy to buy anything if you speak English; if you want to sell something, it's best to speak your customer's language.'

First and foremost, this book is intended for English-speakers who wish to improve their French in order to do business with French-speakers. It is based on the principle that a language is much more than items of vocabulary and grammar rules and on the belief that people working alone need much more help than those who have a teacher. What follows is essential if you are to get the most out of the book and gain rapidly in fluency.

UNITS

Most units consist of nine parts which are listed and described below in the order in which they appear. This is not a rigid format, and in some units a particular component may be changed or may not appear, as thought fitting.

Setting the scene

Each unit begins with a brief introduction to set the scene for that particular topic.

Dialogue

The introduction is followed by one or several dialogues, which constitute the backbone of *Business French Made Simple*. They are written in authentic, modern, 'spoken' French and should be practised exhaustively. Read them to yourself, read them aloud; read them with the text and without it; if you have also bought the tape, repeat parts or the whole before the tape, with the tape and after the tape; play them and repeat them in your car. Enjoy them and enjoy getting as close as possible to the French sounds. The bad news is that it is most unlikely that you will ever get rid of your English-based accent. The good news is that the French will love it and mimic you mercilessly! The bottom line is that your accent must never be so strong as to become a barrier to easy comprehension and the only solution is to work at it regularly.

Translation

There is a great deal of translated material throughout the book (each dialogue is translated for example). We do not believe that translating is the only or even the best way of acquiring a foreign language, but the self-access learner must never feel at a loss and it is comforting to know that the translation is there if and when you need it. What we do recommend in respect of translating (and it goes for most exercises in the book), is that you work with a note-book or loose-leaf pad and that you go back over exercises regularly and compare with previous performances to check what mistakes you are still making and what progress you have made. Another strategy is to take one of your translations, translate back into French or English and then compare it with the original. You cannot improve a skill without regular practice; the important thing here is to make the repetitions interesting and motivating. Compete with yourself!

A final word on the translations. We have tried to make the language as authentic as possible and so the translations are rarely literal. Your guideline should be: is the message clear and is it a faithful representation of the original?

Vocabulary (vocabulaire)

For the sake of convenience, the important vocabulary specific to each topic area is given after the translation of the dialogues. It can also be found in the English–French and French–English sections at the end of the book. More general expressions are only given at the end. These sections are not intended to replace a good dictionary, merely to provide a quick reference. It is important to remember that the English equivalent that is suggested for each word or expression is that which best fits the given context and that in a different context there may be a more appropriate translation.

A major stumbling block for foreign speakers of French is gender, which is why we always indicate the gender of a new word. A good habit in this respect is to keep a small notebook (like those used for addresses and phone numbers) and to jot down words whose gender you find difficult to remember, masculine words on the left-hand page, feminine ones on the right. Then refer to it frequently and your visual memory should do the rest.

Questions and answers (questions, réponses)

In Unit 2 you are shown how questions are framed in French; thereafter each dialogue is followed by a few questions in French, for which model answers are given. Questions and answers are very frequent in the spoken language, especially between foreign visitors and native speakers. This sequence provides learners with practice in using the interrogative form, and the Réponses enable them to check their own answers against the model (which is not necessarily the only possible answer).

As with the translations, it is good practice to do the same exercise in reverse at a later date, i.e. try to formulate questions which elicit your answers. You can then check these against the original questions. When doing this sort of exercise, be attentive to such things as verb endings and the agreements of nouns, adjectives and past participles.

Practise reading the questions and answers aloud. Remember that most questions in spoken French are simply affirmative forms with a rising intonation, so it is important to master this aspect of the language, which in reality is quite simple.

How to . . . (comment . . .)

This section gives practical advice on how to express yourself in a given area or in certain circumstances. Again the idea is to provide easy reference sections to specific areas of French. We have always selected authentic and appropriate expressions that are used commonly in everyday French.

Do not hesitate to add your own expressions in the light of your experience. (The editor wanted us to include 'the postilion has alighted' but we refused.)

There are often task-based activities after these sections to encourage you to try and use the expressions in context. Don't skip these tasks, even if you have no one to correct your French – the practice will help make you perfect!

Grammar and language notes

We have tried to make this section palatable and useful, so we hope the purists will forgive us. As with the vocabulary, the remarks should be taken in context. If you want an authoritative grammar book (and who doesn't!) then refer to the books recommended in the bibliography.

Exercises

More opportunities to flex your muscles! The exercises take many forms; you might be asked to translate something, to supply missing words, to substitute one phrase for another, to invent a conversation or fill in a crossword. Try to resist the temptation to peep at the key before you have finished and, as with other sections, go back and re-do exercises after a lapse of time to see if you are improving.

Background notes

This unit began by asking what is special about *Business French Made Simple*. As you may have gathered from the preceding remarks, a major objective has been to make it 'user-friendly'. Another important objective has been to provide prospective business visitors to France with practical, up-to-date advice on doing business there. The notes at the end of each unit include remarks and suggestions on anything particularly French in the area concerned and which it was not possible to include elsewhere in the unit. We hope that this book will be your 'vade mecum' on your next trip to France, be it for business or for pleasure.

METHODOLOGY

Skill acquisition in any field involves phases of progressions from incompetence to competence, from conscious effort to unconscious accomplishment. Acquiring 'unconscious competence' in a foreign language takes time and effort. The aim of this book is to help learners progress by making the best use of their time and energy. We recommend regular sessions, short but lively, and lots of repetition and self-assessment. Do not hesitate to flip from one unit to another and to back-track regularly. What seemed arduous at first often seems easy second time round. Keep records of your own work and exercises and add notes and observations to the book itself. A self-respecting vade mecum should have a decidedly dog-eared appearance! Bon courage, bon voyage et bonne route!

ABBREVIATIONS USED IN THIS BOOK

+	plus (i.e. followed by)
adj	adjective
(adv)	adverb
(*f*)	feminine
fam.	familiar/familier
inf	infinitive
lit.	literally
(*m*)	masculine
(n)	noun
(*pl*)	plural
sthg	something
v	verb

Unit 2

Présentations (*Introductions*)

SETTING THE SCENE

This unit deals with introductions: introducing oneself and one's colleague.

DIALOGUE

Vous arrivez à la réception de la société Bolin à Paris. Il est dix heures moins cinq. Vous représentez la société britannique Fox. Vous vous appelez Taylor.

Mr Taylor	Bonjour, Mademoiselle, j'ai rendez-vous avec Monsieur Joli à 10 heures.
Réceptionniste	Bonjour, Monsieur. Qui dois-je annoncer?
Mr T.	Monsieur Taylor, de la société Fox en Angleterre.
R.	Un instant, je vous prie. Allô, Monsieur Joli? Monsieur Taylor est à la réception. Bien. Parfait, je vous l'amène. Si vous voulez bien me suivre, Monsieur Taylor . . .

Dans le bureau de M. Joli.

M. Joli	Bonjour, Monsieur Taylor! Joli, directeur des achats! (*Ils se serrent la main.*) Enchanté de faire votre connaissance!
Mr T.	Enchanté, Monsieur Joli!
M. J.	Asseyez-vous, je vous prie. Vous êtes de la société Fox, n'est-ce pas?
Mr T.	C'est cela. Je suis directeur des ventes.

TRANSLATION

You are at the reception desk of the Bolin company in Paris. It is five minutes to ten. You represent the British Company Fox. Your name is Taylor.

Mr Taylor	Good morning. I have an appointment with M. Joli at 10 o'clock.
Receptionist	Good morning, sir. What name is it, please?
Mr T.	Mr Taylor from Fox's, England.
R.	Just a moment please. Hello, M. Joli? There's a Mr Taylor here for you. Very good, sir, I'll show him in. If you'd like to come this way, Mr Taylor . . .

In M. Joli's office.

M. Joli	Good morning, Mr Taylor. My name is Joli, I'm sales manager here. (*They shake hands.*) Pleased to meet you.
Mr T.	How do you do?
M. Joli	Do sit down. You're from Fox's, aren't you?
Mr T.	That's right. I'm their sales manager.

VOCABULAIRE

présenter quelqu'un	to introduce someone
présenter quelque chose	to present sthg
enchanté(e) de + inf	delighted to
ravi(e) de + inf	delighted to
heureux (se) de + inf	pleased to
la société, l'entreprise (f)	the company
le service	the department
le chef de service	the head of department
le responsable	the person in charge
les achats (*mpl*)	purchasing
les ventes (*fpl*)	sales
les exportations (*fpl*)	exports
un rendez-vous	an appointment

ASKING QUESTIONS

There are three basic ways of forming a question in French.

1   With a rising intonation; i.e. your voice goes up at the end of the sentence:

Vous avez fait bon voyage?	Did you have a good trip?
Vous voulez un café?	Would you like a cup of coffee?

2   With 'est-ce que . . . ?':
         Est-ce que vous avez fait bon voyage?
         Est-ce que vous voulez un café?
3   With an inversion:
         Avez-vous fait bon voyage?
         Voulez-vous un café?
N.B.   Inversions in the 3rd person singular will sometimes require *a-t-*:
         Pense-t-elle . . . ? A-t-il . . . ?

COMMENT PRÉSENTER UN COLLÈGUE (INTRODUCING A COLLEAGUE)

          Permettez-moi de vous présenter Monsieur Cox, responsible du
          service des exportation à la société Fox.
ou   Monsieur Colin, je vous présente Monsieur Cox, responsable du
          service des exportations à la société Fox.

          May I introduce you to Mr Cox, who's in charge of the export
          department at Fox's?
or   Monsieur Dupont, please meet Mr Cox, who's in charge of the
          export department at Fox's.

GRAMMAR AND LANGUAGE NOTES

Main interrogatives:

Qui? qui est-ce qui?   Who?

Qui ira en France?/Qui est-ce qui ira en France?	Who'll go to France?
Qui est-ce qui a pris mon stylo?/Qui a pris mon stylo?	Who's taken my pen?

Que? qu'est-ce que?   What?

Qu'est-ce que tu veux?	What do you want?
Que préférez-vous, le thé ou le café?	What do you prefer, tea or coffee?

Quel,quelle,quels,quelles? Which?

Vous prenez quel avion?	Which plane are you taking?
Quels produits avez-vous apportés?	Which products have you brought?

Combien? How much, how many?
Comment? How?
Pourquoi? Why?
Où? Where?
Quand? When?

EXERCISES

A Translate:
  1 Good morning. I'm Steve Murray from Syntex in Great Britain.
  2 I have an appointment with M. Rocard.
  3 Allow me to introduce my colleague, Jim Brown.
  4 This is Mary Foster, our export manager.
  5 Pleased to meet you.

Key

1 Bonjour, je suis Steve Murray de la société Syntex en Grande-Bretagne.
2 J'ai rendez-vous avec Monsieur Rocard.
3 Permettez-moi de vous présenter mon collègue, Jim Brown.
4 Je vous présente Mary Foster, directrice des exportations.
5 Enchanté(e).

B Read these five sentences aloud:

  1 Vous êtes bien Monsieur Leroy, le nouveau chef des ventes?
  2 Pourrais-je avoir un renseignement s'il vous plaît?
  3 Vous êtes anglaise?
  4 Permettez-moi de vous présenter Mrs Paton.
  5 Vous travaillez pour Bull?

Now find the appropriate response:

    a   Enchantée, Madame.
    b   Non, je suis américaine.
    c   Je vous en prie. Que voulez-vous savoir exactement?
    d   Oui, c'est moi.
    e   Non, je suis directeur des ventes chez Compaq.

Key

1d; 2c; 3b; 4a; 5e

C   Complete this dialogue with suitable questions:

Q   ....?
R   Ça va bien, merci.
Q   ....?
R   Pour une société britannique.
Q   ....?
R   Je suis directeur des achats.
Q   ....?
R   Oui, une fois par mois, en moyenne.

Key

Here are some suggested questions. Many others are possible.

    1   Comment allez-vous?
    2   Où travaillez-vous?
    3   Vous faites quoi exactement?
    4   Vous venez souvent en France?

BACKGROUND NOTES

'Tu' and 'vous'

Always use the 'vous' form when you first meet French business colleagues. They may ask you to change to 'tu' once they get to know you better. There is a strong sense of hierarchy in French companies and senior executives will usually be addressed as Monsieur X, using 'vous'.

Surnames

You may be surprised to hear French colleagues address each other by their surnames (Durand, Joli, etc), while using the 'tu' form. This is common practice among men, but never among women.

Shaking hands

Always shake hands when you are introduced to someone and when you meet an acquaintance for the first time that day. 'Bonjour' or 'Salut, Pierre!' are always accompanied by a handshake.

Enchanté(e)!

The most common response when you are first introduced to someone is simply 'Enchanté(e)'.

Titles

Heads of departments may be referred to as 'chef de . . .', 'directeur de . . .' or 'responsable de . . .'. This will vary from one company to another and does not always reflect degrees of hierarchy.

Unit 3

Organiser un voyage d'affaires (Organizing a business trip)

SETTING THE SCENE

In this unit, you will learn all the basic expressions required to book a hotel room in advance. We also review the partitive article and that old favourite, the subjunctive. The unit starts with a phone call from a British secretary to a French hotel.

DIALOGUE

La secrétaire de Mr Halliday est chargée de réserver une chambre pour son patron. Elle téléphone à l'Hôtel des Ducs de Bourgogne à Dijon.

Réceptionniste	Hôtel des Ducs de Bourgogne – bonjour!
Secrétaire	Ici la Société Hoover, Grande-Bretagne. C'est pour une réservation.
R.	Oui, pour quand?
S.	Pour les nuits du 6 et 7 juin prochain.
R.	Qu'est-ce que vous désirez comme chambre?
S.	Une chambre pour une personne, avec salle de bain.
R.	Un instant, je vous prie . . . Désolée, Madame, mais je n'ai plus de chambre à une personne avec salle de bain. Il ne me reste que des chambres à deux personnes à 350 F.
S.	Ça ne fait rien. Serait-il possible d'avoir une chambre donnant sur la cour? Mon patron ne supporte pas le bruit.
R.	Voyons . . . Oui, Madame, c'est possible. Vous avez de la chance, c'est la dernière.
S.	Merci, Madame.
R.	C'est à quel nom?

S.	Halliday. Voulez-vous que je vous l'épelle?
R.	Oui, s'il vous plaît.
S.	H. A. L. L. I. D. A. Y.
R.	Très bien, c'est noté; une chambre côté cour pour les nuits du 6 et du 7 juin.
S.	Au fait, Madame, l'hôtel a-t-il un parking privé ou un garage? Ou peut-on se garer facilement à proximité?
R.	Non, le stationnement est interdit devant l'hôtel mais il y a un grand parking à deux minutes d'ici.
S.	Très bien! Merci, Madame. Au revoir.
R.	Au revoir, Madame.

TRANSLATION

Mr Halliday's secretary has been asked to book a room for her boss. She calls the Ducs de Bourgogne hotel in Dijon.

Receptionist	Les Ducs de Bourgogne hotel.
Secretary	This is Hoover Ltd, Great Britain. I'd like to make a reservation.
R.	Yes; for which dates?
S.	For the 6th and 7th of June.
R.	What sort of room would you like?
S.	A single, with bath, please.
R.	Just a moment . . . I'm sorry, but we have no more singles with bath, just doubles at 350F.
S.	That's all right. Would it be possible to have a room at the rear, please? My boss can't stand noise.
R.	Let's see . . . yes, you're in luck – it's the last one.
S.	Thank you.
R.	What is the name, please?
S.	Halliday. Would you like me to spell it?
R.	Yes, please.
S.	H. A. L. L. I. D. A. Y.
R.	Fine. So we have one room at the rear of the hotel for the 6th and 7th of June.
S.	By the way, does the hotel have a private car park or garage? Or is it possible to park in the street nearby?

R.   No, there's no parking outside the hotel, but there's a
            large car park just two minutes away.
S.   Fine. Thank you. Good-bye.
R.   Good-bye.

VOCABULAIRE

un voyage d'affaires	a business trip
un déplacement	a business trip
être chargé(e) de + inf	to be asked to do sthg
réserver une chambre, table	to book a room, a table
une réservation	a booking
une chambre pour une personne	a single room
donner sur	to look out on
supporter	to stand, to put up with
au fait	by the way
désolé(e)	sorry
ça ne fait rien	that's all right, never mind
la chance	luck
épeler*	to spell
le dernier, la dernière	the last one
stationner, (se) garer	to park
le stationnement	parking
à proximité	nearby
un étage	a floor
au premier étage	on the first floor

*present tense: j'épelle, tu épelles, il/elle épelle, nous épelons, vous épelez, ils/elles épellent

QUESTIONS

1   Qui téléphone à la réceptionniste?
2   Qu'est-ce qu'elle demande à la réceptionniste?
3   Quel est le prix de la chambre?
4   Y a-t-il un parking à l'hôtel?

Réponses

1   La secrétaire de Mr Halliday téléphone aux Ducs de Bourgogne.

2 Elle lui demande de réserver une chambre.
3 Elle coûte 350 F.
4 Non, mais il y en a un à proximité.

GRAMMAR AND LANGUAGE NOTES

Partitive articles

Masculine: du

la société recrute du personnel   the company is hiring staff

Feminine: de la

nous avons de la marchandise de bonne qualité   we have high
quality goods

Before a vowel: de l'
or silent 'h'

il a de l'autorité (m)   his word is law
je voudrais de l'huile (f)   I'd like some oil

Plural: des

nous exportons des produits frais (mpl) we export fresh produce

de

In a negative sentence, or when the adjective precedes the noun, the
partitive article is replaced with **de**

la société ne recrute pas de personnel   the company is not hiring staff
elle a de beaux yeux   she's got lovely eyes

The subjunctive

The subjunctive must be used after:

il faut que   il faut que ce telex *parte* ce matin
                     this telex must be sent this morning

je veux que	je veux que vous me *tapiez* cette lettre
	I want you to type this letter for me
je ne veux pas que	je ne veux pas que vous *arriviez* en retard
	I don't want you to arrive late
je ne crois pas que	je ne crois pas qu'il *ait* raison
	I don't think he's right
je ne pense pas que	je ne pense pas qu'il *soit* directeur de la société
	I don't think he's the company director
je voudrais que	je voudrais que vous me *passiez* Monsieur Tosser
	Could you put me through to Mr Tosser?
je suis heureux(se) que	je suis heureuse que tu *sois* là
	I'm happy you're here
j'ai peur que	j'ai peur qu'il ne *puisse* pas nous livrer à temps
	I'm worried that he won't be able to deliver in time
pour que	je vous apporte les échantillons pour que vous *puissiez* les montrer à votre client
	I'm bringing the samples so you can show them to your customer
c'est + adj + que	c'est normal qu'il vous *prenne* une marge de 20%
	it's only natural that he should take a 20% margin
il est + adj + que	il est possible qu'il *soit* parti hier
	he may have left yesterday

EXERCISES

A Translate

1 I would like to book two double rooms for three nights.
2 May I have a room overlooking the sea please?
3 Can you park in front of the hotel?
4 Do you have a room for the 14th July?
5 I'd rather have a room on the first floor.

Key

1 Je voudrais réserver deux chambres à deux personnes pour trois nuits.
2 Puis-je avoir une chambre qui donne sur la mer, s'il vous plaît?
3 Est-ce qu'on peut stationner dans la rue de l'hôtel?
4 Est-ce que vous avez une chambre pour le 14 juillet?
5 Je préfère une chambre au premier étage.

B *Please complete the following sentences with 'de', 'du', 'de la' or 'des':*

1 Nous n'avons pas ____chambres libres pour la nuit du 7 juin
   We have no rooms available for 7th June
2 J'ai ____ mal à comprendre le français
   I find it difficult to understand French
3 Nous avons ____ amis à Londres
   We have friends in London
4 Il raconte ____ bonnes histoires
   He tells funny stories
5 Elle a ____ humour
   She has a sense of humour

Key

1 de   2 du   3 des   4 de   5 de l'

C **Complete the following sentences with the appropriate form of the subjunctive (refer to the verb tables at the end of the book):**

Il faut absolument que vous me (donner) votre numéro de téléphone. Je ne crois pas que je (finir) avant 20 heures ce soir. Il ne pense pas que je (pouvoir) obtenir une commande. Je voudrais que vous me (prendre) un billet d'avion pour Paris. Que veux-tu que j'y (faire)? C'est normal qu'elle (être) arrivée en retard. Il y avait une grève des aiguilleurs du ciel (*air traffic controllers' strike*). C'est possible qu'il ne (venir) que demain.

Key

donniez   finisse   puisse   preniez   fasse   soit   vienne

BACKGROUND NOTES

Hotel and restaurant guides

If you are a frequent traveller to France, you would do well to invest in one of the following guides, which are published annually:

Le Guide Michelin
Gault-Millau (see extract in Unit 8 'Au Restaurant')
Le Bottin Gourmand

Remember to take a two-pin plug adaptor for your electrical appliances!

Unit 4

A l'hôtel (At the hotel)

SETTING THE SCENE

This unit deals with hotel bookings and includes hotel services.

DIALOGUES

Monsieur Halliday arrive à l'Hôtel des Ducs de Bourgogne à Dijon.

M. Halliday	Bonsoir, Mademoiselle. Mr Halliday de Londres. On a réservé une chambre pour moi.
Réceptionniste	C'est exact, Monsieur. Vous êtes au 77. Voilà votre clé.
M.H.	Merci, Mademoiselle. Pouvez-vous me réveiller demain à 6 heures 30, s'il vous plaît?
R.	Bien sûr. Vous désirez prendre votre petit déjeuner dans votre chambre? Il est servi à partir de 7 heures.
M.H.	Non, merci. Je préfère le prendre dans la salle de restaurant.
R.	Très bien. Bonsoir, Monsieur.
M.H.	Bonsoir, Mademoiselle.

Quelques instants plus tard, Mr Halliday appelle la réception.

M.H.	Mademoiselle, je ne comprends pas. J'avais demandé une chambre qui donne sur la cour et je vois que ma chambre donne sur la rue! Je ne peux pas dormir s'il y a du bruit . . .
R.	Un instant, je vous prie . . . désolée, Monsieur Halliday, mais il ne nous reste pas de chambres côté cour.
M.H.	Alors là, ça ne va pas du tout, Mademoiselle! Ma secrétaire a bien spécifié que je ne supporte pas le bruit. J'ai une réunion très importante demain matin et . . .
R.	Je m'excuse, Monsieur, mais je ne peux rien pour ce soir. Demain nous vous changerons de chambre.

M.H.   Je suis vraiment contrarié . . . Mais puisqu'il n'y a pas
                d'autre solution, tant pis! Bonsoir, Mademoiselle. (*Il
                raccroche violemment.*)

A la reception de l'hotel.

M. Halliday   Monsieur, je voudrais savoir si l'hôtel a un service de
                pressing.
Réceptionniste Bien sûr, Monsieur. Que désirez-vous exactement?
M.H.   Eh bien, je voudrais faire nettoyer un costume et faire
                repasser deux chemises.
R.   Pour quand les voulez-vous?
M.H.   Pour ce soir, s'il vous plaît. J'ai une réunion très
                importante demain matin; il me les faut absolument.
                Je les ai laissés en évidence sur le fauteuil de ma chambre.
R.   Parfait. La femme de chambre va s'en occuper. Vous
                êtes Monsieur . . .?
M.H.   Halliday. Chambre 77. Est-ce que je dois payer tout de
                suite?
R.   Non. La facture pressing sera ajoutée à votre note.
M.H.   Très bien. Merci, Mademoiselle.

TRANSLATION

Mr Halliday arrives at the Ducs de Bourgogne Hotel in Dijon.

Mr Halliday   Good evening. Halliday from London. A booking has
                been made in my name.
Receptionist   That's right, Sir. You are in room 77. Here's your key.
M.H.   Thank you. Could you give me a call at 6.30, please?
R.   Certainly. Would you like breakfast brought to your
                room? It is served from 7 o'clock.
M.H.   No thank you. I'd rather have it in the dining room.
R.   Very good, Sir. Good night!
M.H.   Good night.

A few minutes later, Mr Halliday calls reception.

M.H.   Hello, Reception? Look, I really don't understand what
                has happened. I asked for a room at the rear and I see
                that this room looks out over the street! I can't sleep
                if it's noisy . . .

R.	Hold the line, please . . . I'm sorry, Mr Halliday, but we have no rooms left overlooking the courtyard.
M.H.	Now look here, this just isn't on! My secretary clearly pointed out that I can't stand noise. I have a very important meeting tomorrow morning and . . .
R.	I'm sorry, Mr Halliday, but I'm afraid there's nothing we can do this evening. However, we can change your room tomorrow.
M.H.	Well, I'm not at all pleased about this, but if there is no other solution, I shall just have to put up with it. Good night! (*He slams the phone down violently.*)

At reception.

Mr Halliday	Excuse me, I'd like to know if the hotel has a dry-cleaning service.
Receptionist	Naturally, Sir. What exactly do you need?
M.H.	I'd like to have a suit cleaned and two shirts ironed.
R.	How soon do you need them?
M.H.	For this evening, please. I have a very important meeting tomorrow morning and I really must have them by then. I have left them out on the armchair in my room.
R.	Very good; the chamber maid will deal with it. You are Mr . . .?
M.H.	Halliday, room 77. Do I pay now?
R.	No, the laundry charges will be added to your bill.
M.H.	Fine. Thank you.

VOCABULAIRE

réveiller quelqu'un	to wake someone up
se réveiller	to wake up
ça ne va pas du tout	this won't do, this is not on
spécifier	to point out
changer de	to change sthg
être contrarié(e)	to be upset
raccrocher	to hang up
le service pressing	dry-cleaning service
repasser	to iron
laisser en évidence	to leave in a prominent position

s'occuper de quelque chose	to deal with sthg
s'occuper de quelqu'un	to look after someone
on s'occupe de vous?	are you being served?
la note	the bill
un costume	a suit
une chemise	a shirt
ajouter	to add

QUESTIONS

1   A quelle heure est-ce que M. Halliday veut qu'on le réveille?
2   Est-ce qu'il va prendre le petit-déjeuner dans sa chambre?
3   Pourquoi M. Halliday téléphone-t-il à la réceptionniste?
4   Quelle est la raison de son mécontentement?
5   Pourquoi est-ce que ça le gêne?
6   Est-ce qu'il peut changer de chambre tout de suite?
7   Qu'est-ce que M. Halliday veut savoir?
8   Qu'est-ce qu'il veut exactement?
9   Pour quand les veut-il et pourquoi?
10   Est-ce qu'il doit payer tout de suite?

Réponses

1   Il veut qu'on le réveille à 6h 30.
2   Non, il préfère le prendre dans la salle à manger.
3   Parce qu'il n'est pas content de sa chambre.
4   Sa secrétaire avait réservé une chambre donnant sur la cour et la 77 donne sur la rue.
5   Parce qu'il ne supporte pas le bruit.
6   Non, il ne reste pas une seule chambre côté cour ce soir, mais il changera demain.
7   Il veut savoir s'il y a un service pressing à l'hôtel.
8   Il veut fair nettoyer un costume et faire repasser deux chemises.
9   Il les veut pour le soir même parce qu'il a une importante réunion le lendemain.
10   Non, la facture pressing sera ajoutée à sa note.

COMMENT EXPRIMER SON MÉCONTEMENT
(Expressing displeasure)

Mais enfin, ce n'est pas possible!	But this is impossible!
Je ne suis pas du tout content(e)!	I am not at all pleased!
Je suis vraiment contrarié(e)!	I'm really upset/cross!
Ça alors, je n'en reviens pas!	I just can't believe it!
Ce n'est pas croyable!	It's unbelievable!
C'est ahurissant!	It's incredible!
C'est incompréhensible!	It's inconceivable!
Vous vous rendez compte?!	Do you realize?!

COMMENT DEMANDER UN SERVICE À L'HÔTEL
(How to ask for hotel services)

A directory

Est-ce que voulez-vous me prêter l'annuaire du département du Finistère, s'il vous plaît?

Would you lend me the Finistère department directory, please

A newspaper

Est-ce que voulez-vous me procurer un journal anglais; *The Independent* de préférence?

Would you get me an English newspaper, preferably *The Independent*?

A taxi

Vous pouvez m'appeler un taxi pour 8 heures, s'il vous plaît?

Can you call me a taxi for 8 o'clock, please?

A room to hold a meeting

Avez-vous des salles de réunion? Je voudrais en réserver une pour une dizaine de personnes pour après-demain matin,

Do you have conference rooms? I'd like to book one for about 10 people for the day after tomorrow, from 8 to 12 in the morning.

de 8 heures à midi.

Messages

Est-ce qu'il y a des messages pour moi?

Are there any messages for me?

A doctor/chemist/dentist

Je ne me sens pas bien; pouvez vous m'appeler un docteur, s'il vous plaît?

I don't feel too well; can you call me a doctor, please?

J'ai mal à la tête/à la gorge/à l'estomac/aux dents/etc.

I have a headache/a sore throat/ stomach ache/ toothache/etc.

J'ai de la fièvre.

I'm running a temperature.

Est-ce qu'il y a une pharmacie ouverte à cette heure?

Is there a chemist's open now?

Je voudrais un cachet d'aspirine, s'il vous plaît; il ne m'en reste plus.

I's like an aspirin, please; I don't have any left.

Vous avez quelque chose pour les maux d'estomac?

Do you have anything for stomach pains?

A safe

Vous avez un coffre-fort, n'est-ce pas? Je voudrais y déposer de l'argent/des objets personnels.

You have a safe, don't you? I'd like to deposit some cash/ personal belongings.

A car park

Un de mes amis arrive en voiture demain. Il voudrait savoir si vous pouvez lui réserver une place dans votre parking.

A friend of mine is arriving by car tomorrow. He wants to know if you can book him a space in your car park.

Information about restaurants, shops, shows, visits, etc

Pouvez-vous me recommander un bon petit restaurant avec vue sur la Seine?

Can you recommend a good restaurant, with a view of the Seine?

Est-ce que vous avez un guide des spectacles?	Do you have a guide to what's on in town?
Ma femme voudrait faire quelques achats. est-ce que vous pouvez lui recommander un grand magasin?	My wife wants to do some shopping; can you advise her on a good department store?

Maps and timetables

Est-ce que vous avez les horaires d'avion pour Londres?/les horaires de train pour Lyon?	Do you have plane times to London?/train times to Lyons?
Est-ce que vous avez un plan de la ville?	Do you have a map of the town?

GRAMMAR AND LANGUAGE NOTES

How to say that you have just done something

The structure to remember is: **venir de + inf**:

je viens d'arriver à Tours	I've just arrived in Tours
nous venons de manger	we've just eaten
il vient de lancer une nouvelle gamme de produits	he's just launched a new range of products

A few expressions of time

tout de suite (immediately)

j'arrive tout de suite	I'm coming right away

immédiatement (immediately)

je vous les expédie immédiatement	I'll send them to you immediately

tout à l'heure (soon, in a while)

il viendra tout à l'heure	he's coming soon
je l'ai vue tout à l'heure	I saw her just now

vers (at about)

j'arriverai vers 19 heures   I'll arrive at about 7 p.m.

dans (e.g. une semaine) (in (e.g. a week))

il part dans un mois   he's leaving in a month

depuis:

since (after a point in time)
il travaille chez eux depuis   he's been working for them since
1982   1982

for (after a period in time)
elles y habitent depuis deux   they've been living there for two
ans   years

Personal pronouns (direct objects)

Personal pronouns, direct and indirect, are essential to avoid repetition.
Here is a table that gives the different personal pronouns and the order
in which they must be placed in the sentence when several are used, e.g.
I give *it*(direct) *to them*(indirect): *Je le/la leur donne.*
Do not try to learn this table by heart, but remember to refer to it when
in doubt.

PERSONAL PRONOUNS

EMPHATIC	SUBJECT	REFLEXIVE	DIRECT OBJECT	INDIRECT OBJECT
moi	je	me, m'	me, m'	me, m'
toi	tu	te, t'	te, t'	te, t'
lui	il	}se, s'	le, l'	}lui
elle	elle		la, l'	
	on		–	–
nous	nous	nous	nous	nous
vous	vous	vous	vous	vous
eux	ils	}se	}les	}leur
elles	elles			

Nouns preceded by *à* can be replaced by *y*.
Nouns preceded by *de* can be replaced by *en*.

E.g. Quand est-ce vous allez à Marseille? On y va demain.	When are you going to Marseille? We're going (there) tomorrow.
Indirect objects are used after verbs that require a preposition	e.g. donner à quelqu'un, envoyer à quelqu'un, etc.
Moi, je n'irai pas; toi, tu peux y aller si tu veux.	I won't go; you can go if you want.
Il me regarde toujours quand je me lève pour aller lui donner les lettres tapées.	He always looks at me when I get up to give him the typed letters.
Il la ramène à l'hôtel et lui dit 'Bonsoir'.	He takes her back to the hotel and says goodnight to her.
L'exportation? Nous y pensons très sérieusement, vous savez.	Exporting? We really are thinking about it, you know.
Vous voulez un plan de Paris? Non, j'en ai déjà deux.	Do you want a map of Paris? No, I already have two.
Ce livre? C'est une collègue qui me l'a prêté; je le lui rendrai ce soir.	This book? A colleague lent it to me; I'll give it back to her this evening.

N.B. Personal pronouns come after the verb in affirmative imperatives:

Prêtez-les moi!	Lend them to me.
Donnez-nous votre réponse avant la fin de la semaine.	Let us have your answer before the end of next week.

BUT this is not the case in negative imperatives:

Ne la mettez pas là, s'il vous plaît.	Don't put it there, please.
Ne m'en dites pas plus, je suis de votre avis.	Say no more, I agree with you.

Getting something done

The structure to remember is: **faire + inf.**

Je voudrais faire nettoyer ma robe	I'd like to have my dress dry-cleaned

N.B. Je voudrais la faire nettoyer – I'd like to have it cleaned

Il voudrait faire envoyer un télex à sa société	He'd like to have a telex sent to his company

EXERCISES

A   Translation and dialogue

You receive this telex from the Ducs de Bourgogne hotel. Please translate it.

---

540 277 HOTDUC
ATTN. Mr Halliday
Confirmons réservation chambre 2 personnes
pour 7 et 8 juin – 350 FF.
Salutations. Mme Dujardin

Now make a call to the hotel in Dijon to correct their mistake. (The booking was for June 6th and 7th.)

Key

Confirm booking of one double room for two for June 8th and 9th at FF350. Greetings Mme Dujardin.

For the phone call to correct the telex, we can imagine a conversation along these lines:

Réceptionniste	Allô. Hôtel des Ducs de Bourgogne.
M. Halliday	Bonjour. Je suis Monsieur Halliday de la société Hoover, Grande-Bretagne. Je viens de recevoir votre télex au sujet d'une réservation.
R.	Très bien, Monsieur.
M.H.	Justement, ce n'est pas bien du tout! Vous vous êtes trompé de dates, car je serai chez vous le 6 et le 7 juin, et non pas le 7 et le 8!
R.	Oh, excusez-moi. L'erreur est dans le télex, car je vous ai bien réservé une chambre pour les nuits du 6 et du 7 juin.
M.H.	Très bien. Au revoir, Madame.

Translation:

Receptionist	Ducs de Bourgogne Hotel.
Mr Halliday	Good morning. My name's Halliday, from Hoover in Great Britain. I've just received your telex confirming a booking.

R.	Good!
Mr H.	That's just the point, it's not good! You've got the dates wrong. I shall be there on the 6th and 7th, not the 7th and 8th.
R.	I'm very sorry. It's the telex that is wrong, as the booking is clearly for the 6th and 7th.
Mr H.	O.K. Good-bye.

B Booking by telephone

You arrive in a French town at 8 p.m. You do not have a hotel reservation and so you call from the station. Say that you would like a single room for the night. You want a quiet room, with bath, as you cannot stand showers or noise.

Key

Here is a sample dialogue:

Réceptionniste	Allô. L'Hôtel Brizeux.
Vous	Bonsoir, Madame. Je viens d'arriver à Quimper et je voudrais une chambre pour ce soir.
R.	Très bien, Monsieur. Pour combien de nuits?
V.	Une seule, s'il vous plaît. Je voudrais une chambre à une personne, avec salle de bain.
R.	Il ne nous reste que des chambres à 2 personnes, à 400 F. Ça vous convient?
V.	Oui, ça va. Est-ce que vous pouvez me dire où se trouve l'hôtel par rapport à la gare?
R.	En sortant de la gare, vous tournez à droite; vous suivez le quai del l'Odet et vous prenez la troisième rue à gauche. L'Hôtel Brizeux est à votre droite.
V.	Est-ce loin?
R.	Non. C'est à 10 minutes à pied de la gare.
V.	Je vous remercie. J'arrive tout de suite.

Translation:

Receptionist	Hotel Brizeux.
You	Good evening. I've just arrived in Quimper and I'd like a room for the night.
R.	Yes, Sir. For how many nights?
Y.	Just one, please. I'd like a single room with bath.

R.	We only have double rooms left, at 400F. Will that be all right?
Y.	Fine. Could you tell me how I can get to the hotel from the station?
R.	As you leave the station, turn right and follow the embankment along the Odet. Take the third left and the hotel is on your right.
Y.	Is it far?
R.	No, it's a ten minute walk from the station.
Y.	Thank you. I'm coming right away.

C Translate

1 We have just arrived from Milan.
2 I shall be leaving around 8 o'clock.
3 It's unbelievable! I'm sure I confirmed my booking last week.
4 I'd like breakfast in my room; orange juice, coffee and croissants, please.
5 May I borrow your Paris telephone directory, please.
6 I would like to have this dress dry-cleaned for tomorrow morning. Will that be possible?
7 I'd like to have a car sent to Roissy airport.
8 This report is urgent. I need it before two o'clock.
9 Give it to her by tomorrow.

Key

1 Nous venons d'arriver de Milan.
2 Je partirai vers 8 heures.
3 Ce n'est pas croyable! Je suis sûr d'avoir confirmé ma réservation la semaine dernière.
4 Je voudrais prendre le petit déjeuner dans ma chambre: du jus d'orange, du café et des croissants, s'il vous plaît.
5 Est-ce que je peux emprunter votre annuaire de Paris, s'il vous plaît?
6 Je voudrais faire nettoyer cette robe pour demain, s'il vous plaît. Est-ce que c'est possible?
7 Je voudrais faire envoyer une voiture à l'aéroport de Roissy.
8 Ce rapport est urgent. Il me le faut avant 2 heures.
9 Donnez-le lui d'ici demain.

D Pronouns (i)

Answer the following questions using a personal pronoun in place of the underlined word or expression, and supplying the correct form of the verb.

1 Vous cherchez vos *lunettes*? Oui, je ....
2 Vous regardez souvent *la télé*? Oui, je ....
3 Vous avez trouvé *votre passeport*? Oui, je ....
4 Vous donnerez *la lettre* à *Mme Samain*? Oui, je ....
5 Vous habitez *Toulouse* depuis longtemps? Oui, j' ....
6 Vous avez *des francs belges*? Oui, j' ....
7 Vous direz *bonjour aux Higson* de ma part? Oui, je ....

Key

1 Je les cherche   2 Je la regarde souvent   3 Je l'ai trouvé
4 Je la lui donnerai   5 J'y habite depuis 15 ans 6 J'en ai
7 Je le leur dirai

E Pronouns (ii)

Complete the following text with the appropriate personal pronouns.

Annick et Nicole se connaissent depuis plus de dix ans. (1) habitent Quimper et elles (2) travaillent depuis 1985. Le PDG de leur société (3) envoie souvent à l'étranger et elles doivent (4) donner un rapport écrit de leur mission dès leur retour. Annick ne lit que des romans anglais et elle veut toujours (5) acheter d'autres. Demain, les deux femmes partent en mission en Espagne. La directrice de la filiale espagnole (6) a demandé de (7) envoyer un fax, précisant leur heure d'arrivée à Madrid parce qu'elle ne peut pas aller (8) accueillir à l'aéroport et elle va (9) envoyer un chauffeur de la société. Ils (10) ont trois.

Key

(1) Elles	(2) y	(3) les	(4) lui	(5) en
(6) leur	(7) lui	(8) les	(9) y	(10) en

F   Pronouns (iii)

Answer the following questions, using as many personal pronouns as possible.

1   Vous m'enverrez les brochures?
2   Ont-ils expédié les échantillons aux clients?
3   Vous m'avez donné la lettre de M. Bourhis?
4   Il vous reste beaucoup d'argent?
5   Vous direz à M. Nicolas que je l'attends dans mon bureau à 10 heures?

Key

1   Oui, je vous les enverrai ce soir même.
2   Oui, ils les leur ont expédiés hier.
3   Oui, je vous l'ai donné ce matin.
4   Oui, il m'en reste assez.
5   Oui, je le lui dirai.

BACKGROUND NOTES

The Minitel

The French Minitel system has revolutionized business practices in the last few years. Its many uses are described in Unit 22 on telecommunications. Although telephone directories are still available, they are rapidly being replaced by the Minitel, especially as the directory enquiries service is free of charge if the enquiry takes less than three minutes. Even when directories are available, they may be out of date or contain the yellow pages only. If you are in a hotel equipped with a Minitel and you wish to find a subscriber's number or address, this is the procedure:

- switch on the VDU (the switch is at the front, in the bottom right-hand corner)
- open the keyboard (the release button is top centre)
- pick up receiver and dial 11
- when you get the high-pitched tone, press 'Connexion' and hang up

- instructions will now appear on the screen
- type in the name *or* the 'rubrique' (not both)
- type in the town
- press 'Envoi' (centre)

The screen will now start listing all the subscribers of that name in that town. If the list is very long, it is best to add a first name or a street address. 'Hudson' in the town of 'Mozac' is sufficient to find the author of this note, from anywhere in France . . . and it should not take you more than 10 seconds!

Comment présenter son entreprise (Presenting your company)

SETTING THE SCENE

This unit deals with the presentation of one's company and includes an organization chart.

DIALOGUE

Eric Ashton, acheteur chez Saintsberries, prospecte le marché français pour trouver un fournisseur de pâtes fraîches. Il s'est rendu à Mozac dans le centre de la France pour rencontrer Michel Ondet, PDG de Ondet SA, troisième fabricant français.

Michel Ondet	Permettez-moi, tout d'abord, de tracer brièvement l'historique de mon entreprise.
Eric Ashton	Bonne idée. Vous l'avez fondée en quelle année?
M.O.	J'ai commencé en 1973, avec mon épouse, dans un petit local de 70 mètres carrés. A l'epoque, les Français mangeaient surtout les bonnes vieilles pâtes sèches car la conservation des produits frais était difficile et de faible durée.
E.A.	A quoi attribuez-vous votre expansion?
M.O.	A trois choses: à des procédés de fabrication de pointe; à une exigence de qualité permanente; et à un changement des habitudes alimentaires des Français.
E.A.	Quel est le volume actuel de votre activité?
M.O.	L'entreprise emploie 45 personnes dans une fabrique de 1600 mètres carrés. Nous produisons plus de 1500 tonnes de pâtes fraîches par an, pour un chiffre d'affaires supérieur à 30 MF.
E.A.	Quelles sont les particularités de vos moyens de production?

M.O.	Les carences de l'industrie française en matière de machines-outils sont notoires et j'ai dû, malheureusement, importer notre matériel de l'Allemagne, de l'Italie et du Japon. Mais à présent, nous avons réduit nos temps de fabrication à 10 minutes, entre le mélange des matières premières jusqu'à l'emballage du produit fini. Ceci nous a permis d'obtenir une durée de conservation de 30 jours.
E.A.	Avez-vous une philosophie ou une culture d'entreprise?
M.O.	Plutôt une devise: 'un produit sain, dans un emballage sain'. C'est cette qualité dans le conditionnement qui nous a permis de nous développer de façon régulière.
E.A.	Vous ne vendez qu'en France?
M.O.	Non, nous exportons déjà vers la Belgique et la Hollande . . . et nous comptons sur vous pour faire connaître la marque Ondet outre-Manche!

TRANSLATION

Eric Ashton, who is a buyer for Saintsberries, is prospecting the French market to find a supplier of fresh pasta. He has arrived in Mozac, in central France, to meet Michel Ondet, the Chairman and Managing

Director of Ondet SA, the third ranking French manufacturer.

Michel Ondet	First of all, let me briefly outline the history of my company.
Eric Ashton	Yes. When did you found it?
M.O.	I started in 1973, with my wife, in a small building of 600 square feet. At that time, the French ate mainly the good old dried pasta, as fresh foods were difficult to keep for more than a few days.
E.A.	How do you account for your growth?
M.O.	Three factors contributed: modern production techniques; an insistence at all times on quality; and a change in French eating habits.
E.A.	How big is your company?
M.O.	The firm employs 45 people in a plant with a surface area of 15 000 square feet. We produce fifteen hundred tons of fresh pasta a year, for a turnover in excess of £3M.
E.A.	What are the main features of your production methods?
M.O.	It is a well-known fact that the French are weak in the machine-tools sector, so, unfortunately, most of our equipment was imported from Germany, Italy and Japan. Now, our production time has been cut to ten minutes, from the mixing of the ingredients to the packaging of the finished product. This has enabled us to extend the shelf-life to 30 days.
E.A.	Do you have a company philosophy or culture?
M.O.	A motto, rather: 'a healthy product, in a sound package'. The quality of our packaging has enabled us to grow regularly.
E.A.	Do you sell only in France?
M.O.	No. We already export to Belgium and Holland . . . and we are relying on you to make the Ondet brand popular in the UK!

VOCABULAIRE

acheter	to buy
un acheteur	a buyer
vendre	to sell

un vendeur	a seller or a sales person
une devise	a motto (also, a foreign currency)
une durée	a period of time
prospecter un marché	to prospect a market
un fournisseur	a supplier
une marque	a brand, a make
se rendre	to go, to make one's way (also, to surrender)
rencontrer quelqu'un	to meet someone
fabriquer	to manufacture
un fabricant	a manufacturer
une fabrique, une usine	a factory
un procédé de fabrication (f)	a manufacturing process
produire	to produce
un produit fini	a finished product
un PDG (président directeur général)	a chairman and managing director
tracer l'historique (m)	to retrace the history
fonder une entreprise	to found a company
un local	premises, a building
le conditionnement	packaging, processing
la conservation	preserving
le chiffre d'affaires	turnover
une machine-outil	a machine tool
notoire	notorious, publicly known
une carence	a deficiency (also, a lack, negligence)
réduire	to reduce
un mélange	a mixture
une matière première	an ingredient, a raw material
l'emballage (m)	the packinging
sain(e)	healthy, safe, sound
compter sur quelqu'un	to rely on someone
outre-Manche	in the UK (lit., over the Channel)

QUESTIONS

1   Pourquoi Eric Ashton prospecte-t-il le marché français?
2   Où se trouve l'entreprise Ondet?
3   Quand l'entreprise a-t-elle été fondée?

4   Quel est le chiffre d'affaires de la société?
5   Pourquoi les machines outils ont-elles été importées?
6   Est-ce qu'on peut acheter des pâtes Ondet en Grande-Bretagne?

Réponses

1   Pour trouver un fournisseur de pâtes fraîches.
2   Elle se trouve à Mozac, dans le centre de la France.
3   Elle a été fondée en 1973.
4   Il est supérieur à 30 MF.
5   Parce qu'elles ne sont pas fabriquées en France.
6   Pas encore; mais Michel Ondet espère que Sainsbury's va en importer.

COMMENT DECRIRE SON ENTREPRISE (HOW TO DESCRIBE YOUR COMPANY)

The following expressions will be useful in describing your company or business to a French speaker:

Notre entreprise/société/firme/usine se trouve/est située à (ville)

Our company/factory is in (town) [*all French words for company are feminine!*]

Elle a été fondée en (date)

It was founded in (date) [*practise dates and numbers!*]

Au départ/Á l'origine, elle n'avait que (x) employés

At the start, there were only (x) employees

Il y a cinq ans, nous avons décidé de . . .

Five years ago, we decided to . . .

Aujourd'hui/Á présent, nous avons deux usines/deux unités de production

Today, we have two factories/production units

. . . et nous employons (x) ouvriers

. . . and we employ (x) workers

Nos installations/équipements sont ultra-modernes/perfectionné(e)s
Our installations/equipment are/is the very latest/state-of-the-art

Nous fabriquons des machines/ outils/pièces/composantes/ emballages ...	We manufacture machines/ tools/parts/components/ packaging . . .
. . . que nous vendons dans le pays et à létranger	. . . that we sell at home and abroad
Notre service commercial est informatisé/bien organisé	Our sales department is computerized/well organized
Tout est mis en oeuvre pour satisfaire le client	We do our utmost to satisfy the customer

Task

Prepare a presentation of your company or business, using some of the expressions given above.

GRAMMAR AND LANGUAGE NOTES

ne . . . que . . .

Negative expressions in French generally have two parts, **ne**, which comes in front of the verb, and the second part of the expression, **pas**, **jamais**, **plus**, **rien**, **que**, **personne**, etc., which comes after the verb. Here we shall look briefly at **ne . . . que . . .**

Do you remember how Eric Ashton asked if Ondet sold only in France? He used the affirmative form, with a rising intonation, and with **ne . . . que . . .** on either side of the verb: 'Vous ne vendez qu'en France?' We can imagine other contexts in which the expression might have been used during this dialogue:

Nous n'employons que 45 personnes	We employ only 45 people
Nous n'utilisons que des machines d'importation	We use only imported machinery

Seulement may be used in place of **ne . . . que**, in which case it is placed after the verb:

Nous employons seulement 45 personnes. **Ne . . . que** 'Nous employons 45 personnes' 'Seulement?'	cannot be used without a verb: 'We employ 45 people' 'Is that all?' Here are some common expressions using **ne . . . que**:

Il n'a que 35 ans	He's only 35
Elle n'aime que lui	She loves him and him alone
Je n'y vais que lundi	I'm not going before Monday
Je n'ai pas que ça à faire	I've got other things to do
Il n'en fait qu'à sa tête	He only does what he pleases
Elle ne pense qu'à ça	She thinks of nothing else
Il n'y a qu'à faire comme ça	Let's do it like that

The last expression has given birth to an ironic phrase often used in business circles, which is 'y a qu'à, y a qu'à', meaning 'all we have to do is wave a magic wand'.

ORGANIGRAMMES (ORGANIZATION CHARTS)

Voici l'organigramme de l'entreprise Ondet SA: et celui de l'entreprise Caugant.

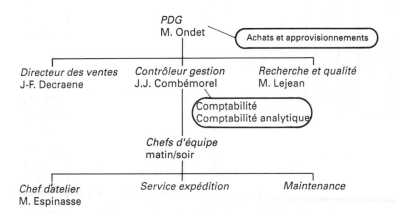

Voici l'organigramme de l'entreprise ONDET SA:

Here are the English equivalents to the different functions. Read each term aloud, followed by the corresponding French term:

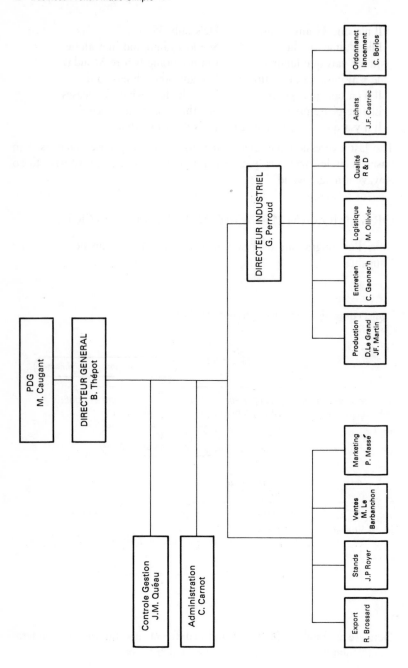

Chairman and managing director; sales manager; company secretary; research and quality control; works manager; supervisors – morning and evening shifts; dispatch; maintenance; purchasing and supplies; accounts and cost accounting.

Now cover up the 'organigramme' and try to find all of the French terms and say them aloud.

Directeur Général

Directeur technique	Directeur marketing	Secrétaire général
Chef(s) d'atelier	Directeur des achats	Administration
Service logistique	Directeur des ventes	Personnel
	Directeur du service après-vente	Comptabilité

EXERCISES

A   Translate

1   The factory, which has a surface area of 15,000 square feet, employs ninety-two people.
2   Our insistence on quality at all times has contributed to our strong growth.
3   This company, which already exports to Germany and Holland, is now prospecting the French market.
4   We have bought some new machines and our production time has been cut to fifteen minutes.
5   If you want to make your brand name well known abroad, you must export only top quality products.
6   We produce over 20 tons of chocolate a day for a turnover of £30M a year.
7   We attribute our growth to a successful export policy.

Key

1   L'usine, qui est de 1600 mètres carrés, emploie quatre-vingt-douze personnes.

2 Notre exigence permanente de la qualité a contribué à notre forte croissance.

3 Cette entreprise, qui exporte déjà vers l'Allemagne et la Hollande, prospecte actuellement le marché français.

4 Nous avons acheté de nouvelles machines et nous avons réduit notre temps de fabrication à quinze minutes.

5 Si vous voulez faire connaître votre marque à l'étranger, il ne faut exporter que des produits de première qualité.

6 Nous fabriquons plus de 20 tonnes de chocolat par jour pour un chiffre d'affaires annuel de 300 MF.

7 Nous attribuons notre expansion à une politique d'exportation réussie.

Complete the following text by inserting the words from the list below:

Une entreprise britannique qui (1) de la confiture, vient d' (2) une petite (3) française, qui a été son (4) principal de (5) premières depuis 20 ans. L'usine en France était (6) en 1967 par le (7) actuel et, en un peu plus de 20 ans, l'entreprise a pu se faire une bonne image de (8). Sa réussite est due en grande partie à son utilisation de (9) modernes et à un procédé de (10) qui assure une bonne (11) des produits. En 1990, l'entreprise a fait un chiffre d' (12) de l'ordre de 15 MF.

a PDG	b conditionnement	c entreprise
d marque	e fondée	f conservation
g acheter	h affaires	i fournisseur
j fabrique	k matières	l machines

Key

1j; 2g; 3c; 4i; 5k; 6e; 7a; 8d; 9l; 10b; 11f; 12h

C Change these sentences by adding the concept given in English:

1 Elle m'a donné deux morceaux de chocolat. (only)

2 Nous sommes allés en France. (never)

3 Les femmes fument beaucoup. (not)

4 Il comprend quand je lui parle. (nothing)

5 Ils viendront à nos soirées musicales. (not any more)

6 Ils ont un enfant. (only)

7   Il va me donner le courrier   (not – on the first verb)
     à poster, j'espère.

Key

1 Elle ne m'a donné que . . .   2 Nous ne sommes jamais allés . . .
3 Les femmes ne fument pas . . .   4 Il ne comprend rien . . .
5 Ils ne viendront plus . . .   6 Ils n'ont qu'un . . .
7 Il ne va pas me donner . . .

Unit 6

Visite de l'entreprise
(Visiting the company)

SETTING THE SCENE

One of the authors of the book is being shown round the company you were introduced to in the previous unit. Showing people round, giving directions, obtaining information and expressing gratitude are also dealt with in some detail.

DIALOGUE

Michel Ondet, PDG de l'entreprise Ondet SA, fait visiter sa société à Nicole Roberts.

M. Ondet   Si vous voulez, nous pouvons faire une visite rapide de l'entreprise. Vous allez voir au premier étage les bureaux et au rez-de-chaussée les ateliers et les salles réservées au personnel.

Nicole Roberts   Volontiers, oui; ça m'intéresse beaucoup.

Ils montent à l'étage.

M.O.   A droite, vous avez le service commercial et la comptabilité et à gauche l'accueil, mon bureau et ceux de mes collaborateurs les plus proches, c'est à dire M. Decraene, directeur des ventes et M. Combémorel, contrôleur de gestion.

Ils descendent au rez-de-chaussée

M.O.   Veuillez passer cette blouse blanche avant de commencer la visite des chaînes de production.

N.R.   Qu'est-ce que c'est que cette énorme machine?

M.O.   C'est un synoptique. C'est le poumon de l'usine. Elle contrôle la distribution de la semoule, des oeufs et de l'eau sur chacune des lignes de production. A droite vous voyez la chaîne spaghetti, à gauche la chaîne tortellini et au milieu les ravioli.

N.R. Je vois que vous avez des machines ultra-modernes, mais qu'est-ce qu'il y a de l'autre côté de cette cloison?

M.O. Les chaînes d'emballage; les produits sont emballés immédiatement après la pasteurisation et le refroidissement. Ensuite il y a le service de préparation des commandes et d'expédition.

N.R. Je suis vraiment très impressionnée par vos machines.

M.O. A droite là-bas, vous avez le bureau de M. Espinasse, notre chef d'atelier et au fond du couloir en face vous avez le restaurant et les vestiaires homme et femme. A gauche c'est le laboratoire.

N.R. Le laboratoire?

M.O. Oui. C'est là que Melle LeJean, notre reponsable de la recherche et de la qualité et son assistant effectuent les tests sur les matières premières et les produits finis.

N.R. Je vois.

M.O. Maintenant vous pouvez quitter votre blouse blanche car nous avons terminé la visite. Voilà, comme vous le voyez, notre usine n'est pas immense, mais elle est, je crois, très fonctionnelle.

N.R. Effectivement, vous êtes bien installés. Je trouve que l'agencement est particulièrement réussi. Je vous remercie, Monsieur Ondet, de m'avoir consacré votre temps si précieux.

M.O. Je vous en prie. Tenez, voici deux paquets de pâtes fraîches qui viennent d'être emballées; vous pouvez les goûter ce soir!

N.R. Merci beaucoup, j'adore les pâtes! Au revoir, Monsieur Ondet.

M.O. Au plaisir.

TRANSLATION

Michel Ondet, managing director of Ondet SA, is showing Nicole Roberts round the firm.

| M. Ondet | If you like, I can show you quickly round the firm. On the first floor, you'll see the offices and on the ground floor, the work shops and the rooms reserved for the workers. |
| Nicole Roberts | Yes, that would be interesting. |

They go upstairs

| M.O. | On the right you have sales and accounts and on the left, reception, my office and those of my closest assistants, that is to say M. Decraenne, sales manager, and M. Combémorel, the company secretary. |

They go back down to the ground floor

M.O.	Please put this white overall on before we start going round the production lines.
N.R.	What is this enormous machine?
M.O.	It is a synoptic machine. It is the heart (*lit., the lung*) of the factory. It controls the distribution of the flour, the eggs and the water to each of the production lines. On the right you can see the spaghetti line, on the left the tortellini and in the centre, the ravioli.
N.R.	I notice you have very modern machinery, but what's behind this partition?
M.O.	The packaging lines; the products are packaged as soon as they have been pasteurized and cooled. There's also the orders and dispatching department.
N.R.	Your machines are most impressive.
M.O.	On the right, over there, is the office of M. Espinasse, our production manager, and at the end of the corridor facing you, there's the canteen and the men's and women's changing rooms. On the left, is the laboratory.
N.R.	The laboratory?
M.O.	Yes. It is there that Melle LeJean, our research and quality manager, and her assistant carry out their tests on raw materials and finished products.
N.R.	I see.
M.O.	You can take your overall off now, as the visit is over. Well, there you are; as you can see, the factory is not enormous, but I think we can say that it's functional.

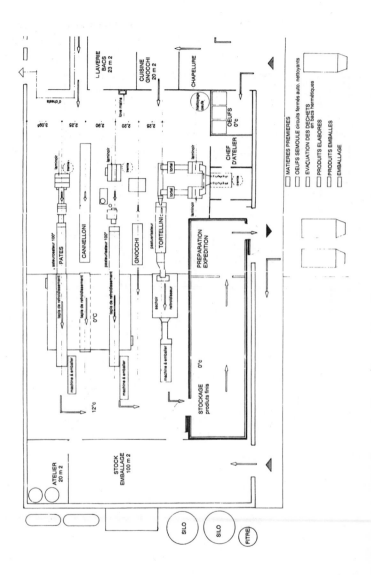

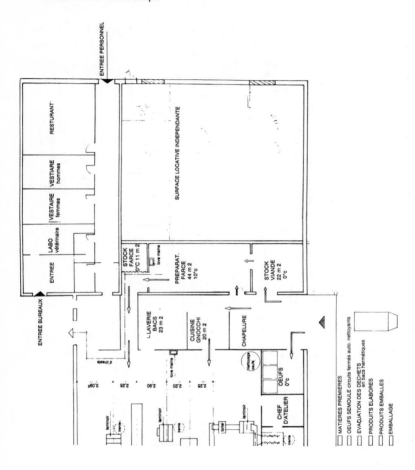

N.R.   Indeed, you have a good set up. I find the lay-out
              particularly well done. I'd like to thank you, M.
              Ondet, for having given me some of your precious
              time.
M.O.   Don't mention it. Here, please have these two packets
              of fresh pasta that have just come off the lines; you
              can taste them this evening.
N.R.   Thank you, I love pasta! Goodbye, M. Ondet.
M.O.   Goodbye.

VOCABULAIRE

un organigramme	an organization chart
l'usine (f)	factory
un atelier	workshop
un poumon	a lung
la chaîne de production	production line
être impressionné(e) par	to be impressed with
la cloison	the partition, the wall
la chaîne d'emballage	the packaging line/department
emballer	to package, to wrap up
le refroidissement	cooling
la pasteurisation	pasteurization
le vestiaire	cloakroom, rest-room
le chef d'atelier	production manager, shop-floor supervisor
le service commercial	sales department
le service comptabilité	accounts department
l'accueil	reception
le contrôleur de gestion	the management controller
agencer	to organize, to lay out
l'agencement(m); la disposition	the lay-out
consacrer (du temps, de l'argent)	to devote (time, money)

QUESTIONS

1 Que propose M. Ondet à Mme Roberts?
2 Qu'est-ce que Mme Roberts doit faire avant de commencer la
   visite de l'usine?

3 Qu'est-ce qu'il y a au rez-de-chaussée?
4 Qui est Melle Lejean?
5 Décrivez ce qu'il y a au premier étage?
6 Comment Mme Roberts trouve-t-elle l'usine?
7 Qu'est-ce que M. Ondet donne à Mme Roberts à la fin de la visite?

Réponses

1 Il lui propose de visiter l'entreprise.
2 Elle doit mettre une blouse blanche.
3 Il y a les ateliers et les salles réservées au personnel.
4 Elle est responsable de la recherche et du développement chez Ondet.
5 Il y a les bureaux: le service commercial et la comptabilité à droite et ceux de l'accueil, du PDG, du contrôleur de gestion et du directeur des ventes à gauche.
6 Elle la trouve très bien agencée.
7 Il lui donne deux paquets de pâtes fraîches.

DONNER DES DIRECTIONS LORS D'UNE VISITE (GIVING DIRECTIONS ON A VISIT)

Ici nous sommes au rez-de-chaussée/au troisième étage/au sous-sol	Here we are on the ground floor/on the third floor/in the basement
Nous voilà dans l'entrepôt	Here we are in the warehouse
Ici; là	Here; there
à droite; à votre droite	to the right; to your right
à gauche; à votre gauche	to the left; to your left
au fond; tout au fond	at the back/bottom; right at the back
en bas; en haut	below/down there; above/up there
au bout de; au bout du couloir	at the end of; at the end of the corridor
au dessus de; en face de	above/over; facing
devant; derrière	in front of; behind/at the back of
dans le coin	in the corner
le long de; le long du mur	along; along the wall

ACQUIESCER/MONTRER SON INTÉRÊT LORS D'UNE VISITE (ACQUIESCING/SHOWING INTEREST ON A VISIT)

Très bien	very good; fine
Je vois	I see
C'est très intéressant	that's most interesting
Qu'est-ce que c'est que ce((t)te) . . .	what is this . . .

OBTENIR DES RENSEIGNEMENTS DANS L'ENTREPRISE (OBTAINING INFORMATION IN AND AROUND THE COMPANY)

Où se trouve . . ., s'il vous plaît?	Where is . . ., please?
Je ne trouve pas le bureau du directeur marketing	I can't find the marketing manager's office
Pouvez-vous me dire où se trouve . . .?	Can you tell me where the . . . is?
Pouvez-vous m'indiquer le service commercial?	Could you direct me to sales?
Sauriez-vous par hasard où je pourrais trouver M. Bourhis?	Would you by any chance know where I could find M. Bourhis?
Pardon, où dois-je m'adresser pour . . .?	Excuse me, where should I enquire for . . .?
J'aimerais savoir s'il est possible de . . .	I'd like to know if it's possible to . . .

COMMENT EXPRIMER SA GRATITUDE (HOW TO EXPRESS GRATITUDE)

Je vous remercie de m'avoir invité	Thanks for inviting me
Merci de m'avoir consacré un peu de votre temps	Thank you for having given me some of your time
Merci de nous avoir apporté des échantillons	Thanks for bringing us some samples

| Nous vous remercions d'être venus au Salon des Arts Ménagers | Thank you for coming to the Ideal Home Exhibition (*lit., the Domestic Arts Show*) |

N.B. 'remercier de' is followed by 'avoir' or 'être' + the past participle of the verb.

GRAMMAR AND LANGUAGE NOTES

The passive voice

Study this example:

La lettre a été envoyée hier   The letter was sent yesterday

French and English passives are formed in the same way, i.e. 'être' + past participle. However, this voice is used less frequently in French than in English. It can be avoided by using one of the following structures:

- 'on' + the active voice (e.g. on a envoyé la lettre hier)

- a relexive verb (e.g. l'affaire s'est faite rapidement – the deal was quickly made)

- a noun clause in place of the verb (e.g. à cause de la destruction de l'usine – because the factory had been destroyed)

Demonstrative pronouns

Celui-ci	Celui-là	This one/that one (m)
Celle-ci	Celle-là	This one/that one (f)
Ceux-ci	Ceux-là	These ones/those ones (mpl)
Celles-ci	Celles-là	These ones/those ones (fpl)

| Ici, nous avons deux chaînes qui travaillent; celle-ci fait des spaghetti, celle-là des tortellini | Two lines are working here; this one is producing spaghetti, that one tortellini |

EXERCISES

A TRANSLATE

1 Your offices are well organized.
2 Your production line is extremely modern.

3   I am very impressed with the lay-out of this factory.
4   Please follow me; reception is on the left.
5   May I introduce you to our sales manager?

Key

1   Vos bureaux sont bien organisés.
2   Votre chaîne de production est extrêmement moderne.
3   Je suis très impressionné par l'agencement de cette usine.
4   Veuillez me suivre; la réception se trouve à gauche.
5   Puis-je vous présenter au directeur des ventes?

B   VERBS (i)

Complete the following sentences with the appropriate form of the verb in brackets. You are thanking someone for having done something:

1   Je suis heureux de (visiter) votre usine et je vous remercie de (inviter) deux de mes collègues.
2   Nous vous remercions de (venir) à l'aéroport pour nous apporter des échantillons.
3   Encore merci de nous (répondre) si vite.

Key

1 d'avoir visité; d'avoir invité   2 d'être venu   3 de nous avoir répondu

C   VERBS (ii)

Put the following sentences into the passive voice:

1   On transporte les visiteurs jusqu'à l'usine.
2   Ses collègues estiment cet homme énormément.
3   On a fondé l'entreprise en 1982.
4   On a ajouté un second bâtiment en 1985.
5   Ses collaborateurs l'accompagnaient.
6   Je vois que votre entreprise vous passionne.

Key

1 Les visiteurs sont transportés jusqu'à l'usine.
2 Cet homme est énormément estimé de ses collègues.
3 L'entreprise a été fondée en 1982.
4 Un second bâtiment a été ajouté en 1985.
5 Il était accompagné de ses collaborateurs.
6 Je vois que vous êtes passionné par votre entreprise.

BACKGROUND NOTES

1 Factory visits in France are similar to factory visits the world over. One difference that might surprise British visitors is that you are unlikely to be offered tea or coffee, and if you are, it will probably be coffee from a vending machine served in a plastic cup.
2 It is very embarrassing for an often enthusiastic guide to be met by stony silence. The cause of this is more often linguistic incompetence rather than boredom or indifference. So make an effort to revise the many expressions encountered in this unit so that you can make encouraging French noises at the right time. Your host will appreciate appropriate questions and spontaneous comments.
3 'La PME' (petite ou moyenne entreprise – small or medium-sized firm) is the backbone of French economic activity and represents over 90% of all companies in France. This sector is responsible for higher growth rates, more creativity and, above all, more job creation, than the large companies. The company described in this unit is typical of the thousands of PME all over France. They often have a strong regional footing and their growth has been stimulated by recent de-centralization policies. However, they are also very outward-looking and are interested in exporting and also in developing joint ventures with foreign companies.
4 One of the major handicaps for the French PME is their linguistic incompetence. Firms that have a long-standing relationship with a foreign country will have employees familiar with that language and more and more companies are making a real effort to train their personnel in foreign languages. Most people have a smattering of English but it is best, especially in small, provincial companies, to be prepared to use French.

Unit 7

Voyager en France
(Travelling to and in France)

SETTING THE SCENE

In this unit Mr Hudson is off to Paris. He also flies to Toulouse and hires a car.

DIALOGUES

Mr Hudson a un rendez-vous important à l'Aérospatiale à Toulouse. Il est très pressé. Il a donc décidé de prendre un vol Air-Inter Paris–Toulouse.

Employé	Vous voulez une place fenêtre ou couloir?
Mr Hudson	Une place couloir, s'il vous plaît.
E.	Vous avez des bagages?
Mr H.	Oui, une valise et un bagage à main. Je voudrais une place non-fumeur.
E.	Tous les vols d'Air-Inter sont non-fumeur, Monsieur.
Mr H.	Parfait!
E.	Voici votre carte d'embarquement. Vous embarquerez à partir de 13 heures, Porte D.
Mr H.	Merci, Monsieur.

Dans l'avion

Mr H.	Excusez-moi, il n'y a plus de place dans les coffres à bagages; où est-ce que je peux mettre mon sac?
Hôtesse	Donnez-le moi; je vous l'apporterai à l'arrivée.
Mr H.	Merci . . . Je vois qu'il est déjà 13 heures 15; pourquoi est-ce que l'avion a du retard?
H.	Le retard est dû à l'encombrement des pistes de décollage. Nous allons partir dans dix minutes.
Mr H.	Est-ce que nous pourrons rattraper ce retard en vol et arriverons-nous à Toulouse à l'heure prévue?

H.   Non, Monsieur, nous aurons environ quinze minutes de
            retard. Nous en sommes désolés.

    Plus tard . . .
Mr H.   S'il vous plaît, Madame, je voudrais un verre d'eau. Je ne
            me sens pas très bien. J'ai mal à la tête . . .
H.   Je vous l'apporte tout de suite, Monsieur. Est-ce que vous
            voulez un cachet d'aspirine?
Mr H.   Non, merci, j'ai ce qu'il me faut.

Translation

Mr Hudson has an important meeting at 'Aérospatiale' in Toulouse.
He is in a hurry and has therefore decided to take the Paris–Toulouse
Air-Inter flight.

Agent   Do you want a window or aisle seat?
Mr Hudson   Aisle, please.
A.   Do you have any luggage?
Mr H.   Yes, a suitcase and a hand luggage. I'd like a seat in
             the non-smoking area.
A.   All Air-Inter flights are non-smoking, Sir.
Mr H.   Fine.
A.   Here is your boarding card. Boarding starts at 1 o'clock,
             through gate D.
Mr H.   Thank you.

    In the plane
Mr Hudson   Excuse me, the lockers are full; where can I put my bag?
Stewardess   Give it to me; I'll bring it to you after landing.
Mr H.   Thank you . . . I see it's already one fifteen; why is the
             plane late?
S.   The delay is due to congestion on the runways. We shall
             be leaving in ten minutes' time.
Mr H.   Shall we be able to make up for the delay in the air and
             arrive in Toulouse on time?
S.   No, Sir; I'm afraid we shall be about fifteen minutes late.

    Later . . .
Mr H.   Excuse me, I'd like a glass of water. I don't feel very well;
             I've got a headache . . .

S.   I'll bring you one right away, Sir. Would you like an aspirin?

Mr H.   No, thank you, I've got everything I need.

VOCABULAIRE

une place fenêtre	a window seat
une place couloir	an aisle seat
avoir du retard	to be late (train, plane, etc.)
être en retard	to be late (person)
être à l'heure	to be on time
avoir 5 minutes de retard	to be 5 minutes late
un cachet, un comprimé d'aspirine	an aspirin tablet
un coffre à bagages	locker
l'encombrement (m)	congestion
la piste de décollage (m), d'envol (m)	the take-off runway
la piste d'atterrissage (m)	the landing runway
le vol	the flight
décoller	to take off
atterrir	to land

QUESTIONS

1 Où va Monsieur Hudson? Pourquoi?
2 Quelle place choisit-il?
3 Quel est son problème quand il arrive dans l'avion?
4 Pourquoi le vol a-t-il du retard?
5 Est-ce que M. Hudson arrivera à l'heure à Toulouse?
6 Quel est son problème pendant le vol?
7 Est-ce qu'il y a des places fumeur dans l'avion?

Réponses

1 Il va à Toulouse. Il a un rendez-vous important à l'Aérospatiale.
2 Il choisit une place couloir.
3 Il n'y a pas de place pour son sac dans le coffre à bagages.
4 A cause de l'encombrement des pistes de décollage.

5 Non, il aura un quart d'heure de retard.
6 Il ne se sent pas bien. Il a mal à la tête.
7 Non. Tous les vols Air-Inter sont non-fumeur.

Note: When a noun is used as an adjective in compound expressions it is invariable, e.g. une place couloir; des compartiments fumeur.

DIALOGUE

A son arrivée à Toulouse, Monsieur Hudson veut louer une voiture. Il demande au Bureau des Informations où se trouvent les agences de location de voitures de l'aéroport et on lui indique les agences Hertz, Avis et Budget.

Mr Hudson	Bonjour, Monsieur. Je voudrais louer une voiture pour trois jours.
Employé	Bien sûr, Monsieur. Voici notre dépliant qui vous donne le type de véhicules que nous avons, les tarifs, etc . . .
Mr H.	Merci . . . Hum . . . je préfère une petite voiture, mais confortable quand même et assez nerveuse.
E.	Oui, alors je pense que la Renault 19 GTS vous conviendra le mieux. Le kilométrage est illimité et vous pouvez ramener la voiture à une autre agence en France.
Mr H.	Et pour l'assurance?
E.	Vous avez tous les tarifs dans la brochure. Je vous conseille la formule avec suppression de la franchise. De toute façon l'assurance au tiers illimité est incluse dans les tarifs de base.
Mr H.	Bien. Voici mon permis de conduire et ma carte de crédit.
E.	Parfait. Veuillez remplir ce formulaire, s'il vous plaît.
Mr H.	Voilà! C'est fait.
E.	Voici vos clés. Votre voiture est sur notre parking, qui se trouve au bout de l'allée centrale et sur votre gauche en sortant de la porte 9. C'est une Renault bleue et elle est garée à l'emplacement F6. Vous savez que le plein d'essence est fait et que la carte grise se trouve dans la boîte à gants. Bonne route.

TRANSLATION

Now that he has arrived in Toulouse, Mr Hudson wants to rent a car. He asks at the information desk where the airport car hire agencies are located. He is directed to the Hertz, Avis and Budget agencies.

Mr Hudson	Good morning. I'd like to rent a car for three days.
Employee	Certainly, Sir. Here's our leaflet describing the different models available and the rates, and so on . . .
Mr H.	Thank you . . . er . . . I'd prefer a small car but a comfortable one; and reasonably powerful.
E.	Yes, well, I think the Renault 19 GTS would suit you best. Mileage is unlimited and you may leave the car at any of our agencies in France.
Mr H.	What about insurance?
E.	All the rates are in the leaflet. I would recommend the option with the deductible waiver. In any case, unlimited third party public liability and property damage are included in the flat rates.
Mr H.	OK. Here are my driving licence and my credit card.
E.	Fine. Would you fill in this form, please?
Mr H.	Here you are!
E.	Here are your keys. Your car is on the company car park, which is straight down the hall and on your left as you come out of gate 9. It is a blue Renault and it is parked in space F6. There is a full tank and the log book is in the glove compartment. Have a safe trip.

VOCABULAIRE

louer	to hire
un dépliant	leaflet
convenir à quelqu'un	to suit someone
ça me/vous/nous lui/leur convient	it suits me/you/us/him (here)/them
illimité (kilométrage (m) illimité)	unlimited (unlimited mileage)
remplir un formulaire	to fill in a form
prendre la voiture	to take the car
ramener; restituer	to return; to bring back
un forfait	a special rate

le contrat de location	the hire contract
être en panne	to have broken down
avoir une panne	to have a breakdown
tomber en panne	to have a breakdown

QUESTIONS

1 Quel type de voiture désire Mr Hudson?
2 Sur quels avantages l'employé insiste-t-il?
3 Qu'est-ce que Monsieur Hudson doit faire?

Réponses

1 Il désire une petite voiture, mais confortable et assez nerveuse.
2 Sur le kilométrage illimité et le fait que Mr Hudson peut restituer la voiture à une autre agence.
3 Il doit remplir le formulaire et montrer son permis de conduire, son passeport et sa carte de crédit.

COMMENT S'INFORMER
(HOW TO OBTAIN INFORMATION)

J'aimerais savoir si vous avez des forfaits week-end pour location de voiture	I'd like to know if you have special week-end rates for car hire
Pardon, où dois-je m'adresser pour les réservations d'hôtel?	Excuse me, where do I enquire about hotel bookings?
Pouvez-vous me dire qui est responsable du service marketing?	Can you tell me who's in charge of the marketing department?

GRAMMAR AND LANGUAGE NOTES

Comparing things and people

expressing equality and likeness

aussi + adj/adv + que	as . . . as

le/la/les même(s) que	the same as
autant . . . que	as much/many . . . as
comme	like
identique à	the same as; identical to

Cette voiture est aussi spacieuse que celle-là — This car is as roomy as that one

Cet ouvrier travaille aussi vite et aussi bien que vous — This worker works as quickly and as well as you

Il a les mêmes horaires que moi — He has the same hours as me

Nous louons autant de véhicules que nos concurrents — We hire out as many vehicles as our competitors

Je voudrais un ordinateur comme celui-là — I'd like a computer like that one

Ce modèle est identique au vôtre — This model is the same as yours

expressing inferiority

moins + adj/adv + que	less . . . than . . .
le moins + adj/adv	the least
le moins + adj/adv + de	the least . . . of/in . . .

L'AX est moins grande que la BX — The AX is smaller than the BX

Cette voiture coûte le moins — This car is the least expensive

Cette voiture est la moins chère de la gamme — This is the cheapest car in the range

expressing superiority

plus + adj/adv + que	more . . . than . . .
davantage/plus de + adj/adv	more . . . than . . .
le/la/les plus + adj/adv	the most

Ce modèle plaît davantage à notre clientèle — This model is more popular with our customers

Nous avons vendu plus de voitures que l'an dernier — We've sold more cars than last year

Cette voiture est la plus belle des voitures françaises — This car is the most beautiful of all French cars

C'est lui qui parle le plus — It is he who speaks the most

Disjunctive/stressed pronouns

	singular	plural
1st person	moi	nous
2nd person	toi	vous
3rd person (m.)		
(f.)	elle	elles
lui	eux	

These pronouns are used for human beings in the following cases:

* with **de** + **name of person**

> Vous avez parlé de Yann?   Did you talk about Yann?
> Oui, nous avons parlé de lui   Yes, we talked about him
> Il se moque de moi   He's making fun of me

* after prepositions such as **avec** (with); **pour** (for); **chez** (at the house of); **entre/parmi** (between, among)

Je le fais pour eux   I'm doing it for them
Tu es chez toi ce soir?   Are you at home tonight?
Vous parlez comme lui   You talk just like him

* **à** + **name of person**, after the following verbs:

avoir affaire à (quelqu'un)	to be dealing with (someone)
penser à . . .	to think of . . .
être à . . .	to belong to . . .
faire attention à . . .	to pay attention to . . .
tenir à . . .	to be attached to . . .
rêver à . . .	to dream of . . .
renoncer à . . .	to give . . . up
aller à . . .	to go towards . . .
courir à . . .	to run towards . . .
venir à . . .	to come to . . .

Cette brochure est à moi   This brochure is mine

Nous connaissons bien les agents de la société X; nous avons eu affaire à eux   We know X company's agents well; we've had dealings with them

- after **c'est, ce sont** to emphasize the pronoun

Qui a fait cela?
C'est lui!

Who did this?
It was him!

- on its own, to answer a question or to emphasize

Qui a fait cela?   Moi!

Toi, tu te chargeras de ce
   projet-ci, vous, vous vous
   occuperez de l'autre.

Who did this?   Me!(I did!)

You will deal with this project, and
   you will look after that one.

- after **que** in a comparison

Cette nouvelle directrice du
   personnel est moins
   compétente que toi.

This new personnel manager is less
   competent than you.

EXERCISES

A Translate

1 I'd like an aisle seat, non-smoking.
2 Shall we arrive on time?
3 Could you bring me a glass of water and an aspirin, please?
4 I'd like to hire a car for a week.
5 I prefer a more comfortable car.
6 I'll return the car to your Toulouse agency.

Key

1 Je voudrais une place couloir, non-fumeur s'il vous plaît.
2 Est-ce que nous arriverons à l'heure?
3 Est-ce que vous pourriez m'apporter un verre d'eau et un cachet
   d'aspirine?
4 Je voudrais louer une voiture pour une semaine.
5 Je préfère une voiture plus confortable.
6 Je ramenerai la voiture à votre agence de Toulouse.

B   Comparatives

Compare a few cars using **aussi/plus/moins/que** with appropriate adjectives such as: petite, grande, belle, bonne, mauvaise, confortable, nerveuse, économique, spacieuse, luxueuse, etc. Always remember to use 'la' followed by the name of a model or make of car:

[La Citroën BX est plus confortable que l'AX et moins chère que la BMW.]

C   Give affirmative answers using stressed pronouns

e.g. Vous partirez avec Pierre?   Oui, je partirai avec lui.

1   Vous arriverez avant Mme Nicolas?
2   Ils mangeront au restaurant avec John et Keith?
3   Il le fera pour vous?
4   Vous allez chez M. Tosser ce soir?
5   Tu veux bien me taper cette lettre d'urgence?
6   Vous travaillez plus vite que ces messieurs?

Key

1   Oui, nous arriverons avant elle.   Yes, we'll arrive before her.
2   Oui, ils mangeront avec eux.   Yes, they'll eat with them.
3   Oui, il le fera pour moi.   Yes, he'll do it for me.
4   Oui, je vais chez lui ce soir.   Yes, I'm going to his place this evening.
5   Oui, je le ferai pour toi.   Yes, I'll do it for you.
6   Oui, nous travaillons plus vite qu'eux   Yes, we work faster than them.

D   Answer these questions negatively using stressed pronouns

e.g. C'est vous qui avez loué cette voiture?   Non, ce n'est pas moi.

1   Vous aimez les escargots?
2   Ils sont arrivés en retard?
3   C'est M. Ondet qui a pris cette décision?
4   C'est à Dominique et Yves?
5   C'est votre rapport?

Key

1	Non, je ne les aime pas, moi.	Not me, I don't like them.
2	Non, ils ne sont pas arrivés en retard, eux.	No, they didn't arrive late.
3	Non, ce n'est pas lui.	No, it's not him.
4	Non, ce n'est pas à eux.	No, it's not theirs.
5	Non, ce n'est pas à moi.	No, it's not mine.

DIALOGUE

Vous allez voyager en train. Vous prenez votre billet à la gare.

Voyageur Je voudrais un billet aller-retour pour Brest.

Employé Première ou deuxième classe?

V. Première classe, voiture non-fumeur, s'il vous plaît.

E. Vous pouvez prendre le TGV Atlantique; il vous fera gagner du temps. Vous ferez Paris gare Montparnasse–Brest en moins de quatre heures.

V. C'est formidable. Je vais bien sûr prendre le TGV. Est-ce que je dois réserver une place?

E. Oui, la réservation est obligatoire pour le TGV. Vous pouvez aussi réserver votre repas grâce au service de restauration à la place en 1 ère classe.

V. Parfait. Je voudrais partir par le TGV de 17h10.

E. Bien. Vous arriverez à Brest à 21h33.

V. Voici ma carte de crédit.

E. Merci, et voici votre billet, votre réservation Resa 300 [*voir Note, page 72*], et votre réservation repas. Au revoir.

V. Au revoir, merci.

TRANSLATION

You are going to take the train. You are getting your ticket at the station.

Traveller I'd like a return ticket to Brest.

Clerk First or second class?

T. First class, non-smoker, please.

C. You can take the Atlantic High Speed Train [*TGV*]; you'll save a lot of time. It takes less than 4 hours from Paris Montparnasse to Brest.

T.   Great! I'll take the TGV then. Will I have to book a seat?

C.   Yes, booking is compulsory on the TGV. You can also reserve a meal thanks to the 'meal at your seat' service in 1st class.

T.   Fine. I'd like to take the 5.10 p.m. TGV.

C.   OK. You'll arrive in Brest at 9.33.

T.   Here's my credit card.

C.   Thank you, and here's your ticket, your Resa 300 booking [see Note, page 72] and your dinner reservation.

T.   Goodbye; thank you.

VOCABULAIRE

La SNCF (Société Nationale des Chemins de Fer)	French Rail
un billet	a ticket
un ticket (métro)	a ticket (underground)
un aller simple	a single, a one way ticket
un aller-retour	a return ticket
un aller simple en première classe pour . . .	a first class single to . . .
un aller-retour en seconde pour . . .	a second class return to ..
une réservation	a booking
un supplément	surcharge
une couchette	sleeping berth
le quai	platform
la voie	track
Départs/Arrivées	Departures/Arrivals
les grandes lignes (fpl.)	main lines
la voiture bar/restaurant	bar/restaurant coach
un titre de transport	a ticket (lit., a transport entitlement)
composter un billet	to validate a ticket
un composteur	automatic ticket puncher
le contrôleur	ticket inspector
le compartiment	compartment
la place	seat
la voiture	coach
la correspondance	connection
la restauration	restaurant service
enregistrer les bagages	to check in luggage

BACKGROUND NOTES

1   All Air-Inter flights are now non-smoking. Air-France runs special non-smoking flights between Paris and Heathrow.

2   Most car-hire leaflets are bi-lingual and the staff usually speak some English; this is always the case in major airports. At Charles de Gaulle Airport, Roissy the car hire firms are near the Boutiquaire, Porte 10.

3   At this same level in Roissy, you can also find a business centre (centre d'affaires). It has mini-offices that can be rented out by the hour and fully equipped meeting rooms.

4   If you have not already booked your hotel in Paris before leaving, you can do so from the airport. In each terminal, at the central information desk (Informations), passenger relations staff are there to give information and assistance on hotel bookings (service réservation hôtel). In terminals 2A and 2B, self-service hotel reservation facilities are available, with direct free phones to local and Paris hotels.

5   At the Boutiquaire level, you will also find a bar, a chemist's (la pharmacie), a French Rail desk (le comptoir SNCF), a left-luggage office (une consigne à bagages) and even various places of worship.

6   How to get to Paris from Roissy airport.

    a) *Le taxi.* There are several taxi ranks (les stations (fpl.) de taxi) at the various terminals. 'Libre' means 'for hire'.

    b) *Les cars Air-France.* These coaches take you to the Arc de Triomphe, via la Porte Maillot, in about 40 minutes (longer at rush hours). The service runs every 15 minutes between 5.45 a.m. and 11 p.m.

    c) *Le RER Roissy Rail.* A free airport shuffle will take you to the station, which is on the 'ligne B du R.E.R.' (the B line of the Paris Region Express Network). Trains run every 15 minutes and the journey to Gare du Nord will take about 35 minutes. You buy your ticket as you enter the station and you can book to any station on the RER.

    d) *Bus RATP 350/351.* Buses no 350 or 351 run by the RATP (the Parisian public transport service). The 350 takes you to Gare de l'Est; the 351 to Place de la Nation.

    e) *Service limousine de l'aéroport.* This chauffeur-driven limousine service offers special package rates.

7 The TGV (train à grande vitesse – high speed train). The latest pride and joy of the SNCF has now been in operation since 1981 and has already attracted over 100 million customers. The fastest passenger trains in the world now serve 37 cities in the south-east of France and provide two through-routes from the north and from Normandy. Travel times from Paris have been cut to 2 hours to Lyons and Nantes, 4 hours to Brest in Brittany.
To travel on the TGV, you will require:

- a ticket! Remember to 'validate' it by punching it in one of the orange, automatic punching machines (composteur) to be found in all French railway stations.

- a seat reservation. This is recommended for all long-distance train journeys in France, and it is compulsory on the TGV. This also has to be punched (composté).

- a surcharge (un supplément) is levied on some peak hour trains. (The SNCF is a profit-making public service!) It is issued at the same time as the ticket; regular travellers buy several at a time in advance – un carnet. Don't forget to 'composter'!

- on-board services include: la restauration (restaurant service); bar; le téléphone à télécarte (telephones accepting the regular payphone card); espaces nursery (mpl) (these areas have been incorporated into 1st and 2nd class coaches for relaxation and/or cultural activities).

- the non-smoking 1st class coaches are laid out to include single armchair seating – le fauteuil solo; seats for two (duo); and a salon (m) for groups up to 8. The latter is ideal for a group of business people who wish to work during the journey. Small tables can be adapted to your seat if you need to write.

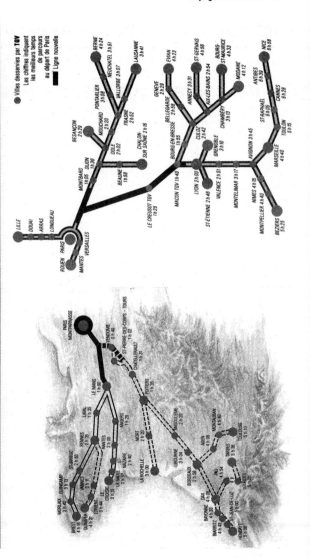

TGV atlantique

CARTE DE LA DESSERTE

CARTE DE LA DESSERTE TGV

● Villes desservies par **TGV**
Les chiffres indiquent
les meilleurs temps
de parcours
au départ de Paris
▬ Ligne nouvelle

Unit 8

Au restaurant (At the restaurant)

SETTING THE SCENE

And now for the most important activity for the French: eating and drinking!

DIALOGUE

Monsieur Stuart, directeur des achats pour la société Sea Breeze, fabrique de vêtements de mer à Plymouth, vient de visiter l'usine Cotten, premier fabricant français de ces mêmes articles. Cette usine se trouve à Concarneau, port de pêche situé dans le sud du département du Finistère en Bretagne. Monsieur Cotten, PDG, et Madame Le Gall, directrice des exportations, l'emmènent au Galion, restaurant très réputé qui se trouve dans la ville close*. Ils arrivent devant le Galion.

Mr Stuart	Cette maison est vraiment magnifique!
M. Cotten	Oui, elle est en granit et date de 1890. Vous allez voir que le cadre de la salle de restaurant est très agréable également.

Ils entrent.

M. C.	Bonjour! J'ai réservé une table pour trois personnes au nom de Cotten.
Le Maître d'hôtel	Bonjour, messieurs, madame; si vous voulez bien me suivre . . .
Mr S.	Quelle belle salle! Cette cheminée de granit est absolument splendide!
M. C.	C'est vrai et vous allez voir que la cuisine va vous séduire encore plus.

*This is the fortified old town of Concarneau, in the middle of the harbour.

Ils s'assoient et consultent la carte.

M. C.	Ce restaurant a deux toques au guide *Gault Millau* et il est réputé pour ses poissons, ses fruits de mer et ses desserts chauds.
Mr S.	Vous pouvez m'expliquer ce qu'est le *Gault Millau*?
M. C.	C'est un guide de la gastronomie française, qui cite les meilleurs restaurants et hôtels en France. La 'toque' est le symbole de la qualité et les restaurateurs aspirent à cette distinction car ces fameuses toques leur apportent beaucoup de clients.
Mr S.	Ah, je comprends! C'est semblable aux étoiles du Guide Michelin.

M. C.	C'est cela.
Mr S.	Hum! j'adore le poisson . . . alors, que me conseillez-vous?
Mme Le Gall	La spécialité du chef est le dos de saint-pierre à la rhubarbe; je vous le recommande. Vous avez aussi la barbue au coulis de poivron doux, le panaché de poissons à l'oseille. Moi, je vais prendre la terrine de thon aux petits légumes en entrée et le dos de saint-pierre en second plat.
M. C.	Moi aussi, et vous Mr Stuart?
Mr S.	Le dos de saint-pierre me tente beaucoup mais je ne sais quoi prendre en entrée.
Mme Le G.	Aimez-vous le foie gras?
Mr S.	Oui, beaucoup, mais j'en ai mangé récemment à Bordeaux lorsque j'y suis allé pour affaires. Comme je suis à Concarneau je préférerais un menu pêcheur.
M. C.	Alors, pourquoi ne prenez-vous pas la marinade de petits poissons en escabèche?
Mr S.	D'accord, je prends la marinade.

Extract from the *Gault Millau*

M. d'H.	C'est noté. Voici la liste des desserts; pouvez-vous faire votre choix tout de suite?
M. C.	Moi, je prends le nougat glacé.
Mme Le G.	Pour moi ce sera un soufflé à la framboise.
Mr S.	Qu'est-ce que c'est que la bourdaloue aux poires, flambée au calvados?
M. d'H.	C'est un gâteau aux poires flambé au calvados.
Mr S.	Hum j'adore le calvados; je prends cela sans hésiter.
M. d'H.	Parfait. Voici la carte des vins.
M. C.	Le vin blanc s'impose puisque nous avons tous pris du poisson; que diriez-vous d'un Sancerre ou d'un Bourgogne Aligoté?

Mr S.	Ce sont des vins que j'apprécie beaucoup mais je vous laisse le soin de choisir celui qui convient le mieux à ce que nous mangeons.
M. d'H.	Si je peux me permettre . . . le Sancerre est un peu moëlleux; il est parfait avec les poissons en sauce.
M. C.	Vous êtes d'accord pour un Sancerre, Madame Le Gall?
Mme Le G.	Bien sûr, c'est un de mes vins préférés.
M. C.	Alors, une bouteille de Sancerre, s'il vous plaît.

Le Maître d'Hôtel revient avec une bouteille dans un seau à glace, débouche le vin, le fait goûter à M. Cotten qui le fait rouler sur la langue, se déclare satisfait et le maître d'Hôtel en verse aux trois convives.

Quelques instants plus tard, il leur apporte un petit amuse-bouche offert gracieusement par la maison pour les faire patienter pendant que se préparent les plats de poisson. Il s'agit aujourd'hui d'une petite tranche de terrine aux légumes en sauce puis d'une petite terrine garnie d'épinards et de moules.

Mr Stuart, un fin gourmet, se régale d'un bout à l'autre du repas et discute avec plaisir de la fraîcheur des poissons, de la finesse des sauces, de l'art de la présentation et il remercie chaleureusement M. Cotten de lui avoir fait connaître un si bon restaurant. A la fin du repas, le chef, M. Gaonac'h, vient saluer M. Cotten et ses invités pour s'assurer que ses clients sont entièrement satisfaits de sa cuisine. Il leur offre un petit cendrier à l'emblème du Galion.

Excellente fin de journée pour Mr Stuart qui promet de revenir souvent à Concarneau pour affaires!

TRANSLATION

Mr Stuart, the sales manager of the Sea Breeze company, a marine wear factory in Plymouth, has just visited the Cotten factory, the leader for these products in France. The factory is in Concarneau, a fishing port in the south of the Finistère department in Brittany. M. Cotten, the managing director, and Mme Le Gall, the export manager are taking him to the Galion, a restaurant of note, located in the fortified town. They arrive in front of the restaurant.

Mr Stuart	The building is really superb!
M. Cotten	Yes, it is built of granite and dates back to 1890. You'll see that the dining-room is also a very pleasant setting.

They go inside.

M. C.	Hello. I booked a table for three. My name is Cotten.
Head waiter	Hello. If you'd like to come this way . . .
Mr S.	What a magnificent room! The granite fireplace is outstanding.
M. C.	Quite so and you'll see that the food is even more sublime!

They sit down and study the menu.

M. C.	The restaurant has two 'toques' in the *Gault Millau* guide and is renowned for its fish dishes, its sea-food and its desserts.
Mr S.	Could you explain what the *Gault Millau* is?
M. C.	It's a French good food guide, which lists the best hotels and restaurants in France. The 'toque' symbolizes top quality and restaurant owners aspire to this award, as the renowned 'toques' bring in lots of customers.
Mr S.	I see! It's rather like the stars in the Michelin guide.
M. C.	That's right.
Mr S.	Well, I love fish . . . so what do you recommend?
Mme Le Gall	The chef's speciality is a fillet of John Dory in rhubarb sauce and I do recommend it. You also have brill in a light pepper sauce, a panaché of fish in sorrel. I'm having the tuna terrine as a first course, followed by the John Dory.
M. C.	Me too; and what about you, Mr Stuart?
Mr S.	I'm very tempted by the John Dory but I don't know what to have as a first course.
Mme Le G.	Do you like foie gras?
Mr S.	Oh, yes, but I ate some on a recent business trip to Bordeaux. As I'm in Concarneau I'd prefer an all fish menu.
M. C.	Well, why don't you try the marinated whitebait in a sweet-sour sauce?
Mr S.	OK. I'll take the whitebait.
H. W.	I've got all that. Here is the list of our desserts; perhaps you'd like to choose now.
M. C.	I'll have the iced nougat.
Mme Le G.	A raspberry soufflé for me.
Mr S.	What is the pear 'bourdaloue', flambé in calvados?
H. W.	It is a sponge cake with pears, in calvados.
Mr S.	Oh . . . I love calvados; I'll definitely have that.
H. W.	Fine. Here is the wine list.
M. C.	A dry white wine is a must as we are all having fish. What would you say to a Sancerre or a Burgundy Aligoté?
Mr S.	They are both wines that I live very much but I'll let you decide which one goes best with the dishes we have chosen.

H. W.	If I may make a suggestion . . . the Sancerre is slightly mellow; it is ideal with fish in sauce.
M. C.	Will you go along with a Sancerre, Mme Le Gall?
Mme Le G.	Of course; it's one of my favourite wines.
M. C.	All right then, a bottle of Sancerre, please.

The head waiter comes back with a bottle in an ice-bucket; he opens it and lets M. Cotten taste the wine. He rolls it round his tongue, give his approval and the head waiter serves the three guests.

A few minutes later, he brings them a few savouries offered by the establishment to while away the time required to prepare the main fish dishes. Today, it is a thin slice of terrine in a vegetable sauce, followed by a small dish of spinach and mussels.

Mr Stuart, a true gourmet, enjoys the meal from start to finish and happily discusses the freshness of the fish, the subtlety of the sauces, the art of presenting the dishes and he thanks M. Cotten warmly for having introduced him to such a fine restaurant. At the end of the meal, the chef, M. Gaonac'h, comes to greet M. Cotten and his guests to make sure they are all fully satisfied with his cooking. He offers them each a small Galion ash-tray.

A perfect end to the day for Mr Stuart who promises to come back to Concarneau regularly on business.

VOCABULAIRE

les vêtements (*mpl*) de mer (*f*)	sea clothes, marine wear
réputé(e)	famous
être situé(e)	to be located
le cadre	the setting
réserver une table	to book a table
suivre quelqu'un	to follow someone
en granit (*m*)	made of granite, stone-built
la salle de restaurant (*m*)	dining room, restaurant
la cheminée	fireplace
séduire	to charm, to seduce
une toque	a chef's hat, a 'toque'
aspirer à	to aspire to, to aim at
le poisson	fish
les fruits (*mpl*) de mer	sea-food

un saint-pierre	John Dory (a fish of the mackerel family)
une barbue	brill
en entrée	as a first course
en second plat	as a second course
tenter	to tempt, to attempt
un menu pêcheur	an all fish and sea-food meal
faire son choix	to make one's choice, to take one's pick
la carte des vins	wine list
le nougat glacé	iced nougat
s'imposer	to be a must
un seau à glace	ice bucket
patienter	to wait patiently
se régaler	to enjoy something immensely
chaleureusement	warmly, heartily
s'assurer que	to make sure that, to ensure that
l'emblème (*m*)	emblem, insignia

QUESTIONS

1 Où se trouve Mr Stuart?
2 Où va-t-il avec M. Cotten et Mme Le Gall?
3 Décrivez le restaurant.
4 Pourquoi M. Cotten a-t-il choisi ce restaurant?
5 Qu'est-ce que c'est que le Gault Millau?
6 Pourquoi les restaurants veulent-ils obtenir une ou deux toques?
7 Qu'est-ce que les trois convives choisissent? Pourquoi?
8 Mr Stuart aime-t-il et choisit-il du foie gras?
9 Quel vin décide-t-il de prendre et pourquoi?
10 Qu'est-ce que le maître d'hôtel leur apporte avant le début du repas?
11 Mr Stuart est-il satisfait de son repas?
12 Que fait le chef à la fin du repas?

Réponses

1 Il se trouve à Concarneau dans le sud du Finistère en Bretagne.
2 Il va au restaurant le Galion, situé dans la ville close.

3 Il est en granit.
4 Parce qu'il est réputé et qu'il a deux toques au Gault Millau.
5 C'est un guide de la gastronomie et des hôtels français.
6 Parce qu'elles leur apportent beaucoup de clients.
7 Ils choisissent du poisson parce que c'est la spécialité de la maison.
8 Oui, il l'aime mais il ne le choisit pas parce qu'il veut un menu pêcheur.
9 Un Sancerre, qui est un vin blanc un peu moëlleux et qui est parfait avec les poissons.
10 Un amuse bouche (gueule) pour les faire patienter.
11 Absolument. Il est enchanté du repas et du cadre.
12 Il vient parler à ses clients et il leur offre un petit cendrier à l'emblème du Galion.

COMMENT EXPRIMER . . . (HOW TO EXPRESS LIKES AND DISLIKES APPLIED TO FOOD AND DRINK)

Positive appreciation:

j'aime assez/bien/beaucoup; j'apprécie; j'adore; je raffole de
je préfère . . . à . . .
c'est + adjective: c'est bon/très bon/ délicieux/excellent/fameux
c'est + noun: c'est un délice; c'est un régal

j'aime bien la viande	I like meat
j'adore les fruits	I love fruit
je raffole des fruits de mer	I'm mad about sea-food
je préfère le poisson à la viande	I prefer fish to meat
C'est délicieux!	It's delicious

Dislikes, displeasure:

je n'aime pas trop	I'm not too fond of
je n'ai pas très envie de; je n'ai pas tellement envie de	I don't really feel like
je déteste; j'ai horreur de	I can't stand; I hate
c'est + adj: c'est (un peu) (trop) salé/sucré/cuit	it's (a little) (too) salty/sweet/overdone

ça a un goût bizarre, ça a un drôle de goût	it has a strange taste
je n'ai pas trop envie de manger de la viande ce soir	I don't know if I feel like eating meat this evening
j'ai horreur des escargots	I hate snails
c'est un peu salé (à mon goût)	It's a little salty (for my taste)

COMMENT AIDER QUELQU'UN À CHOISIR SON REPAS (HOW TO HELP SOMEONE CHOOSE A MEAL)

Aimez-vous . . . ?	Do you like . . . ?
Préférez-vous . . . ou . . . ?	Do you prefer the . . . or the . . . ?
Prendrez-vous un apéritif/ un dessert/du café/un digestif?	Will you have a drink/a dessert/coffee/liqueur?
Je vous conseille de prendre	May I suggest you take the
Je vous recommande	I do recommend

N.B. Colloquial term for un apéritif: un apéro.

COMMENT ACCEPTER (HOW TO ACCEPT)

Oui, avec plaisir	Yes, I'd like that
Volontiers	Oh, yes please
D'accord	All right, OK
Parfait!	Wonderful!
C'est très bien!	That's lovely!

COMMENT REFUSER (POLIMENT!) (HOW TO REFUSE (POLITELY))

(Non,) merci	No, thank you
Je n'aime pas trop . . .	I'm not fond of . . .
Je n'ai pas trop envie de . . .	I don't really feel like . . .
Je vous remercie, mais je préférerais prendre . . .	Thank you, but I'd prefer the . . .
Merci, mais je n'ai plus très faim	Thank you, but I'm not very hungry
Je suis allergique à . . .	I'm allergic to . . .
Je ne supporte pas . . .	. . . doesn't agree with me

GRAMMAR AND LANGUAGE NOTES

The conversational past (le passé composé)

The conversational past is formed by using the auxiliary verbs 'avoir' or 'être' and the past participle of the main verb.

The past participle is usually formed by adding:

é to the stem of -er verbs (e.g. manger → mangé)
i to the stem of -ir verbs (e.g. finir → fini)
u to the stem of -re verbs (e.g. vendre → vendu)

However, there are quite a few irregular verbs. Here are the most common ones:

prendre → pris	to take, taken
faire → fait	to do, done
avoir → eu	to have, had
boire → bu	to drink, drunk
mettre → mis	to put, put
voir → vu	to see, seen

Most verbs form their conversational past using 'avoir':

j'ai bien mangé	I've eaten well
J'ai bu un excellent vin	I drank a delicious wine

A number of verbs, often involving movement, use 'être':

aller → allé	to go, gone
entrer → entré	to enter, entered
sortir → sorti	to go out, gone out
arriver → arrivé	to arrive, arrived
venir → venu	to come, come
partir → parti	to leave, left
monter → monté	to go up, gone up
descendre → descendu	to go down, gone down
rester → resté	to stay, stayed
devenir → devenu	to become, become
revenir → revenu	to come back, come back
retourner → retourné	to go back, gone back
repartir → reparti	to leave again, left again
naître → né	to be born, was born
mourir → mort	to die, dead/be dead

Mr Stuart est arrivé à Concarneau à 14 heures	Mr Stuart arrived in Concarneau at 2 p.m.

Reflexive verbs, such as 'se lever', 'se laver', 'se réveiller', 'se reposer', always take the auxiliary 'être' in the conversational past:

M. Cotten s'est levé de table pour aller téléphoner	M. Cotten left [got up from] the table to make a phone call

The past participle is invariable when used with 'avoir'.

elle a regardé la télévision	she watched TV
elles ont regardé la télévision	they watched TV

Except when there is a preceding direct object; in this case, the past participle agrees in number and gender with the object:

les lettres que j'ai écrites	the letters I wrote
Les secrétaires? je les ai vues ce matin	the secretaries? I saw them this morning

With the auxiliary 'être', the past participle always agrees with the subject of the verb:

elle est revenue très tard hier soir	she got back very late last night

Relative pronouns

Qui (who, which, that) is the relative pronoun *subject*:

L'homme qui parle est anglais	the man who is speaking is English

Que (whom, which, that) is the relative pronoun *object*:

L'homme que vous regardez est anglais	The man (whom) you are loking at is English

N.B. unlike in English, the relative pronoun object QUE can *never* be omitted.

Dont (of whom, of which) is used in place of *de qui* and *de + lequel* (all forms):

Voilà l'homme dont je vous ai parlé	there's the man I spoke about
Un client, dont j'ai oublié le nom	a customer, whose name I've forgotten

There are also **ce qui** (what) *subject* and **ce que** (what) *object*:

Prenez ce qui est recommandé par le chef	Order what is recommended by the chef
Ce que je préfère c'est le poisson en sauce	What I like best is fish prepared in a sauce

N.B. You are reminded that these grammar notes are not intended to be exhaustive. If you require a more thorough coverage you should refer to one of the grammar books recommended in the bibliography.

EXERCISES

A   Translate

1   The factory is (situated) in Plymouth, in the county of Devon.
2   This restaurant is famous for its fish and sea-food.
3   What do you advise me to take?
4   I don't know what to have to start with.
5   Why don't you have a slice of 'foie gras'?
6   O.K. I'll have that.
7   Red wine is a must with red meat.
8   I'll leave it to you to choose the best wine.
9   May I have the bill, please?
10   I promise to come and see you often.

Key

1   L'usine se trouve à Plymouth, dans le comté de Devon.
2   Ce restaurant est réputé pour ses poissons et ses fruits de mer.
3   Que me conseillez-vous?/Qu'est-ce que vous me conseillez?
4   Je ne sais pas quoi prendre en entrée.
5   Pourquoi ne prenez-vous pas une tranche de foie gras?
6   D'accord, je prends cela.
7   Le vin rouge s'impose avec la viande rouge.
8   Je vous laisse le soin de choisir le meilleur vin.
9   L'addition, s'il vous plaît.
10   Je promets de revenir souvent vous voir.

B The conversational past

Put the verbs in brackets into the conversational past:

Je (arriver) à l'entreprise Cotten à 14 h. comme prévu. La réceptionniste (appeler) M. Cotten et l' (prévenir) de mon arrivée. Elle m' (conduire) jusqu'au bureau du patron, qui m' (serrer) la main et m' (présenter) à sa collaboratrice, Mme Le Gall. Nous (travailler) ensemble jusqu'à 17h.30. J' (décrire) nos produits en détail; les français m' (montrer) les leurs et m' (faire) visiter l'entreprise. Nous (conclure) qu'il nous sera possible de travailler ensemble.

Je (retourner) à mon hôtel où j' (prendre) une douche et je me (reposer) une heure en attendant mes hôtes. Ils (venir) me chercher à l'hôtel et nous (partir) à pied jusqu'au restaurant.

Key

suis arrivé; a appelé; a prévenu; a conduit; a serré; a présenté; avons travaillé; ai décrit; ont montré; ont fait; avons conclu; suis retourné; ai pris; suis reposé; sont venus; sommes partis

Translation

I arrived at Cotten's at 2 p.m. as planned. The receptionist phoned M. Cotten and told him I had arrived. She took me to the office of her boss, who shook my hand and introduced me to his assistant, Mme Le Gall. We worked together until 5.30 p.m. I described our products in detail; the French showed me theirs and took me round the firm. We came to the conclusion that we shall be able to work together.

I went back to my hotel where I took a shower and rested for an hour, waiting for my hosts. They came and picked me up at the hotel and we went on foot to the restaurant.

C   Relative pronouns

Complete the following text using **qui, que, dont, ce qui** or **ce que**

1   Le produit .... je vous
    parle n'est pas commercialisé
    en France et pourtant c'est
    un produit .... se vend
    très bien en Grande-Bretagne.

    The product I'm telling you about
    isn't sold in France, yet it sells
    well in Britain.

2 Le fax .... j'ai reçu hier ne donne ni les prix ni les délais de livraison, ... est très surprenant.

The fax I got yesterday gives neither prices nor delivery times, which is very surprising.)

3 Il ne comprend pas .... je lui dis.

He doesn't understand what I'm saying.

4 Méfiez-vous de l'eau .... dort.

Still waters run deep. Lit.: Beware of water which sleeps.

5 .... m'agace, c'est .... nous avons payé une forte prime d'assurance.

What annoys me is that we paid a heavy insurance premium.

6 Le service .... j'ai la charge joue un rôle important au sein de l'entreprise.

The department I'm in charge of plays a major role within the company.

Key

1 dont; qui   2 que; ce qui   3 ce que   4 qui   5 ce qui; que   6 dont

D   Ordering a meal

Study the menu and order a three course meal with wine for four. Try and use key expressions such as:

Trois menus à 120 francs et un menu à 80 francs, s'il vous plaît
Je prends . . .; pour moi, ce sera . . .   I'll have . . .
Qu'est-ce que c'est que . . . ?
Donnez-nous une bouteille de . . .
L'addition, s'il vous plaît

Le Galion

Nos Formules Menus

140.00 FRS

*Composé selon l'achalandage
du marché journalier*

Nous vous laissons choisir

*Entre deux entrées:
un poisson, ou une viande*

un dessert marqué*

180.00 FRS

Formule Entente Nationale
des cuisines

la Terrine de camus
et choux-fleurs de Bretagne

Panaché de poissons
à l'oseille

La salade au Cabecou
de Rocamadour

Le soufflé "au choix"

230.00 FRS

*Le Foie gras des Landes
au
La salade de gésiers confits*

*Le dos de Saint Pierre
à la Rhubarbe*

*Le Faux filet à la moëlle
ou
La cuisse de canard aux Pêches*

Le dessert "Au choix"

Notre Menu Gourmand

320.00 FRS

Suivant les apports du
marché et les saisons,
Marie Louise et Henri
Gaonac'h, leur équipe,
auront le plaisir de vous
servir quelques plats
sélectionnés parmi leurs
spécialités, et présentés en
petites quantités.

E Booking a table

Fill in the missing parts of the following dialogue:

....

Bonjour, Madame; je voudrais réserver une table pour trois personnes pour ce soir, s'il vous plaît.

....

(your name)

....

Huit heures, s'il vous plaît.

....

A ce soir, Madame.

Key

Restaurant .... Bonjour.
A quel nom?
Pour quelle heure?
Parfait; alors, une table pour trois au nom de .... pour 8 heures ce soir. Merci, Madame.

BACKGROUND NOTES

You must always be aware that eating and drinking are extremely important for most French people, especially in business circles. Be prepared to spend quite a long time in the restaurant and don't be surprised if your French hosts keep off the subject of business. They will be pleasantly surprised if you show a real interest in what you are eating and drinking, so be prepared to make value judgements, to compare and to reminisce about great meals you had 10 years ago in the Far East! It is also true that in some businesses the heavy, formal meal is being replaced by the light, working lunch on the premises. The Anglo-Saxon influence, no doubt! But don't despair, if this is the case then you will usually be invited to a traditional dinner in the evening!

Wine is a particularly sensitive area and you should try to acquire at least a grounding on the subject. If you find it difficult to drink several glasses of wine and still talk intelligibly in a foreign language on a wide variety of topics, then you should make sure you have a good supply of water and always keep a reasonable amount of wine in your glass. An empty glass will invite an immediate re-fill, either from your host or from the waiter.

The French are also justifiably proud of their cheeses and can be very insistent on having you try several. It is generally good policy to choose a cheese from the region, but here again you can let yourself be guided by your host. Remember that this course is served after the main course and before the dessert so try to leave room for it! If you are not very hungry, a good tactic is to say: 'un tout petit peu de ces deux, s'il vous plaît' (just a little of these two, please). There is a French saying that 'un repas sans fromage est comme une jolie fille à qui il manque un oeil' (a meal without cheese is like a pretty girl who has lost an eye), so you have been warned!

If you are invited to someone's home, take a bouquet of flowers and/or a bottle of duty-free whisky. Avoid arriving late and, even more important, avoid arriving well in advance, as you are likely to interfere with last minute domestic preparations. If the invitation is just for an aperitif, the present is not necessary and do not stay longer than an hour or so. If it is a cocktail party and there are a lot of guests, try to move around the different groups. If it is a dinner party, then observe the following etiquette:

- greet the lady of the household on arrival; wait to be introduced to the other guests

- if you arrive late, apologize and give the reason: 'je suis confus(e), mais . . .'

- you will probably be offered a drink before going to the table; wait until you have been told what is available before expressing your choice and wait until everyone has been served before drinking. Useful formulas for a toast are: à votre santé (à ta santé); à notre future collaboration; à la vôtre (à la tienne). Those in brackets are more familiar.

- when moving to the table, wait until your host has shown you where you are sitting

- if you say 'merci!' before being served, it may be interpreted as 'no, thank you'

- if you say 'merci!' while being served it means 'thank you, that's enough'

- wait until everyone has been served before digging in!

- leave wine serving to your host

- avoid smoking during the meal and wait until others light up afterwards; it is polite to ask: 'est-ce que la fumée vous dérange?' (does my smoking bother you?)

- when it is clear that the evening is over, shake hands with everyone, starting with the women and then the lady of the house. Thank and compliment her: 'merci pour cette agréable soirée; le repas était excellent!' or, more simply: 'c'était excellent!'

Unit 9

Au téléphone

SETTING THE SCENE

This unit aims to improve telephone skills by giving many key expressions used on the phone (including expressions you will need to understand but probably not have to use yourself). It includes the telephonist's alphabet.

VOCABULAIRE

le téléphone	telephone
téléphoner	to phone
au téléphone	on the phone
donner (passer) un coup de téléphone	to phone, to call
une cabine téléphonique	a phone box
le marketing téléphonique	telesales
le standard	switchboard
la standardiste	switchboard operator
la télécarte	phonecard
se tromper de numéro	to dial the wrong number
dimanche en huit	Sunday week
un coup de fil (familiar)	a phone call
recevoir un coup de fil	to receive a phone call
composer le numéro	to dial a number
la ligne est très mauvaise	the line is very poor
décrocher	to lift the receiver
raccrocher	to hang up

First contact

Allô? l'hôtel des Sables Blancs?	Hello? The White Sands hotel?

Allô. Établissements Cotten, bonjour!	Hello, Cotten Company
Pourrais-je parler à M. Abgrall, s'il vous plaît?	Could I speak to Mr Abgrall, please?
Je voudrais le poste 257	I'd like extension 257
C'est pour une réservation	I want to make a booking
Je vous téléphone au sujet de...	I'm calling about . . .
Je vous appelle à propos de...	I'm calling about . . .

Failing to make contact

Je regrette mais M. Abgrall est en réunion	I'm afraid Mr Abgrall's at a meeting
Voulez-vous rappeler?	Would you like to call back?
La ligne est occupée	The line's engaged

Maintaining contact

Ne quittez pas/restez en ligne	Hold the line
Un instant, je vous prie	One moment, please
Qui dois-je annoncer?	Who is this, please?
Vous patientez/conservez?	Do you want to wait?
Un instant, on recherche votre correspondant	One moment we're trying to

Putting someone through

Je peux vous passer sa secrétaire	I can put you through to his secretary
Je vous le/la passe	I'm putting you through to him/her
Vous avez Monsieur Abgrall en ligne	You have Mr Abgrall on the line
Qui dois-je annoncer?	Who should I say is calling?

Re-establishing contact

La communication a été coupée	We've been cut off

On a été/Nous avons été coupés	We've been cut off
Votre correspondant est en ligne	Your caller is on the line
Vous êtes toujours en ligne	You are still connected

GETTING THROUGH TO THE PERSON YOU WANT

When making business calls you will invariably have to go through a switchboard. Here is a typical conversation with a switchboard operator. Two outcomes are possible and both are given here.

Allô, bonjour Mademoiselle, je voudrais parler à Monsieur Ondet s'il vous plaît.	Good morning, I'd like to speak to Mr Ondet please.
Bonjour Monsieur, c'est de la part de qui?	Good morning, who is calling?
Monsieur Thompson, de la société Primrose en Angleterre.	Mr Thompson, from Primrose in England.
Un instant s'il vous plaît . . .	One moment, please . . .
. . . Ici la société Ondet veuillez patienter quelques instants, nous recherchons votre correspondant.	. . . Ondet, please hold on, we are trying to connect you.
Allô, Monsieur Thompson, je vous passe Monsieur Ondet.	Mr Thompson, I'm putting you through to Mr Ondet.
Désolée, Monsieur Thompson, Monsieur Ondet n' est pas là il s'est absenté quelques instants.	Sorry, Mr Thompson, Mr Ondet is not here, he has just popped out.
Est-ce-qu'il peut vous rappeler?	Can he call you back?

Oui, bien sûr, mon numéro est le 24 07 44 41, poste 238, avant midi heure anglaise s'il vous plaît.	Of course my number is 24074441, extension 238, before 12 o'clock English time please.

If the person you are calling is not available you may hear the following:

Désolée, Monsieur/Madame, Melle, Mme, M. X est

en réunion	in a meeting
en déplacement	offsite
à l'extérieur	offsite
à l'étranger jusqu' à . . .	abroad until . . .
Son poste occupé	His/her line is engaged

And immediately afterwards:

Vous conservez?	Will you hold?

or:

Voulez-vous quil (elle) rous rappelle?	Would you like him (her) to call you back
Pouvez-vous rappeler demain, dans une heure, la semaine prochaine?	Can you call back tomorrow, in an hour, next week?

and you could reply:

Oui, je conserve	Yes, I'll hold
Oui, voici mon numéro de téléphone . . .	Yes, here is my number . . .
Oui, je la (le) rappellerai à . . .	Yes, I'll call her (him) back . . .

or:

Est ce que je peux laisser un message?	Can I leave a message?

N.B. If you have trouble understanding French people on the phone do remember to use expressions such as:

pouvez-vous répéter s'il vous plaît?	can you repeat that please?
pouvez-vous parler plus lentement, plus fort, s'il vous plaît?	can you speak more slowly, louder please?

BOOKING AN APPOINTMENT

Je voudrais un rendez-vous
avec X pour le jeudi 6
décembre s'il vous plaît.

I'd like an appointment with X on
Thursday, December 6th please.

Un instant je dois consulter
l'agenda de X.

Hold on please, I must check X's
diary.

Le 6 décembre, X est libre à 15
heures, est-ce que ça vous
convient?

On the 6th of December X is free at
3 o'clock, is that all right?

OR

Désolée, X est en déplacement
le 6, il est libre le 7 à 9 heures.

Sorry X is offsite on the 6th but he
is free at 9 on the 8th.

POSTPONING OR CANCELLING AN APPOINTMENT

J'ai rendez-vous avec Y à 15 heures le 7 mai. Serait-il possible de
reporter Jce rendez-vous au 11 mai s'il vous plaît?   I have an
appointment with Y at 3 o'clock on May 7th, could it be postponed
to May 11th please?

Je suis désolé(e), mais je suis obligé(e) d'annuler mon rendez-vous avec
X à ll heures demain. Je voudrais un rendez-vous pour mercredi en
huit si possible.   I am sorry, but I have to cancel the appointment
that I have with X tomorrow at eleven. I'd like an appointment for
Wednesday week if possible.

TELEPHONIST'S ALPHABET

Letter	Phonemic symbol	French
A	a	Anatole
B	be	Berthe
C	se	Célestin
D	de	Désiré
E	∂	Émile
F	ɛf	François

G	ze	Gaston
H	aç	Henri
I	i	Irma
J	zi	Joseph
K	ka	Kléber
L	ɛl	Louis
M	ɛm	Marcel
N	ɛn	Nicolas
O	o	Oscar
P	pe	Pierre
Q	ky	Quintal
R	ɛr	Raoul
S	ɛs	Suzanne
T	te	Thérèse
U	y	Ursule
V	ve	Victor
W	dubl∂ve	William
X	iks	Xavier
Y	i grɛk	Yvonne
Z	zɛd	Zoé

We say R for Romeo, the French say 'R comme Raoul'. An operator may spell out a name using the above names for each letter: Suzanne – Marcel – Irma – Thérèse – Henri = Smith.

LES CODES TÉLÉPHONIQUES

All French phone numbers contain 8 figures.

When reading French phone numbers aloud, group the figures in pairs, e.g. 73 38 65 72 = soixante treize, trente-huit, soixante-cinq, soixante-douze.

To phone France from the UK, dial 010 33, and then

- 1 + 8 figures for Paris

- 8 figures for the rest of France

To phone from Paris to the rest of France, dial 16 + the 8 figure number

From the provinces to Paris, 16 1 + 8 figures

To phone inside Paris or from province to province, just dial the 8 figure number

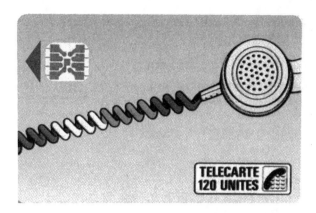

To make an international call from France, dial 19 and then the country code, e.g. GB = 44

LES TÉLÉCARTES

Phone cards can be bought in post offices and 'tabacs' all over France. They are sold in units (unités) of 50 or 120.

EXERCISES

A   Spell the following surnames and your own in French:

Hudson, Taylor, Dickens, Cox, Murray, Foster, Boss, Holmes.

B   Listen to the following surnames spelt on tape and write them down.

Key

Watson, Amaduzzi, Bretecher, Jones, Girardot, Kinnock, Mitterrand.

C   Give the following phone numbers in French:

715834550, 734404774, 296397795, 24074441 ext 238.

D Listen to the following numbers and write them down.

E Say that you will do the following:
1 Yes, I shall call X back in an hour.
2 We shall arrive at 9.30 a.m.
3 Yes, we shall send you a few samples.
4 Yes, I shall be there.

Key

1 Oui, je rappellerai X dans une heure.
2 Nous arriverons à 9 heures et demie.
3 Oui, nous vous enverrons quelques échantillons.
4 Oui, j'y serai.

F Fixing a date for a meeting

To the question: Etes-vous libre le 14
                    février à 14 heures?

Answer:
1 No, I'm not, I'd prefer the 15th at 10 o'clock.
2 I am not free at all that week; could you make it the week after,
   on the Thursday for example?
3 On the 14th I am in Norway; what about next week, is that too
   late?

Key

1 Non, ce n'est pas possible, je préférerais le 15 à 10 heures.
2 Je ne suis pas libre du tout cette semaine-là; pourriez-vous venir
   la semaine d'après, jeudi par exemple?
3 Je suis en Norvège le 14; que diriez-vous de la semaine prochaine,
   est-ce-que c'est trop tard?

Unit 10

L'entreprise (I) (The company)

SETTING THE SCENE

This unit deals with an aspect of business that is so fundamental that we have chosen a different format from the usual one. After defining 'l'entreprise', we shall give a few concrete examples of French companies and how they are organized.

DEFINITIONS

Definition 1

'Une entreprise est un lieu de production, de répartition, de collaboration et d'exercice du pouvoir.'

1 L'entreprise = lieu de production
   Elle combine des *moyens humains*, *techniques* et *financiers* pour *produire* des *biens* et/ou des *services*.

2 L'entreprise = lieu de répartition
   Elle distribue des *revenus* aux *travailleurs*, aux *propriétaires* et aux *fournisseurs*.

3 L'entreprise = lieu de collaboration
   Elle est un lieu de *collaboration* (et parfois de *conflit*) entre les *partenaires* de l'entreprise, c'est à dire les *salariés* et les *dirigeants*.

4 L'entreprise = lieu d'exercice du pouvoir
   Le *patron* prend les décisions avec l'aide de ses *collaborateurs* les plus proches, les *cadres*, qui les transmettent aux *employés* et aux *ouvriers*, qui les *exécutent*.

Summary in English

A company is a place for producing, sharing, collaborating and exercising power.

1　A firm uses a combination of *human, technical* and *financial means* to *produce goods* and/or *services.*

2　It shares *revenue* among *workers, owners* and *suppliers.*

3　Here, *partners* (*employees* and *employers*) *collaborate* (and sometimes *fight*).

4　The *boss* takes decisions with the help of *managers,* who transmit the decisions to the *workers* and *employees,* who *carry them out.*

Definition 2

Voici une définition de M.Moreau, dans '*Le Management Pratique de l'Entreprise*' (Paris: Economica, 1980):
'L'entreprise est une communauté d'hommes, organisée en vue d'assurer sa pérennité, financièrement indépendante, qui offre un service à d'autres hommes, par une prestation, un produit, ou la conjugaison des deux, le plus souvent dans un milieu concurrentiel, et à un prix qui couvre ses coûts et son profit pour lui permettre de prospérer dans un environnement dont elle dépend.'

Summary in English

A firm is a community of people, organized so as to ensure its continuity and financial independence. It offers a service or a product (often both), usually in a competitive context and at a price enabling it to cover costs and profits and so prosper in an environment on which it depends.

Les types de sociétés

Les entreprises peuvent être petites, moyennes ou grandes; elles ont des activités très diverses et n'ont pas toutes le même statut juridique.

● L'entreprise individuelle a pour propriétaire une seule personne qui dirige et organise la production et la vente. On trouve ce type d'entreprise dans l'agriculture, le petit commerce et l'artisanat. (L'artisan exerce un travail manuel pour son propre compte et ne peut employer plus de 10 ouvriers).

● La société civile a une activité non commerciale; par exemple, l'immobilier, l'enseignement, les coopératives de production, de consommation, agricoles, bancaires, etc.

● Les sociétés commerciales sont de deux types:

les sociétés de personnes, où on distingue:

- la société en nom collectif où chaque associé est personnellement et solidairement responsable de l'ensemble.

- la société en commandite simple est composée d'un ou de plusieurs commanditaires responsables sur tous les biens et d'un ou de plusieurs commanditaires ayant prêtés des capitaux et qui ne sont responsables que pour le montant de leur apport.

les sociétés de capitaux:

- la société en commandite par actions

* la société anonyme (SA) est dirigée par une assemblée générale des actionnaires, un conseil d'administration et un président-directeur-général (PDG – le pédégé!). Il faut un minimum de 7 actionnaires.

- la société à responsabilité limitée (SARL) est composée de 2 à 50 associés, dont la responsabilité est limitée aux apports et est dirigée par un gérant.

Summary in English

Firms can be small, medium-sized or large and their activities diverse. They do not all have the same legal status:

- Single-owner: farmers, tradesmen and craftsmen make up this category.

- Non-trading companies: e.g. real estate, education, various forms of cooperatives.

- Businesses:
Partnerships:

- general partnerships, where each partner has full responsibility

- limited partnerships, where responsibility is limited.
Limited liability companies:

- joint stock partnerships

- public limited companies, run by a board and a managing director

- private limited company, with between 2 and 50 directors, whose responsibility is proportional to their investment; run by a manager.

VOCABULAIRE

Here is a fairly exhaustive list of the different types of companies:

entreprise (f)	firm, business, company, concern, venture, undertaking
entreprise privée	private company
entreprise publique	public organization
PME (petites et moyennes entreprises)	small and medium-sized firms
société (f)	company, firm, concern
société de personnes (fpl)	partnership
droit (m) des sociétés	company law
société anonyme (SA)	public limited company
société à but non-lucratif	non-profit making organization
société à succursales multiples	chain store
société en commandite simple	limited partnership
société de commerce	trading company
société civile	non-trading company
société commerciale	business firm
société en nom collectif	general partnership
société holding	holding company
société immobilière	real-estate company
société mère	parent company
société par actions	joint stock company
société soeur	sister company
société de capitaux (mpl)	limited liability company
société écran	shell or nominee company

FICHE D'IDENTITÉ

Voici la fiche d'identité de la société Ondet, une société anonyme:

Nom: ONDET
Statut juridique: SA
Adresse: 57 avenue Jean-Jaurès,   Tel. 73 63 12 19
            63200 MOZAC   Tx. 392466F
Siège social: idem
Nationalité: française
Date de création: 1973

Président Directeur général: Michel Ondet
Activité: fabrication de pâtes alimentaires fraîches et farcies
Nombre de salariés: 45
Moyens de production: 1 atelier; 3 chaînes
Signes particuliers: aucun

DIALOGUE

Les fonctions dans l'entreprise

Les responsables

Michel Ondet, PDG de la société, a bien voulu répondre aux questions de Mme Roberts. Après les politesses d'usage, elle entre dans le vif du sujet:

Nicole Roberts	Monsieur Ondet, en quoi consiste votre rôle de PDG?
M. Ondet	Mon rôle, ou plus précisément ma fonction, est de développer l'entreprise et donc de bâtir la politique générale de l'entreprise.
N.R.	Justement, comment est-ce qu'on bâtit la politique générale d'une entreprise?
M.O.	En tout premier lieu, il y a ce que l'on vend, donc ce que l'on produit. Ceci justifie des choix de produits en fonction du marché. A partir de ce modèle-là, nous devons raisonner sur la politique commerciale qui sera définie à l'intention du service commercial qui aura la charge de l'appliquer. D'autre part, je dois assurer une gestion rigoureuse de cette entreprise, qui passe par la mise en place de moyens, et du contrôle permanent de ces moyens. Cette démarche passe, dans un premier temps, par une phase de réflexion et de concertation.
N.R.	Le terme 'concertation' implique dialogue, échange d'idées . . . ?
M.O.	Absolument, on travaille en groupe. Si c'est une décision de marché on fait intervenir le directeur des ventes, le contrôleur de gestion et le responsable de production. Il y a également concertation pour la mise en place de la stratégie.
N.R.	Avez-vous une équipe relativement stable?

M.O.	J'ai la chance d'avoir un noyau stable, mais comme toute petite entreprise, nous souffrons d'un turnover important.
N.R.	Au niveau des ouvriers?
M.O.	Au niveau du personnel moyen.
N.R.	Vous voulez dire des cadres?
M.O.	Non, pas des cadres. Nous sommes une PME, donc les cadres sont très proches de leur patron.
N.R.	Quand vous dites 'le personnel moyen', vous voulez parler des chefs d'atelier?
M.O.	Oui, l'encadrement de base. Nous avons formé 3 chefs d'équipe, et il n'en reste qu'un. Au niveau des ouvriers, nous avons un personnel très fidèle.
N.R.	Avez-vous déjà eu des problèmes sociaux?
M.O.	Non. Nous avons une convention collective, qui se trouve être celle de la conserve.
N.R.	Vous n'avez pas de comité d'entreprise?
M.O.	Non, car notre effectif n'est pas suffisamment important.
N.R.	Vous donnez certains avantages à vos employés? Comme le treizième mois?
M.O.	Bien sûr.
N.R.	Faites-vous une évaluation régulière et individuelle de votre personnel?
M.O.	Oui, une fois par an.
N.R.	Est-ce qu'ils participent aux bénéfices de l'entreprise?
M.O.	Non, pour des raisons de fiscalité; mais le principe de l'intéressement me plaît.
N.R.	Avez-vous une progression régulière de votre production?
M.O.	Pas vraiment régulière. L'an dernier, elle a été de 40%; cette année, je pense qu'elle sera de 30%.
N.R.	Faites-vous des campagnes de publicité?
M.O.	Nous n'avons pas de couverture nationale, donc notre pub. se fait principalement sur les points de vente et dans la presse professionnelle.
N.R.	Monsieur Ondet, je vois que vous êtes très pressé; (*le téléphone a sonné plusieurs fois!*) Je vous remercie infiniment d'avoir répondu à mes questions.
M.O.	Je vous en prie. Au revoir, Madame Roberts. (*Ils se*

	serrent la main.)
N.R.	Au revoir, Monsieur Ondet.

TRANSLATION

Michel Ondet, managing director of the firm, agreed to answer Mrs Robert's questions. After the usual small talk, she gets straight down to business:

Nicole Roberts	Mr Ondet, what does your role of managing director consist of?
M. Ondet	My role, or more precisely my function, is to develop the firm and so to elaborate the general policy of the business.
N.R.	Precisely, how does one elaborate the general policy of a business?
M.O.	First of all, one needs to look at what one sells, therefore at what one produces. Market forces will determine the choice of products. Going on from there, we must define a sales policy that our sales department can implement. Furthermore, I have to make sure the company is managed soundly; that is to say the proper means have to be found and then constantly monitored. This process requires, at the outset, a phase of reflection and concerted agreement.
N.R.	By 'concerted', do you mean discussions, exchanges of ideas . . . ?
M.O.	Exactly: we work as a group. If there is a marketing decision to be taken, we get together with the sales manager, the financial manager and the production manager. We also work together to implement the strategy.
N.R.	Do you have a fairly stable team?
M.O.	I am fortunate to have a stable core but, like all small firms, we do suffer from a fairly high turnover rate.
N.R.	At the shop floor level?
M.O.	At the intermediary level.
N.R.	Do you mean the middle management?
M.O.	No, not executives. We are a small company and the executives are very close to their boss.

N.R.	When you say 'the intermediary level', are you talking about the head foremen?
M.O.	Yes, the shop floor supervisors. Of the three we have trained, only one has stayed on. As for the workers, we have very loyal employees.
N.R.	Have you had any social problems?
M.O.	No. We have a collective agreement, which happens to be that of the canning industry.
N.R.	Do you have a works' committee?
M.O.	No, because we have too few employees.
N.R.	Do you offer certain benefits to your employees? Such as the thirteenth month?
M.O.	Naturally.
N.R.	Do you carry out individual assessments of your personnel on a regular basis?
M.O.	Yes, annually.
N.R.	Is there a profit sharing scheme?
M.O.	No, because of the tax laws, but I am not against such schemes in principle.
N.R.	Does your production progress regularly?
M.O.	Not regularly, no. Growth last year was 40% and I think it will be around 30% this year.
N.R.	Do you conduct advertising campaigns?
M.O.	We don't have a nation-wide coverage, so our advertising is done mostly at the points of sale and in the professional press.
N.R.	Mr Ondet, I can see you are very busy; (*the phone has rung several times!*) Thank you so much for answering my questions.
M.O.	Don't mention it. Goodbye, Mrs Roberts. (*They shake hands*).
N.R.	Good-bye, Mr Ondet.

VOCABULAIRE

bâtir	to build, to construct
justement	precisely
découler	to follow from, to ensue
avoir la charge de	to be responsible for

appliquer	to put into practice
assurer	to supply, to provide
la gestion	management
la mise en place	the implementation
les moyens (*mpl*)	the means
une démarche	a step, an approach
aboutir	to succeed
une équipe	a team
au niveau de	at the level of
un cadre	an executive, senior staff
la convention collective	collective agreement
l'encadrement (*m*)	supervisory staff
former	to train
un comité d'entreprise	a works committee
le personnel	the staff
l'évaluation (*f*)	assessment
les bénéfices (*fpl*)	profits
l'intéressement (*m*)	profit-sharing scheme
un point de vente	an outlet, point of sale

QUESTIONS

1 Quelle est la fonction du PDG de la société Ondet?
2 Qu'est-ce qui détermine la politique générale?
3 Quel est le rôle du service commercial?
4 Le PDG décide-t-il tout seul?
5 A quel niveau le turnover du personnel est-il important?
6 De quel avantage bénéficient les employés de chez Ondet?
7 Comment M. Ondet fait-il connaître ses produits?

Réponses

1 Sa fonction est de développer l'entreprise, d'en bâtir la politique générale et d'assurer une gestion rigoureuse de l'entreprise.
2 La production et les ventes.
3 Il doit appliquer la politique générale.
4 Non, il consulte ses collaborateurs les plus proches.
5 Au niveau de l'encadrement, c'est à dire des chefs d'équipe.
6 Ils bénéficient d'un treizième mois de salaire.
7 Sur les points de vente et par la presse professionnelle.

COMMENT INSISTER – AVEC FERMETÉ MAIS POLIMENT (HOW TO INSIST – FIRMLY BUT POLITELY)

J'attire votre attention sur le fait que nous accordons ce mois-ci un escompte de 3%.	I should draw your attention to the fact that we are offering a 3% discount this month.
Je vous signale que vous êtes en infraction.	I must point out that you are breaking the law.
Je vous assure que je vous l'ai envoyée la semaine dernière.	I assure you that I sent it to you last week.
Je me permets d'insister sur la qualité de nos matières premières.	I really must insist on the quality of our ingredients.
Vous viendrez bien à la maison? *Mais si, j'insiste, venez donc!*	You will come to dinner, won't you? Oh yes, please, do come!

GRAMMAR AND LANGUAGE NOTES

The future tense (le futur)

The future is formed by adding the following endings to the infinitive stem:

je	- ai	nous	-ons
tu	-as	vous	-ez
il, elle	-a	ils, elles	-ont

The verb stems are as follows for the three verb groups:

group	infinitive	stem	future	
-er	donner	donner-	je donnerai	(I'll give)
-ir	finir	finir-	je finirai	(I'll finish)
-re	vendre	vendr-	je vendrai	(I'll sell)

There are of course the inevitable irregular verbs to be learned by heart, but as they are mostly common verbs, they should be quickly acquired with use. Here are some of the most common:

to be	être	je serai	tu seras, etc.
to have	avoir	j'aurai	tu auras
to do, make	faire	je ferai	tu feras

to be able to	pouvoir	je pourrai	to pourras
to have to	devoir	je devrai	tu devras
to see	voir	je verrai	tu verras
to know	savoir	je saurai	to sauras
to want, wish	vouloir	je voudrai	tu voudras
to rain	pleuvoir	il pleuvra	(impersonal)
to come	venir	je viendrai	tu viendras
to send	envoyer	j'enverrai	to enverras
to be necessary	falloir	il faudra	(impersonal)

Other ways of expressing future time

- The present is often used in place of the future:

  Il arrive demain   He's arriving tomorrow

- The immediate future is often expressed with '**être sur le point de**' + **inf**:

  Nous sommes sur le point de   We're about to launch a new
  lancer un nouveau produit   product, with a fresh pasta base.
  à base de pâtes fraîches.

- **Aller** + **inf** is frequent when talking about a coming event (the immediate future):

- Nous allons envoyer le reste de   We'll ship the rest of your order
  votre commande aujourd'hui   today without fail.
  sans faute.

Use of the future

- The future is sometimes used to express an order:

  Vous me rédigerez ce rapport   Please write this report for me for
  pour demain.   tomorrow.

Future perfect (le futur antérieur)

This tense is used to refer to a sequence of events in the future, generally after quand (when), lorsque (when), dès que (as soon as). Note that in English the verb is in the present tense after these words, not the future, e.g. I'll tell you when he comes (je vous dirai quand il sera venu). N.B.

Remember that 'he has come' is a *present* perfect.

The future perfect is formed by using the future tense of 'avoir' or 'être' with the past participle of the main verb:

Quand il l'aura vu, il repartira	When he sees him (or 'when he has seen him') he'll leave.
Dès que la lettre sera tapée, je la signerai	As soon as the letter has been typed, I'll sign it.

EXERCISES

A   Translate

1   My role is to develop the company.
2   I must also make sure that the company is soundly managed.
3   This process requires a phase of reflection and concerted agreement.
4   The sales manager, the financial manager and the production manager are my closest collaborators.
5   The workforce is very stable here.
6   This year production will grow by 5%.
7   We advertise in the professional press.

Key

1   Mon rôle est de développer l'entreprise.
2   Je dois aussi assurer une gestion rigoureuse de l'entreprise.
3   Cette démarche implique une phase de réflexion et de concertation.
4   Le directeur des ventes, le contrôleur de gestion et le responsable de production sont mes collaborateurs les plus proches.
5   Le personnel est très stable ici.
6   Cette année la production augmentera de 5%.
7   Nous faisons de la publicité dans la presse professionnelle.

B   Future (i)

Give the future of the following verbs (in the 1st person singular):

porter	finir	prendre	avoir
être	pouvoir	faire	recevoir
dire	venir	savoir	envoyer

Key

je porterai	je finirai	je prendrai	j'aurai
je serai	je pourrai	je ferai	je recevrai
je dirai	je viendrai	je saurai	j'enverrai

C Future (ii)

Put these sentences into the future:

> e.g. Je le fais avec soin   Je le ferai avec soin

1 Elles les prend avant le petit déjeuner.
2 Je peux vous l'apporter.
3 Quand il part en voyage, il laisse ses instructions.
4 La secrétaire s'en va dès qu'elle a fini de taper cette lettre.
5 Je suis tellement content de vous voir.

Key

1 prendra   2 pourrai   3 partira, laissera   4 ira, aura fini   5 serai

D Future (iii)

Change the following sentences into the immediate future:

1 Je vous l'apporterai dans un instant.
2 Je pense que vous serez très heureux d'apprendre cette nouvelle.
3 Il ira à la poste avant de rentrer chez lui.

Key

1 je vais vous l'apporter   2 vous allez être   3 il va aller

E Future (iv)

Write down in French what you plan to do tomorrow:
e.g. Demain je me lèverai tôt, je finirai de lire le rapport sur le . . .
J'enverrai la liste des prix à . . .

Tasks

1 You are the managing director of Company X. Try to explain in French what your function is. Start:

'En tant que PDG de la   As MD of the company, I . . . .
société, je . . .'

2 You work for Company Y. What do you think the role of the company's director is?

'Monsieur Dupont est notre   Mr Dupont is our MD, he . . . .
PDG, il . . .'

BACKGROUND NOTES

Le treizième mois

This is one of the most common 'perks' in French industry. A thirteenth month's salary is paid to all the staff, generally in December, to finance the festive cheer! Some firms even pay a fourteenth month in June and one or two firms have been known to go as far as a fifteenth month!!

La presse professionnelle

As in all advanced economies, the French specialized professional press and trade journals play an important role, especially in the advertising field. They enable PME to advertise their products more cheaply and to target more efficiently than in the national press. The magazines quoted in the next unit are specialized in the distribution of food products: *Linéaires, Points de Vente* and *LSA*.

Document

The following article is taken from *Linéaires* and deals with the company we have been looking at in this unit. Advanced learners should be able to read it without too much difficulty. You should read authentic materials such as these as much as possible, paying particular attention to the structures and the style. Bonne chance!

LINEAIRES # CHARACUTERIE-TRAITEUR

Ondet, la stratégie du multirégional complémentaire

Petite société dans la cour des grandes, Ondet S.A. a été fondée en 1973 par son actuel PDG, Michel Ondet, pour la fabrication et la vente exclusive de pâtes fraîches et farcies. Elle entend, sur ce marché, conforter sa place de premier multirégional, complémentaire des fabricants leaders.

En 1989, la société a réalisé un chiffre d'affaires de 32 millions de francs, pour une production annuelle supérieure à 1 500 t, sur un marché total évalué à 11 000 t. Equipée d'un matériel moderne, l'entreprise est en mesure d'absorber 40 % de fabrication supplémentaire et de répondre ainsi immédiatement à l'augmenta-tion de la demande. Forte de nouvelles ambitions, la société s'est enrichie d'un service commercial intégré, avec un directeur des ventes, trois attachés commerciaux, et un merchandiser.

Marque Ondet et marque de distributeur

La stratégie vise à assurer la croissance de l'entreprise autour de trois axes principaux. Le premier axe prévoit le développement de l'entreprise au travers des marques de distributeurs. *«En tant que spécialistes de l'activité pâtes fraiches et farcies, nous sommes bien placés pour fabriquer ce type de produit pour le compte de distributeurs à leur marque»*, explique Jean-François Decraëne, directeur des ventes. La société ressent donc le besoin de se faire davantage connaître auprès des distributeurs pour exposer sa stratégie. Le second axe, complémentaire du précédent, vise le développe-ment d'une gamme propre à la marque Ondet avec le souci d'associer à cette marque une image de qualité. Une stratégie qui passe par le

renforcement de la notoriété de la marque, notamment auprès des distributeurs, et par une politique d'innovation dynamique. Illustration de cette volonté d'innovation, le lancement d'une gamme de pâtes fraîches pour enfants. Enfin, le 3e axe consiste à fournir d'autres fabricants, et notamment les fabricants de produits d'assemblage tels que les plats cuisinés qui intègrent des pâtes. Ces trois aces, différents stratégiquement, représenteront environ chacun 33 % du chiffre d'affaires de l'entreprise. Un équilibre que la société souhaite préserver afin d'assurer une croissance sur plusieurs créneaux, en demeurant spécialiste d'un seul et même type de produit.

Le marché des pâtes fraîches est porteur

En terme de produits, la société propose d'une part une gamme traiteur libre-service en barquettes comprenant pâtes farcies (ravioli, tortellini, raviolini, etc.) et pâtes non farcies (spaghetti, tagliatelles, gnocchi, etc.) et, d'autre part, une gamme traiteur libre-service en sachets avec également pâtes farcies et non farcies, mais aussi une gamme de quenelles fraîches. Aujourd'hui, la gamme sachets génère 14% des volumes vendus à la marque Ondet. Parallèlement à la gamme enfants, conditionnée en sachets de 500 g, la société compte mettre sur le marché de nouveaux

produits. Pour ce faire, elle a créé une cellule recherche, développement et qualité, chargée de réfléchir à la mise au point de nouveaux produits, mais aussi de veiller à la qualité des produits, d'un bout à l'autre de la chaîne.

Sur ce marché, dominé par Lustucru et Générale Traiteur, Ondet veut, en rayon, positionner sa marque en no 2, à côté de l'une ou l'autre des deux marques leaders. *« Suite à une étude du marché débouchant sur des préconisations merchandising, nous considérons,* affirme J. F. Decraëne, *que l'adjonction d'une marque multirégionale, positionnée haut de gamme, permet au chiffre d'affaires du rayon pâtes fraîches de connaître la meilleure progression possible».* Le marché, quant à lui, est actuellement particulièrement porteur puisqu'il augmente en volume selon le rythme de 20% par an. Si les deux leaders du marché détiennent entre 20 et 25% du marché total, Ondet détient une part de marché nettement plus faible pour sa marque, mais plus significative lorsqu'on parle de part de marché production puisque l'entreprise fabrique plus de 1 500 t de pâtes fraîches, sur un marché LS qui pèse près de 11 000 t. Compte tenu du bon comportement du rayon et des efforts réalisés, l'objectif d'Ondet est désormais de rapprocher ses volumes du niveau de production maximum que l'usine pourrait atteindre, à savoir 3 200 t/an.

Unit 11

L'entreprise (II) (The company)

SETTING THE SCENE

In the previous unit, we studied the role played by the managing director of a small but forward-looking French company. In this second part, we shall look at the role of each of the senior executives in this same company and attend a meeting of the management committee.

LES FONCTIONS DANS L'ENTREPRISE (SUITE)

La directrice de la recherche et du développement (Melle LeJean)

Son poste est double. D'une part elle s'occupe du contrôle de la qualité; d'autre part elle est responsable de la recherche et du développement.

- Elle fait des tests sur les matières premières, les produits semi-finis et les produits finis et vérifie que ces produits sont conformes aux objectifs qui ont été définis dans le cahier des charges, c'est à dire qu'ils correspondent aux exigences des clients.

- En ce qui concerne la recherche et le développement, elle fait des essais et les fait goûter; ou bien elle travaille avec des centres de recherche extérieurs à l'entreprise.

- Elle s'occupe aussi de l'hygiène et essaie de sensibiliser le personnel à son importance capitale.

Summary in English. The Research and Development Manager

She plays a double role, dealing with both quality control and R & D.

- She tests ingredients, semi-finished and finished products, to make sure they conform to the schedule of conditions, i.e. that they meet customers' requirements.

- As for R & D, she carries out experiments and uses tasting panels; she may also work with outside research bodies.

- She is also responsible for hygiene and for increasing employee awareness of its importance.

Le chef de production (M. Espinasse)

Son rôle est principalement celui de chef d'atelier. Il forme les chefs d'équipe. Il s'occupe également des achats des matières premières et du recrutement du personnel au niveau de la production. En ce qui concerne la gestion de l'atelier, il doit s'assurer que l'usine ne manque pas de matières premières. Par ailleurs, il transmet toutes les informations collectées sur la production et l'emballage au service informatique de l'entreprise. Il est également responsable de la gestion des stocks.

Summary in English. The production manager

His role is mainly one of supervision, but he also trains the foremen. In addition, he is in charge of buying in raw materials and of recruiting the production staff. As for running the shop-floor, he has to make sure the factory never runs short of ingredients. He must then communicate all the figures concerning production and packaging to the data processing department. He is also in charge of managing the stocks.

Le contrôleur de gestion (M. Combémorel)

Il a une fonction très importante au sein de la société;

- Il assiste le PDG dans ses décisions et lui fournit les éléments nécessaires à cette prise de décision.

- Il participe à la gestion du personnel et gère le service administratif.

- Il est responsable de la comptabilité et est chargé de l'élaboration du bilan.

- Il a deux comptables sous ses ordres. L'un s'occupe de la comptabilité fournisseur, l'autre est exclusivement au service clients (c'est à dire la facturation, les ristournes, etc.).

Summary in English. The finance manager

He plays a very important role within the firm. He helps the managing director in the decision making process, providing him with the necessary information. He is involved in personnel management and runs the administrative section. He is in charge of accounts and preparing the balance sheet. Two accountants report to him, one dealing with accounts due and the other with receivables (invoicing, rebates, etc.).

Le directeur des ventes (M. Decraene)

Il occupe deux fonctions:

- la direction commerciale
- la direction des ventes

Au mois d'août chaque année, il remet un plan de ventes qui fixe les objectifs en chiffre d'affaires, en volume et par produit. Ce plan est établi sur un an, mais avec des correctifs de variations saisonnières en fonction des objectifs que se fixe la société et selon les marchés.

La politique commerciale est établie en fonction des objectifs de l'entreprise à moyen terme et en fonction du marché.

Il cumule donc en réalité trois fonctions, car il est directeur des ventes, directeur commercial et directeur du marketing.

Le travail se fait par équipe. M. Decraene est chargé de l'animation de l'équipe des ventes (c'est à dire des représentants) qui est sur le terrain. Il y a cinq secteurs et une personne responsable par secteur. Cette personne applique la politique commerciale sur le terrain, en chiffre d'affaires, en volume, en produits et en politique de pénétration. Il a une casquette supplémentaire, celle du directeur export!

Summary. The sales manager

He plays a dual role, drawing up the sales policy and managing the sales force. In August, he submits a plan forecasting the volume and the turnover for each product for the coming year. The plan will be modulated during the year, in the light of seasonal variations, company strategy and market fluctuations. Although he does not have the title, he is in fact a marketing manager.

The company works in teams and Mr Decraene is in charge of the sales team, that is to say, the salesmen out in the field. There are five regions, with one person in charge of each region. These area managers are responsible for implementing the sales policy in respect of targets (volume and turnover) and market penetration.

Mr Decraene is also in charge of export sales!

Conclusion

Il est évident que seule la taille de cette PME (et son style de gestion) permet le cumul de responsabilités que nous voyons chez la plupart de ces cadres. Un service du personnel va être créé sous peu.

Summary. Conclusion

It is clear that only its size (and style of management) enables this small company to give its executives such a range of functions. A personnel department is to be set up in the near future.

VOCABULAIRE

la recherche et le développement	R & D
le poste	the position, the role
vérifier	to check
le cahier des charges	specifications, schedule of conditions
les exigences (*fpl*)	the demands, the claims
exiger	to demand
un essai	a test, a trial, an attempt
un chef d'atelier	a supervisor
le gestion	management, the conduct
la gestion des stocks	stock management, inventory control
la gestion du personnel	personnel management
la gestion des ressources humaines	HRM
le contrôleur de gestion	the finance manager
au sein de	within
le suivi	monitoring, follow-up
la comptabilité	accounting
un comptable	an accountant
l'élaboration (*f*)	design, development
un bilan	balance sheet
un fournisseur	supplier
un client	customer
la facturation	invoicing
une ristourne	a rebate

le directeur des ventes   the sales manager
le chiffre d'affaires   turnover
le turnover   personnel turnover
une équipe   a team
l'animation (*f*)   management, conduct, running

DIALOGUE

Une réunion de travail

Nous assistons à une partie de la réunion mensuelle qui réunit les cadres de l'entreprise pour faire le point sur les dossiers les plus urgents. La réunion consiste en un rapide tour de table, où chaque responsable fait part des points les plus importants concernant son département et ensuite on passe en revue les enjeux principaux de l'entreprise à court et à moyen terme.

M. Ondet	Eh bien, nous avons très peu de temps devant nous, alors je vais vous demander d'être très brefs. Melle LeJean, voulez-vous commencer?
Melle LeJean	Oui. En ce qui concerne la recherche, je n'ai rien de spécial à vous communiquer ce mois-ci, car les deux projets pour de nouveaux plats cuisinés dont je vous ai parlés le mois dernier avancent bien mais je n'ai pas encore les résultats des derniers tests. Par contre, j'ai deux choses importantes à vous dire en matière de qualité.
M.O.	En bien ou en mal?
Melle L.	Eh bien, les deux, en fait.
M. Espinasse	Commençons par la mauvaise nouvelle.
Melle L.	Si vous voulez. Il s'agit en fait d'un problème qui revient régulièrement sur le tapis.
M. Combémorel	Le savon?
Melle L.	Vous avez deviné! En effet, le savon disparaît régulièrement des vestiaires hommes, et vous savez à quel point j'attache de l'importance à la propreté des mains des employés.
	Il semble que nous avons affaire à un voleur très propre!
M.O.	Vous avez une solution?

Melle L.	Je crois qu'il faudrait installer un distributeur de savon liquide à la place des savonnettes habituelles.
M.O.	Soit. Voyez avec M. Combémorel pour les détails, car il faut passer à des choses plus importantes. Quelle est la bonne nouvelle alors?
Melle L.	Je viens de terminer l'analyse de tous nos indicateurs en matière de contrôle de qualité et nous avons encore progressé sur tous les tableaux. C'est très encourageant.
M.O.	En effet. Je vous félicite tous, car la qualité est l'oeuvre de tous et notre meilleure garantie pour l'avenir. C'est très bien. M. Combémorel?
M.C.	Je n'ai rien à ajouter, sinon pour vous rappeler de me remettre le plus vite possible les désidérata en matière de congés de vos départements respectifs. Je ne peux pas faire les plannings sans cette information.
Tous	O.K./C'est d'accord?/Tu les auras demain . . .
M.E.	Moi, j'ai de plus en plus de difficulté à maintenir mes effectifs. Cette épidémie de grippe a fait des dégâts chez moi, et la semaine prochaine j'ai deux ouvrières qui commencent des congés de maternité. Je vais avoir de grosses difficultés à maintenir le niveau actuel de production.
M. Decraene	Ce qui est déjà insuffisant, vues les grosses commandes exceptionnelles du mois dernier.
M.E.	C'est justement là qu'il y a problème; elles sont vraiment exceptionnelles. Moi, je ne peux pas monter ou baisser mes niveaux de production du jour au lendemain dans des proportions si extrêmes. Il me faut un minimum de régularité dans les commandes.
M. D.	Si tu crois que les clients comprennent ce genre de problème! Eux, ils veulent être livrés, un point c'est tout! Le reste ils ne veulent pas le savoir. Je voudrais te voir sur le terrain, toi; si tu crois que c'est facile de . . .
M.O.	Ça suffit. Nous avons tous nos problèmes, mais il faut essayer d'écouter et de comprendre les difficultés des autres. De toute façon, j'ai une réunion avec l'entrepreneur qui va construire les nouveaux bâtiments, alors il faut que je vous quitte. Si vous avez encore des choses importantes à communiquer, vous me le ferez passer par écrit. M. Decraene, il faudrait qu'on se voie

à 16 heures pour réétudier vos prévisions du mois prochain. Il y a quelques chiffres que je ne comprends pas bien. Merci à tous et encore bravo pour les résultats de la qualité! Au revoir!

Tous   Au revoir, Monsieur.

TRANSLATION

A management meeting

We are attending a monthly meeting of the managers of Ondet SA to settle the most urgent matters. At these round table meetings, each executive brings up the main problems affecting his or her department, and then medium and long term challenges facing the company are confronted.

Mr Ondet	Well, we don't have much time today, so I'm going to ask you to be brief. Ms LeJean, would you like to begin?
Ms LeJean	Yes. As for research, I have very little to say this month as the two projects for pre-cooked dishes I spoke about last month are progressing well, but I don't have the final test results as yet. However, I do have two important points to make as far as quality is concerned.
Mr O.	Good or bad?
Ms L.	Well, both in fact.
Mr Espinasse	Let's start with the bad news!
Ms L.	As you like. In fact, it's a problem that keeps turning up.
Mr Combémorel	Soap?!
Ms L.	Right first time! The soap disappears systematically from the men's changing room and you know what a stickler I am for clean hands. It would seem that we're dealing with a particularly clean thief!
Mr O.	Do you have the answer?
Ms L.	I think we'll have to install a liquid soap dispenser in place of the usual bars.
Mr O.	OK. Sort out the details with Mr Combémorel. We've got to get on to more important matters. And what was the good news?

Ms L.	I've just finished analysing the quality control figures and we've improved right across the board yet again. It's most encouraging.
Mr O.	True. I must congratulate you all, because quality depends on all of us and it is our best guarantee for the future. Excellent. Mr Combémorel?
M. C.	I've nothing to add, except to remind you all that I need to know your wishes for the holiday period for each department. I can't draw up a schedule until I get the information.
All	O.K./Will do/They'll be on your desk tomorrow . . .
Mr E.	As for me, I'm finding it more and more difficult to maintain staffing levels. This bout of 'flu has hit us badly and next week I have two women who start their maternity leave. I'm going to find it really difficult to keep up production rates.
Mr Decraene	Which are already inadequate given the unusually large orders that came in last month!
Mr E.	That's just the problem – they really are unusual. I can't just raise or lower production levels from one day to the next in such extreme proportions. I do need some regularity in the volume of orders.
Mr D.	And you think customers understand that kind of problem!? All they're interested in are delivery dates – period. They just don't want to know about the rest. I'd like to see you out in the field; if you think it's easy to . . .
Mr O.	OK, that's enough. We all have our problems, but we must try to listen to and to understand other people's difficulties. Anyway, I have a meeting with the contractor who's building the new extensions, so I've got to go. If you have anything else of importance to tell me, let me have it in writing. Mr Decraene, I'll need to see you at 4 o'clock to have another look at your forecasts for next month. There are one or two figures that are not quite clear. Thank you, everyone, and congratulations once again for the quality results. Goodbye.
All	Goodbye.

VOCABULAIRE

la réunion de travail	business meeting
mensuel	monthly
le dossier	file, dossier
faire un tour de . . .	to go round
l'enjeu (pl -'x') (*m*)	stake, challenge, wager
communiquer	to communicate
un plat cuisiné	a pre-cooked dish
mettre sur le tapis	to bring up, to broach a subject
le savon	soap
disparaître	disappear
la propreté	cleanliness
à quel point	to what extent
avoir affaire à	to be dealing with
à la place de	in place of
sur tous les tableaux (*mpl*)	right across the board
l'oeuvre (*f*)	work
le congé	leave, holiday
la grippe	flu
faire un planning (or 'planing'!)	to work out a schedule, programme or timetable
les effectifs (*mpl*)	manpower
une commande	an order
du jour au lendemain	from one day to the next
livrer	to deliver
un point c'est tout	that's all there is to it
sur le terrain	in the field
par écrit	in writing
une prévision	a forecast

QUESTIONS

1 Pourquoi avaient-ils si peu de temps devant eux?
2 Pourquoi Melle Lejean ne veut-elle pas parler des nouveaux plats cuisinés?
3 Quelle solution propose-t-elle pour résoudre le problème des savonnettes volées?

4   Que trouve-t-elle encourageant?
5   Pourquoi M. Combémorel veut-il les désidérata de toute urgence?
6   Quelles sont les deux causes principales des problèmes d'effectifs
    à la production?
7   Est-ce que M. Decraene trouve ses clients sensibles aux éventuelles
    difficultés à l'usine?
8   Quelle attitude M. Ondet encourage-t-il chez ses cadres quand il
    s'agit des problèmes des autres départements?

Réponses

1   Parce-que M. Ondet avait une autre réunion après celle-ci.
2   Parce qu'elle n'a pas encore les résultats des derniers tests.
3   De les remplacer par un distributeur de savon liquide.
4   Les résultats de l'analyse des indicateurs de la qualité.
5   Pour pouvoir faire le planning des congés.
6   Une épidémie de grippe et deux congés de maternité.
7   Pas du tout; ils veulent être livrés, c'est tout.
8   Il leur demande d'essayer d'écouter et de comprendre les difficultés
    de leurs collègues.

HOW TO TAKE PART IN A MEETING

Meetings are run along similar lines in most businesses throughout the
world and there is little that is specifically French in this area. The degree
of formality will obviously depend on the type of meeting and on the
'culture' and size of the firm. In general, it can be said that there is a
trend away from formality, especially in the smaller firms. You should
also not be too surprised if people chat among themselves while someone
is addressing the meeting, but they will happily come to order if rebuked.
Here are some useful phrases:

Je vais demander à Mme Serrange de prendre la parole	I'll now call on Ms Serrange
Excusez-moi de vous interrompre, mais . . .	Excuse me for interrupting, but . . .
Est-ce que je peux rajouter quelque chose?	May I just add something?
Avant de passer au point suivant . . .	Before moving on to the next item . . .

Vous avez reçu l'ordre du jour?	Did you get the agenda?
Permettez-moi de vous faire remarquer que . . .	May I remind you that . . .
Je regrette mais je ne suis pas du tout de votre avis	I'm afraid I can't agree with you at all
Passons au point suivant	Let's move on to the next item
Il faut qu'on arrive à une décision	We've got to come to a decision

GRAMMAR AND LANGUAGE NOTES

Colloquialisms – les expressions familières et l'argot

As with slang and vulgarity, it is probably wiser for the foreign speaker of French to avoid using too many colloquialisms, especially if the speaker is not fully fluent, in which case familiar expressions may be misunderstood or taken literally, or if the people being addressed are not very intimate acquaintances, offence may be given unwittingly. However, everyday spoken French abounds with colloquial and familiar expressions and the foreign learner must get to know them to be able to follow a discussion or conversation. So, learn the following expressions, but use them 'au compte-gouttes', i.e. sparingly; literally 'with a pipette'.

Here are one or two taken from the dialogue:

un point, c'est tout	there's an end to it (US 'period')
je voudrais te voir, toi	I'd like to see *you* (the use of the strong pronoun is almost aggressive in this context)
Si tu crois que c'est facile	If you think it's easy

If the situation had been less formal than a business meeting, we might have heard:

il faut qu'on se grouille	we'll have to get our skates on
il faut qu'on se magne	we'll have to get our skates on
c'est chouette!	that's great!
il me casse les pieds	he gets on my nerves (much stronger versions exist!)
fous-moi la paix!	leave me alone! give me a break!
lâche-moi les baskets!	leave me alone! give me a break!

il s'en contre-fout	he couldn't give a damn
salut, les mecs	bye, boys
un mec	bloke
un type	bloke
une nana	girl, woman
le fric	money
un pot	drink
un coup	drink
un flic	policeman
la boîte	company
un coup de fil	phone call
bouffer	to eat
emmerdant(e), chiant(e)!	a pain in the neck

And many, many others. When you suddenly stop understanding a discussion, it's quite likely that someone has used a colloquialism. Ask for an explanation and then avoid using the expression!

EXERCISES

A   Translate

1   These area managers apply the firm's commercial policy.
2   He trains the foremen and is in charge of managing the stocks.
3   They help the managing director in the decision making process by providing the necessary information.
4   She experiments with new products and has them tasted.
5   I can't just raise or lower my production levels from one day to the next.
6   I'm sorry but I've got to leave you.

Key

1   Ces responsables de secteurs appliquent la politique commerciale de l'entreprise.
2   Il forme les chefs d'équipe et il est responsable de la gestion des stocks.
3   Ils assistent le PDG dans ses prises de décisions en lui fournissant les informations nécessaires.

4 Elle fait des essais sur des produits nouveaux et les fait goûter.
5 Je ne peux pas monter ou baisser mes niveaux de production du jour au lendemain.
6 Je suis désolé(e) mais il faut que je vous quitte.

B Colloquialisms

Find the more formal expression to use in place of these colloquialisms:

1 Fous-moi la paix!
2 Il faut se magner
3 C'est vachement chouette
4 Ne me casse pas les pieds avec ça!
5 Pierre se fout complètement de mes problèmes à moi.

a On doit se dépêcher   b C'est vraiment magnifique   c Laisse-moi tranquille!   d Pierre est indifférent à mes difficultés   Ne m'ennuyez pas avec cela.

Key

1 c; 2 a; 3 b; 4 e; 5 d

BACKGROUND NOTES

Les cadres

The 'cadres' are one of the most influential categories of French society and their numbers increase each year. In 1990, they represented roughly 25% of the working population, compared with less than 10% only 30 years ago. Who are they?

They are salaried; they occupy posts of responsibility; they are well qualified, having spent from two to five years or more in higher education; and they have a high standard of living. If they are responsible for very large departments, in companies or in public administrations, they are called 'cadres supérieurs'; those with less responsibility fall into the category of 'les cadres moyens'. There are no 'petits cadres'!

Many of them belong to their trade union 'la Confédération Générale des Cadres' (la CGC), which was created in 1946 by managerial, technical and scientific personnel who wanted to defend their rights and status, without being affiliated to a political party (as is the case with most other French trade unions).

Les catégories socio-professionnelles

The document on page 132 provides some facts and figures on the socio-economic groups that made up French society in 1987. Figures from the 1990 census should be available soon and will probably reveal a further decline in the number of farmers and a significant rise in categories 3 and 4 (cadres supérieurs et moyens). Here is a translation of the first 6 headings (the remaining two do not denote employed members of the adult population).

1   Farmers
2   Craftsmen (self-employed), tradesmen and owners of companies
3   Executives and higher intellectual professions
4   Intermediary professions
5   Employees (white-collar workers)
6   Blue-collar workers

LA FRANCE SOCIO-PROFESSIONNELLE
(recensement de 1982)

Catégories socio-professionnelles	Population totale CS individuelle	
	Hommes	Femmes
1 Agriculteurs exploitants	**927**	**548**
11 Agriculteurs sur petite exploitation	419	270
12 Agriculteurs sur moyenne exploitation	290	161
13 Agriculteurs sur grande exploitation	218	117
2 Artisans, commerçants, chefs d'entreprise	**1 218**	**616**
21 Artisans	685	219
22 Commerçants et assimilés	422	375
23 Chefs d'entreprise (10 salariés et plus)	111	22
3 Cadres, professions intellectuelles supérieures	**1 425**	**470**
31 Professions libérales	173	66
33 Cadres de la fonction publique	186	59
34 Professions scientifiques	193	160
35 Professions, information, arts et spectacles	70	47
37 Cadres admin. et commerc. d'entreprise	444	114
38 Ingénieurs, cadres techniques d'entreprise	359	24
4 Professions intermédiaires	**2 369**	**1 602**
42 Instituteurs et assimilés	283	493
43 Professions intermédiaires santé et travail social	157	457
44 Clergé, religieux	33	26
45 Profess. intermédiaires admin. de la fonction publique	148	130
46 Profess. intermédiaires admin. et commerc. des entreprises	597	399
47 Techniciens	615	62
48 Contremaîtres, agents de maîtrise	536	35
5 Employés	**1 725**	**4 522**
52 Employés civils, agents de maîtrise	418	1 285
53 Policiers et militaires	359	21
54 Employés administratifs d'entreprise	639	1 892
55 Employés de commerce	157	585
56 Personnels services directs aux particuliers	152	739
6 Ouvriers (y compris agricoles)	**6 148**	**1 601**
62 Ouvriers qualifiés de type industriel	1 428	175
63 Ouvriers qualifiés de type artisanal	1 371	138
64 Chauffeurs	556	10
65 Ouvriers qualifiés manutention, magasinage, transport	383	33
67 Ouvriers non qualifiés de type industriel	1 451	902
68 Ouvriers non qualifiés de type artisanal	710	297
69 Ouvriers agricoles	249	46
7 Retraités	**3 620**	**3 816**
71 Anciens agriculteurs exploitants	583	763
72 Anciens artisans, commerçants, chefs d'entreprise	332	423
74 Anciens cadres	248	96
75 Anciennes professions intermédiaires	383	339
77 Anciens employés	729	1 247
78 Anciens ouvriers (y compris agricoles)	1 345	948
8 Autres sans activité professionnelle	**9 061**	**14 605**
81 Chômeurs n'ayant jamais travaillé	128	225
83 Militaires du contingent	251	—
84 Élèves et étudiants de 15 ans ou plus	2 109	2 169
85 Autres inactifs de moins de 60 ans	6 444	10 363
86 Autres inactifs de 60 ans ou plus	129	1 848
Total	**26 493**	**27 780**
dont : *actifs (d)*	*13 940*	9 585

Unit 12

Foires, salons et expositions
(Trade fairs, shows and exhibitions)

SETTING THE SCENE

Trade fairs are not specifically French, but they do play an important role in French business and it is worth looking at their salient features from the point of view of a foreign business person who is either planning a visit to a French show or actually considering taking part in one. The first part of the unit is mostly descriptive and factual, including some authentic documents. The accompanying vocabulary lists should enable you to handle these materials without too much difficulty, and do remember to go back over the texts at a later date to reinforce what you are learning,

The grammar notes and exercises review impersonal structures and the subjunctive mood; there are many common expressions in which the latter is unavoidable, and you are given some practice with these. You are also invited to express yourself forcibly and with conviction!

TEXTE A

Il y a en France une longue tradition de foires et de salons. La plupart d'entre eux ont lieu à Paris, au Parc des Expositions à Paris Nord ou à la Porte de Versailles, et dans les grandes villes comme Lyon, Bordeaux, Lille, Toulouse, Marseille et Rennes.

La participation aux manifestations commerciales peut avoir pour objectif de prospecter de nouveaux clients, d'observer la concurrence, de tester un marché, de se faire connaître, ou de créer, modifier ou renforcer l'image de marque de l'entreprise.

Etant donné le nombre impressionnant de foires, salons et expositions, il est très important pour un exportateur étranger qui s'attaque au marché

français de choisir avec soin le type de manifestation commerciale à laquelle il veut participer.

Ces manifestations commerciales peuvent être ouvertes au grand public et aux professionnels (GP), ou seulement aux professionnels (P). Elles peuvent avoir lieu en France ou dans le pays d'origine.

On peut donc distinguer les foires internationales (GP – P), les salons spécialisés (P), qui intéressent un secteur particulier, et les congrès techniques. Les français organisent à l'étranger des expositions industrielles et techniques (GP – P) qui sont des opérations de relations publiques; des expositions nationales spécialisées (P) et des semaines ou des quinzaines commerciales qui ont lieu en général dans les grands magasins. Ces dernières sont souvent organisées par des bureaux d'achat de grandes chaînes de distribution.

Le BOTB* organise chaque annee la participation à 33 foires et salons et à deux ou trois manifestations commerciales grand-magasins. La plupart de ces foires et salons sont internationaux, notamment ceux des secteurs textile et agro-alimentaire.

La préparation à une foire ou salon est extrêmement importante. Voici quelques éléments essentiels au succès d'une présence à une foire ou salon. Il faut:

• traduire la documentation dans la langue du pays

• envoyer bien à l'avance les invitations

• annoncer sa participation à la foire ou au salon

Une bonne gestion du stand est également primordiale. Le MOCI No 94 donne '61 préceptes pour gérer un stand'. On peut également se procurer le livre diffusé par le CFCE dans la collection l'Exportateur: *Comment réussir votre exposition à l'étranger*. Il est destiné aux exportateurs français mais il est truffé d'excellents conseils d'ordre général.

Chaque salon ou foire publie sa nomenclature, c'est à dire sa liste des catégories de produits. Voici un extrait de la nomenclature de la documentation Eurexpo à Lyon:

---

*BOTB: British Overseas Trade Board, équivalent britannique du CFCE (Centre Français du Commerce Extérieur).

SPORT
- ☐ 1385 ACCESSOIRES DE CHASSE
- ☐ 1763 ACCESSOIRES ET PIÉCES DÉTACHÉES POUR REMORQUES
- ☐ 1374 APPÂTS
- ☐ 1355 ARMES DE CHASSE
- ☑ 1762 BATEAUX COQUES DURES
- ☐ 1753 BATEAUX PNEUMATIQUES
- ☐ 1389 BONNETERIE SPORTIVE (maillots, socquettes)
- ☐ 1372 BOUCHONS, FLOTTEURS
- ☐ 1370 CANNES À PÊCHE
- ☐ 1752 CANOTS, CANOÉS
- ☐ 1379 CASIERS
- ☐ 1386 CLUBS DE SPORT
- ☐ 1390 CULTURE PHYSIQUE (appareils de)
- ☐ 1400 CYCLES
- ☐ 2410 ÉCOLES - ASSOCIATIONS, ORGANISMES OFFICIELS
- ☐ 1391 ÉQUIPEMENT ET MATÉRIELS DE GYMNASTIQUE ET DE STADES
- ☐ 1387 ÉQUIPEMENTS ET MATÉRIELS POUR LE SPORT
- ☐ 1399 ÉQUIPEMENTS POUR LE CYCLE
- ☐ 1754 MAISONS MOBILES
- ☐ 1403 MOTOCYCLE
- ☐ 1383 PÊCHE (articles pour la)
- ☐ 1756 PLANCHES À VOILE
- ☐ 1757 PLONGÉE SOUS-MARINE (matériel pour)
- ☐ 1758 REMORQUES CAMPING
- ☐ 1759 REMORQUES POUR EMBARCATIONS
- ☐ 2430 REVUES, JOURNAUX, PRESSE SPÉCIALISÉE
- ☐ 1760 SKIS NAUTIQUES
- ☐ 1388 VÊTEMENTS DE LOISIRS, DE SPORTS ET DE CHASSE

EXPRESSIONS
CULTURE-SERVICES
- ☐ 5650 ABONNEMENTS DE THÉÂTRE, CONCERTS, AUDITORIUM... ABONNEMENTS SPECTACLES
- ☐ 1363 ASSOCIATIONS CULTURELLES DIVERSES
- ☐ 5651 BANDES DESSINÉES
- ☐ 1480 BANDES HI-FI
- ☐ 1481 CASSETTES
- ☐ 5652 COLLECTIONS DIVERSES (philathélie)
- ☐ 1482 DISQUES
- ☐ 1900 ÉDITIONS, LIVRES
- ☐ 5653 INSTRUMENTS DE MUSIQUE
- ☐ 1935 LIVRES D'ART
- ☐ 5655 MÉDIAS
- ☐ 5654 PARTITIONS (Méthodes)
- ☐ 1269 PEINTURE (art)
- ☐ 3521 SERVICES CULTURELS AUX PARTICULIERS
- ☐ 1814 HI-FI RADIO

INFORMATIQUE INDIVIDUELLE
- ☐ 0802 ACCESSOIRES, BANDES, CASSETTES
- ☐ 0850 ANTIOPE
- ☐ 0849 APPLICATIONS ARTISTIQUES (logiciels pour)
- ☐ 0840 BANQUES DE DONNÉES
- ☐ 0841 BOUTIQUES MICRO
- ☐ 0848 CALCULATRICES
- ☐ 0824 CARTES À MÉMOIRES
- ☐ 1384 CLUBS ET ASSOCIATIONS
- ☐ 0847 CONSTRUCTEURS
- ☐ 5235 CRÉDITS, ORGANISMES FINANCIERS
- ☐ 0814 ENSEIGNEMENT ASSISTÉ PAR ORDINATEUR (EAO)
- ☐ 0843 GESTION FAMILIALE
- ☐ 1904 JEUX
- ☐ 0842 LOGICIELS ÉDUCATIFS
- ☐ 0844 MINITEL ET APPLICATIONS
- ☐ 0807 ORGANISMES DE FORMATION, ÉCOLES
- ☐ 2430 PUBLICATIONS, REVUES
- ☐ 0845 RÉSERVATIONS
- ☐ 0846 ROBOT DOMESTIQUE

MODE, BEAUTÉ
- ☐ 1885 MASSAGE (appareils de)
- ☐ 0149 MINÉRAUX, PIERRES
- ☐ 1886 PARFUMERIE
- ☐ 1887 PERRUQUES, POSTICHES, PROTHÉSES CAPILLAIRES
- ☐ 1888 PRODUITS DE BEAUTÉ
- ☐ 1889 PRODUITS DE SOINS ESTHÉTIQUES
- ☐ 1890 PRODUITS DE DIÉTÉTIQUE ET D'HERBORISTERIE
- ☐ 1891 PRODUITS SOLAIRES
- ☐ 1892 RELAXATION (appareils et fournitures pour la)
- ☐ 1893 SAUNA
- ☐ 1884 SOLARIUM
- ☐ 1897 SPORTSWEARS
- ☐ 1946 VÊTEMENT-MODE
- ☐ 1880 ACCESSOIRES, ARTICLES DE TOILETTE
- ☐ 1881 BAINS, BAINS À REMOUS
- ☐ 1920 BIJOUTERIE FANTAISIE
- ☐ 1921 BIJOUX
- ☐ 1829 CUIR (articles en)
- ☐ 0076 ÉMAUX

- ☐ 1901 GADJETS
- ☐ 1934 HORLOGERIE
- ☐ 1903 JEUX ET JOUETS
- ☐ 1884 LUNETTES
- ☐ 1861 LINGE DE MAISON
- ☐ 0999 LINGE DE TABLE
- ☐ 0998 LINGE DE TOILETTE

PARTICIPATIONS INTERNATIONALES
PARTICIPATIONS ÉTRANGÉRES
ET TOURISME
- ☐ 5656 ARTISANAT ÉTRANGER
- ☐ 1384 ASSOCIATIONS
- ☐ 5460 AGENCES DE VOYAGE
- ☐ 5605 CHAMBRES DE COMMERCE
- ☐ 1910 DÉLÉGATION AU TOURISME
- ☐ 5657 MAISONS DES PAYS ÉTRANGERS
- ☐ 3501 NATIONS ÉTRANGÉRES
- ☐ 3511 OFFICES DE TOURISME
- ☐ 5658 GASTRONOMIE ÉTRANGÉRE
- ☐ 2430 REVUES SPÉCIALISÉES ET TECHNIQUES
- ☐ 5445 SOCIÉTÉS DE TRANSPORT
- ☐ 5659 TOUR-OPÉRATORS
- ☐ 5580 THERMALISME

AMEUBLEMENT - DÉCORATION
- ☐ 0005 ANGLES (meubles d')
- ☐ 1860 AQUARIUMS - OISELLERIE
- ☐ 0007 ARGENTIERS
- ☐ 0009 ARMOIRES À GLACES
- ☐ 0010 ARMOIRES À PENDERIE
- ☐ 0012 ARMOIRES SECRÉTAIRES
- ☐ 0014 BAHUTS
- ☐ 1787 BALANCELLES
- ☐ 0018 BANQUETTES
- ☐ 0019 BARS
- ☐ 0021 BERGÉRES
- ☐ 0022 BIBLIOTHÉQUES
- ☐ 1922 BOIS SCULPTÉS
- ☐ 0026 BONHEUR DU JOUR
- ☐ 1923 BRODERIE D'ART
- ☐ 0028 BUFFETS
- ☐ 0036 CANAPÉS
- ☐ 0037 CANAPÉS-LITS
- ☐ 0043 CHAMBRES À COUCHER D'ADULTES
- ☐ 0045 CHAMBRES À COUCHER DE JEUNES
- ☐ 0047 CHAUFFEUSES
- ☐ 0049 CHEVETS
- ☐ 0052 COIFFEUSES
- ☐ 0053 COIN REPAS
- ☐ 1805 COMPTOIRS
- ☐ 0060 CONSOLES
- ☐ 0067 DESSERTES
- ☐ 0068 DIVANS
- ☐ 0079 ENCADREMENT
- ☐ 0082 ENTRÉE (meubles d')
- ☐ 0084 ÉTAGÉRES
- ☐ 0087 ÉTAINS
- ☐ 0087 FAUTEUILS
- ☐ 1932 FERRONNERIE
- ☐ 0092 FLEURS SÉCHÉES
- ☐ 0095 FOURRURES D'AMEUBLEMENT
- ☐ 0096 GRAVURES
- ☐ 0097 GUÉRIDONS
- ☐ 0098 HI-FI RADIO (meubles)
- ☐ 0100 HORLOGES
- ☐ 0112 LITERIE
- ☐ 0119 LITHOGRAPHIES
- ☐ 0113 LITS
- ☐ 0118 LITS SUPERPOSÉS
- ☐ 0120 LIVINGS
- ☐ 1862 LUMINAIRE, LUSTRERIE
- ☐ 1446 MAGNÉTOPHONES
- ☐ 1428 MAGNÉTOSCOPES
- ☐ 1836 MEUBLES EN KIT
- ☐ 0133 MIROIRS
- ☐ 0035 MOQUETTES
- ☐ 1937 OBJETS DÉCORATIFS
- ☐ 1864 PANNEAUX DÉCORATIFS
- ☐ 0144 PARAVENTS
- ☐ 0146 PEAUX ET CUIRS
- ☐ 1268 PEINTURES
- ☐ 1941 PEINTURES SUR SOIE
- ☐ 1906 PHOTO, CINÉMA
- ☐ 0152 PLANTES ET FLEURS
- ☐ 1938 PORCELAINE
- ☐ 1939 POTERIES
- ☐ 1940 PORTE-GRAVURES
- ☐ 0157 PORTE-PARAPLUIES
- ☐ 0161 POUFS
- ☐ 0167 RANGEMENT (meubles de)
- ☐ 0169 REPRODUCTION
- ☐ 0173 RIDEAUX, VOILAGES
- ☐ 0176 ROCKING-CHAIRS
- ☐ 0179 SALONS
- ☐ 1942 SCULPTURES
- ☐ 0185 SECRÉTAIRES

- ☐ 0192 SIÉGES
- ☐ 0201 TABLEAUX
- ☐ 0202 TABLES
- ☐ 0206 TABLES BASSES
- ☐ 0208 TABLES BISTROT
- ☐ 0212 TABLES DE CUISINE
- ☐ 0222 TABLES ROULANTES
- ☐ 0223 TABLES DE SALON
- ☐ 0228 TABOURETS
- ☐ 0231 TAPIS
- ☐ 0232 TAPISSERIES
- ☐ 0235 TÉLÉPHONES DÉCORATIFS
- ☐ 1871 TENTURES MURALES
- ☐ 1421 TÉLÉVISIONS
- ☐ 0236 TÉLÉVISION (meubles de)
- ☐ 0244 VAISSELIERS
- ☐ 4683 VAISSELLE
- ☐ 1429 VIDÉO

SALON DE LA VIE NATURELLE
CAMPING - CARAVANING
- ☐ 1750 CAMPING (matériels et articles pour)
- ☐ 1751 CAMPING-CAR
- ☐ 1754 MAISONS MOBILES
- ☐ 1749 MOBILIER DE CAMPING
- ☐ 1755 MOTEURS POUR BATEAUX
- ☐ 1761 TENTES DE CAMPING
- ☐ 1764 VOILIERS

JARDIN
- ☐ 2310 ABRIS DE JARDIN ET DE GARAGES, MAISONNETTES
- ☐ 2210 BASSINS DÉCORATIFS
- ☐ 2320 BARBECUES ET ACCESSOIRES
- ☐ 2330 CLÔTURES, PORTAILS, AUTOMATISMES DE FERMETURES, BALCONS
- ☐ 2010 CONTENANTS (bacs à plantes, pots)
- ☐ 1266 DALLES, DALLAGES
- ☐ 1589 ÉCHELLES
- ☐ 2230 JEUX DE PLEIN-AIR
- ☐ 0111 LUMINAIRES D'EXTÉRIEUR
- ☐ 2110 MATÉRIELS D'ARROSAGE ET POMPES À FILTRES
- ☐ 2160 MATÉRIEL THERMIQUE (capteurs solaires, couvertures, de piscine) ET D'ISOLATION (brise vents, tunnels, serres)
- ☐ 0105 MEUBLES DE JARDIN
- ☐ 2130 MOTOCULTURE
- ☐ 2140 OUTILS À MAIN
- ☐ 2150 OUTILS MOTORISÉS
- ☐ 0143 PARASOLS
- ☐ 2420 PAYSAGISTES, PÉPINIÉRISTES
- ☐ 2350 PISCINE ET TENNIS
- ☐ 2030 PLANTES ET FLEURS
- ☐ 2040 PRODUITS PHYTOSANITAIRES ET DE TRAITEMENT DES EAUX
- ☐ 2430 REVUES, ÉDITIONS SPÉCIALISÉES
- ☐ 0149 ROCAILLES, MINÉRAUX
- ☐ 0198 STORES
- ☐ 2270 SUJETS, STATUES (de jardin)
- ☐ 2440 TOILETTEURS
- ☐ 2360 VÉRANDAS

PALAIS GOURMAND
- ☐ 1712 APÉRITIFS, VINS DOUX NATURELS, VINS DE LIQUEURS
- ☐ 1713 BIÉRES, CIDRES
- ☐ 4503 BISCUITS, PÂTISSERIES
- ☐ 1700 CAFÉS, CHOCOLATS
- ☐ 4505 CONFISERIE, MIEL
- ☐ 1701 CONSERVES (de viandes, des produits de la pêche)
- ☐ 1702 CONSERVES DE FRUITS, CONFITURES
- ☐ 1703 CONSERVES DE LÉGUMES, POTAGES
- ☐ 1704 ÉPICES, CONDIMENTS, SAUCES
- ☐ 1705 HUILES ET GRAISSES ALIMENTAIRES
- ☐ 1714 JUS DE FRUIT, BOISSONS SANS ALCOOL
- ☐ 4521 PÂTES ALIMENTAIRES
- ☐ 1707 PRODUITS ALIMENTAIRES (congelés ou surgelés)
- ☐ 1708 PRODUITS CUISINÉS
- ☐ 1709 PRODUITS FRAIS
- ☐ 1710 PRODUITS LAITIERS
- ☐ 1715 SIROPS
- ☐ 1711 SPÉCIALITÉS RÉGIONALES
- ☐ 1716 SPIRITUEUX, ALCOOLS, LIQUEURS
- ☐ 4531 THÉS, INFUSIONS
- ☐ 1718 VINS D'ALSACE
- ☐ 1719 VINS D'ANJOU, DE SAUMUR ET NANTAIS
- ☐ 1721 VINS DE BORDEAUX
- ☐ 1722 VINS DE BOURGOGNE
- ☐ 1723 VINS DE CHAMPAGNE
- ☐ 1724 VINS DE CORBIÉRES
- ☐ 1725 VINS DES CÔTES DU RHÔNE
- ☐ 1730 VINS DE TOURAINE
- ☐ 1720 VINS DU BEAUJOLAIS, MÂCONNAIS
- ☐ 1727 VINS DU LANGUEDOC
- ☐ 1729 VINS DU SUD-OUEST (Gaillac, Montbazillac...)
- ☐ 1731 VINS DU VAUCLUSE OU DE PROVENCE
- ☐ 1726 VINS ÉTRANGERS
- ☐ 1728 VINS MOUSSEUX

Parmi les foires et salons les plus connus, on peut citer:

le Salon des Arts Ménagers, de l'Etudiant, de l'Automobile
Equip'hôtel, de la Restauration
la Foire de Paris, de Lyon

Pour assurer une bonne gestion du stand, il est préférable de prévoir la présence de deux personnes parlant français. Il faut également accorder beaucoup d'importance au suivi des contacts établis pendant la foire ou salon.

Bien entendu, en dehors de l'inscription au salon choisi, de la préparation de catalogues et de dépliants bi-lingues, il faut également se procurer toute la documentation nécessaire au transit des marchandises, en particulier les carnets ATA (admission temporaire). Il s'agit d'une procédure douanière qui permet l'importation temporaire d'échantillons commerciaux et marchandises destinées aux foires et salons et de matériel professionnel. Tous les pays de la CE sont signataires de la convention admettant l'utilisation des carnets ATA.

Summary in English

- There is a long tradition of trade fairs, shows and exhibitions in France, especially in the major cities.

- Firms attend for a variety of reasons: meeting new customers; keeping an eye on the competition; testing the market; reinforcing brand recognition.

- There are so many exhibitions in France that a foreign exhibitor would be well advised to choose the type of show with great care.

- Shows are classified 'GP' (general public) or 'P' (professionals only).

- They may be international, (GP – P), specialized (P), or technical. The French also organize shows abroad as PR efforts and there are also specialized 'weeks' and 'fortnights', generally in large stores.

- Each year, the BOTB helps prospective British exhibitors to take part in 33 fairs and two or three 'weeks'. These are generally the large, international shows, mostly in the textile and food industry sectors.

- Preparing for a fair is not to be taken lightly. Here are a few tips for succeeding:

  ○ always have hand-outs and documents translated

○ send out invitations well in advance
○ let it be known that you will be taking part

- It is vital to manage your stand well. The 'MOCI'* (a French Ministry of Overseas Trade publication) No 94, lists 61 keys to success. The *Exportateur*, although it is intended for French exporters, gives some excellent advice of general interest.

- Each trade show publishes its classification list. The example on page 136 is taken from the Eurexpo show in Lyons.

- The best known shows include The Ideal Home, The Student, The Motor Show, Hotel Equipment and The Restaurant Show. Paris and Lyons are the venues for the best known Trade Fairs.

- Good stand management requires the presence of two French speakers. It is also vitally important to ensure good follow-up of contacts made at the show.

- Naturally, in addition to registering for the chosen trade show and preparing bi-lingual documents, the prospective exhibitor must obtain all the necessary documents required to ship the products and, especially, the ATA carnets. These provide temporary customs clearance for samples and goods to be exhibited. All EC countries have signed the ATA agreement.

VOCABULAIRE

une foire	trade fair, show
un salon	trade fair, show
une exposition	exhibition
la concurrence	the competition
un marché	a market
renforcer	to strengthen, to consolidate
une image de marque	brand name
avec soin	with care, neatly, carefully
un grand magasin	department store
consacrer	to devote
un fournisseur	supplier
notamment	namely, especially

* MOCI: Moniteur du Commerce International

agro-alimentaire	food (sector)
se procurer	to obtain
réussir	to succeed
être truffé de	to be full of, to be peppered with
un conseil	a piece of advice
d'ordre (*m*) général	of a general nature
publier	to publish
la nomenclature	classification
assurer	to ensure, to insure
prévoir	to foresee, to make provision for
le suivi	follow up, monitoring, control
en dehors de	apart from
un dépliant	a leaflet, a folder
un échantillon	a sample

TEXTE B

Voici un exemple de demande de participation à un salon. Il s'agit du Salon de l'Etudiant qui a lieu à Paris, Bordeaux, Caen, Grenoble, Lille, Lyon, Marseille, Orléans, Rennes et Toulouse. Les Salons de l'Etudiant sont un lieu de rencontre privilégié pour tous les partenaires concernés par les problèmes de la formation et de l'emploi. A ce titre, ils restent la référence en matière d'éducation.

(Document 'Le Saion de l'Etudiant') Demande de Participation

The above document has not been translated, but here is some DIY vocabulary to help you:

demande (*f*) de participation	application for participation
les études (*fpl*)	studies
le métier	job
le m² (mètre carré)	square metre
la location	rent
la surface	area
le sol	ground
la moquette	carpet
la cloison	partition
l'enseigne (*f*)	sign

le salon de
l'étudiant

LA REFERENCE
POUR CHOISIR
SES ETUDES
ET SON METIER

DEMANDE DE PARTICIPATION

Je soussigné M
Raison sociale
Adresse

Téléphone

Adresse facturation

Contact suivi technique M
Adresse pour envoi du dossier technique

Téléphone

Tél.

SALONS	N° STANDS	M²	PRIX AU M²	MONTANT HT	1 angle 10 %	2 angles 15 %	îlot 30 %	Allée centrale 25%	DROITS d'inscription	TOTAL HT	TVA 18,60 %	TOTAL TTC
									1 750			
									1 750			
									1 750			
									1 750			
									1 750			
									1 750			
									1 750			
									1 750			
									1 750			
									1 750			
									1 750			
									1 750			
									1 750			
									1 750			
									TOTAUX			

LE PRIX AU M² COMPREND :
• La location de la surface au sol.
• Le stand : moquette, cloisons, enseigne, spots, prises de courant.
• Un forfait mobilier permettant l'aménagement du stand.
• Un branchement électrique (1 kW de 9 à 27 m²) et la consommation d'électricité pendant toute la durée du Salon.
• Le nettoyage du stand tous les jours.
• Le gardiennage.

DROITS D'INSCRIPTION :
Comprenant frais de dossier, une assurance dommages pour une garantie multirisque (incendie, vol, dégâts des eaux). L'inscription gratuite dans le catalogue du Salon, 5 badges exposants et 30 cartes d'invitation gratuites.

Commercial   PU
Activités   PR
Sous-activités

Je verse un acompte de .... F représentant 50 % du montant total TTC de ma participation. Je joins une traite du montant du solde de ma participation à échéance de 4 semaines avant l'ouverture des salons réservés.

Acompte chèque
Solde paiement

Cachet et signature
A ....   Le ....

La signature de cet ordre implique l'acceptation des conditions du règlement général qui se trouve au verso.

la prise de courant (*m*)	power point
le forfait	package, special rate
l'aménagement (*m*)	installations
le branchement électrique	connection
le nettoyage	cleaning
le gardiennage	surveillance
droits (*mpl*) d'inscription	registration fee
comprendre	to include (in this context)
les frais (*mpl*) de dossier (*m*)	handling fee
une assurance	an insurance
un incendie	a fire
le vol	theft
les dégâts (*mpl*)	damage
l'exposant (*m*)	exhibitor
verser	to pay
un acompte	a deposit
le montant	the total amount
une traite	a draft, bill of exchange
le solde	outstanding balance
à échéance	due
l'ouverture (*f*)	opening
la raison sociale	a firm's name, trading name
l'adresse facturation	address for invoicing
l'envoi (*m*)	sending, mailing, forwarding
TVA (taxe à la valeur ajoutée)	VAT
le cachet (*m*)	date stamp, seal
HT (hors taxe)	exclusive of tax, duty free

QUESTIONS

1 Où ont lieu les foires et salons de Paris?
2 Quels sont les objectifs de la participation d'une entreprise à une foire ou salon?
3 Que veulent dire les initiales GP et P lorsqu'elles se réfèrent aux foires et aux salons?
4 Où ont lieu en général les semaines ou quinzaines commerciales à l'étranger?
5 Que faut-il faire pour s'assurer du succès de sa participation à un salon?

6   Qu'est-ce qui est presque aussi important que la présence à un salon ou une foire?

Réponses

1   Ils ont lieu au Parc des Expositions.
2   Elle peut vouloir prospecter de nouveaux clients; tester un marché; se faire connaître; créer, modifier ou renforcer son image de marque.
3   GP veut dire grand public et P professionnel.
4   Elles ont lieu dans de grands magasins.
5   Il faut traduire la documentation, envoyer à l'avance des invitations et annoncer sa participation à la foire ou salon.
6   Le suivi des contacts établis pendant le salon ou la foire.

COMMENT EXPRIMER LA CONVICTION (HOW TO EXPRESS CONVICTION)

- Je suis sûr/certain(e) que notre stand sera magnifique — I'm sure our stand will be magnificent

- Je suis persuadé(e) que les salons et les foires sont très utiles — I'm convinced that trade fairs are very useful

In answer to questions (Pensez-vous que . . . ?)

- Absolument! — Absolutely

- C'est certain! — Certainly

- Bien sûr! — Of course

- Il n'y a aucun doute — There's no doubt about it

- Oui, j'en suis persuadé(e) . . . — Yes, I'm sure of it

- Oui, j'en suis absolument convaincu(e) — Yes, I'm absolutely convinced of it

In response to statements

- C'est évident   It's quite obvious
- C'est sûr   Sure
- Exactement   Exactly

GRAMMAR–LANGUAGE NOTES

EXPRESSIONS IMPERSONNELLES ET INDÉFINIES (IMPERSONAL AND INDEFINITE EXPRESSIONS)

Impersonal

il + être + adj + de + inf

- Il est agréable d'écouter de la   It's pleasant to listen to music
  musique

Ce + être + adj + à + inf

- C'est facile à comprendre   It's easy to understand

Ce + être + noun + de + inf

- C'est une erreur de ne pas   It's a mistake not to take part in the
  participer au salon   trade fair

The forms with '*ce*' are more frequent than with '*il*' in modern spoken French.

Other examples of this structure are:

C'est indispensable de . . .   It's essential to . . .
Il est nécessaire de . . .   It's necessary to . . .
Il est permis de . . .   It is allowed; one may . . .

Impersonal expressions requiring the subjunctive

Il faut que; il est nécessaire que ... It's necessary to . . .
Il suffit que . . .   All you have to do is . . .
Il est (im)possible que . . .   It's (im)possible that . . .

Il se peut que . . .	It may be that . . .
Il est dommage que . . .	It's a shame that . . .
Il vaut mieux que . . .	It'd be better to . . .
Il est bon/juste/utile/rare que . . .	It's good/right/useful/rare that . . .
Il est temps/important que . . .	It's time/important that . . .

Some common impersonal verbs for talking about the weather!!

il pleut	il neige	il gèle	il grèle	il tonne
it's raining	it's snowing	its freezing	it's hailing	it's thundering

Il fait	beau	froid	frais	bon	humide	sec
It's	fine	cold	cool	pleasant	damp	dry

Il fait	jour	nuit	sombre	clair
It's	daylight	night	dark	light

Il fait	du soleil	du vent	de l'orage	du brouillard
It's	sunny	windy	stormy	foggy

Il faut + noun

il faut du courage	it takes courage; you've got to be brave

'Il est' to express time

Quelle heure est-il?	What time is it?
Il est midi moins le quart	It's a quarter to twelve
Il est temps de partir	It's time to go
Il est trop tôt pour l'appeler	It's too early to call her

Il y a (there is; there are)

Il y a des salons professionnels dans les grandes villes en France	There are professional trade fairs in the major French cities
Qu'est-ce qu'il y a?	What's the matter?

Il s'agit de (It's a question of; it's about; it deals with)

De quoi s'agit-il?	What's it about?

| Dans cet article, il s'agit de l'utilité des salons | This article deals with the usefulness of trade fairs |
| Il ne s'agit pas de se tromper | We can't afford to make a mistake |

EXERCISES

A   Translate

1   There are lots of fairs and exhibitions in France.
2   Given the number of exhibitions, it is essential to choose the best one for the company.
3   We want to take part in the (French) Ideal Home Exhibition.
4   Do you find trade fairs useful?
5   It's a pity that you forgot to translate these leaflets.
6   What's the matter? Can't she find her stand?
7   Apart from the registration form, you need to get an ATA carnet.
8   It's important to manage the stand as well as possible, if you want our presence to be worthwhile.
9   Where are the Eurexpo trade fairs held?
10   How lucky we are, the weather is gorgeous.

Key

1   Il y beucoup de foires, salons et expositions en France.
2   Etant donné le nombre d'expositions, il est indispensable de choisir la meilleure pour l'entreprise.
3   Nous voulons participer au Salon des Arts Ménagers.
4   Est-ce que vous trouvez que les Foires sont utiles?
5   C'est dommage que vous ayez oublié de traduire ces dépliants.
6   De quoi s'agit-il? Elle ne retrouve pas son stand?
7   En dehors du formulaire d'inscription, il faut que vous obteniez un carnet ATA.
8   Il est important de gérer le stand aussi bien que possible si vous voulez que notre participation soit rentable.
9   Où ont lieu les salons Eurexpo?
10   Comme nous avons de la chance, il fait un temps magnifique!

B   Impersonal expressions (i)

Fill in the blanks using 'il' or 'ce'; 'à' or 'de':

1 _____ est essentiel _____ bien se préparer à une Foire ou Salon.
2 _____ est ridicule _____ croire ce qu'il dit; _____ serait une
   bonne idée _____ le licencier
3 Vous traduisez vous-même votre documentation? 'Oui, _____
   est facile _____ faire.'

Key

1 il/c'; de   2 il/c'; de; ce; de   3 c'; à

C   Impersonal expression (ii)

Put one of the expressions in brackets in front of the following sentences
and remember to change the verb into the subjunctive:

1 Nous partons. (Il faut que; Il est temps que)
2 Vous participez à la foire. (Je souhaite que; il est nécessaire que)
3 Vous ne faites pas de publicité. (C'est dommage que; c'est bizarre que)

Key

1 nous partions	1 We must go.
2 vous participiez	2 I want you to take part in the trade show.
3 vous ne fassiez pas	3 It's a pity you don't advertise.

D   Missing words

Complete the text by inserting one of the words from the list below:

Nous avons visité le (1) d'Ariston au Salon des Arts (2) à Paris. Nous
avons pu (3) toute leur (4) de baignoires. Nous nous sommes surtout (5)
aux (6) avec hydromassage. Leur stand était particulièrement bien (7) et
leurs hôtesses (8) et (9). Nous avons eu une (10) et nous pensons que
parmi tous les (11) de salles de bain, Ariston était cette année le plus (12).

a) compétentes	b) admirer	c) intéressés	d) décoré
e) charmantes	f) innovatif	g) démonstration	h) Ménagers
i) modèles	j) exposants	k) gamme	l) stand

Key

1 l; 2 h; 3 b; 4 k; 5 c; 6 i; 7 d; 8 e; 9 a; 10 g; 11 j; 12 f

BACKGROUND NOTES

Further information on the most popular Paris exhibitions can be obtained from:

> French Trade Exhibitions
> Knightsbridge House, 2nd Floor
> 197 Knightsbridge
> LONDON SW7 1RB

In special quarterly supplements, *British Business* gives details of the programme of BOTB trade promotions. To obtain information on these commercial events and on the special facilities available to British exporters, contact:

> Fair and Promotions Branch
> Dean Bradley House
> 52 Horseferry Road
> LONDON SW1P 2AG
>
> Tel: 071 212 6184

The 'Centre Français du Commerce Extérieur' also provides information on French trade fairs:

> CFCE
> 10 avenue d'Iéna
> 75783 PARIS
> (1) 45 05 30 00

Comment présenter son produit
(How to present a product)

SETTING THE SCENE

Participating in a trade fair means describing one's products in detail –
this unit should help you do just that.

DIALOGUE

Sue Nadin est à Lyon à l'occasion du salon Eurexpo. Elle représente la
maison Sleeping Beauty, bien connue pour ses couettes et son linge de
maison. Un visiteur arrive au stand . . .

Sue Nadin	Bonjour, monsieur.
Visiteur	Bonjour, madame. Je viens de lire un article sur votre linge de maison et j'ai vu votre nom sur la liste des exposants. J'ai donc décidé de vous rendre une petite visite pour voir vos produits de plus près. Je suis surtout intéressé par les couettes et housses de couette. Est-ce que je peux y jeter un coup d'oeil?
S.N.	Je vous en prie, monsieur. Comme vous le voyez, nous avons deux types de couettes: les naturelles et les synthétiques. Les couettes naturelles sont en duvet d'oie ou de canard et les couettes synthétiques sont en fibre polyester.
V.	Les couettes naturelles sont nettement plus chères que les autres, n'est-ce pas?
S.N.	Oui, car seuls sont utilisés les duvets et les plumettes d'oie et de canard. Plus le pourcentage de duvet est élevé, plus la couette est légère et chaude. Vous voyez donc que cette couette qui a 85% de duvet d'oie blanc neuf et qui est recouverte d'une enveloppe 100% coton coûte de 1800F à 3500F selon la taille, tandis que celle-ci en polyester de 180F à 550F pour les mêmes tailles.

V.   En effet, la différence de prix est énorme! Mais, dites-moi, les couettes naturelles ne provoquent-elles pas d'allergies?

S.N.   Eh bien, ces problèmes d'allergie ont été pratiquement éliminés depuis que le duvet et les plumettes subissent des traitements anti-bactérie, anti-poussière et anti-mite.

V.   Il faut les nettoyer à sec?

S.N.   Oui, bien sûr, tandis que les couettes synthétiques se lavent en machine sans problème. Elles sont idéales pour les enfants!

V.   Vous avez aussi des couettes en laine?

S.N.   Oui, monsieur, elles sont toutes nouvelles. Certains clients ne jurent que par la laine. Il est vrai qu'elle est très légère et qu'elle est incomparable en matière d'isolation thermique et d'absorption d'humidité.

V.   Elles sont beaucoup plus chères que les couettes synthétiques?

S.N.   Environ 20% plus chères, monsieur.

V.   Vous faites aussi les housses de couette, n'est-ce pas, ainsi que les taies d'oreiller et les draps-housse?

S.N.   Bien sûr, monsieur. Nous avons une gamme très étendue de linge de lit et nous offrons à nos clients la possibilité d'acheter du tissu au mètre pour confectionner rideaux ou coussins.

V.   Ca, c'est très intéressant. Est-ce que vous pouvez me montrer des échantillons?

S.N.   Voilà! Nous avons une gamme unie et imprimée polyester et une gamme soie unie, plus restreinte parce que beaucoup plus chère!

V.   Je reviens à vos couettes naturelles; sont-elles plus chaudes que les autres?

S.N.   Non, pas forcément, tout dépend du garnissage choisi; mais elles sont d'une douceur incomparable. Tenez, touchez cette couette en duvet d'oie à 85%!

V.   C'est vrai, quelle douceur et quelle légèreté! Est-ce que vous pouvez me donner votre catalogue et votre liste de prix?

S.N.   Les voilà! Je me permets d'attirer votre attention sur le fait que pendant toute la durée du salon, nous offrons à nos clients une réduction de 5%. Voici aussi ma carte.

V.   Je vous remercie, madame. Au revoir.

S.N.   Au revoir, monsieur.

TRANSLATION

Sue Nadin is in Lyons for the Eurexpo Exhibition. She represents the 'Sleeping Beauty' company, which is well-known for its quilts and bed-linen. A visitor comes to her stand . . .

Sue Nadin	Hello.
Visitor	Hello. I've just read an article on your bed-linen and I noticed your name on the list of exhibitors, so I decided to pay you a visit to take a closer look at your products. I am particularly interested in the quilts and the quilt covers. May I have a look, please?
S.N.	Please do. As you can see, we have two types of quilt, natural and synthetic. The natural ones are filled with goose or duck down and the synthetic ones with polyester.
V.	The natural quilts are much more expensive than the synthetic ones, aren't they?
S.N.	Yes, because they are filled entirely with goose or duck down and curled feathers. The higher the percentage of down, the lighter and warmer the quilt. So you can see that this quilt which is made of 85% new white goose down and has a 100% cotton cover, costs between 1800F and 3500F, according to size; whereas this polyester model costs between 180F and 550F for the same sizes.
V.	Yes, I see, the difference in price is enormous. But, tell me, don't natural quilts provoke allergies?
S.N.	No, there are virtually no more allergy problems since they started using anti-bacteria, anti-dust and anti-moth treatments on the down and feathers.
V.	Do they need to be dry-cleaned?
S.N.	Yes, of course; however, synthetic quilts can go in the washing machine without any problem. They are ideal for children!
V.	Do you also have wool quilts?
S.N.	Yes, sir; they are the very latest. Some customers will have nothing but wool. Admittedly, they are very light and quite unbeatable as far as insulation and humidity absorption are concerned.
V.	Are they a lot dearer than the synthetic ones?
S.N.	About 20% more, sir.

V.	You also sell duvet covers, pillowcases and fitted sheets, don't you?
S.N.	Of course. We have a very wide range of bed-linen and we offer customers the possibility of buying the same material to make curtains or cushions.
V.	This is very interesting, indeed. Can you show me a few samples?
S.N.	Here you are. We have a plain and a printed range in cotton and polyester and a more limited, plain range in silk, because of the price.
V.	To get back to your natural quilts, are they warmer than the others?
S.N.	No, not necessarily. It depends on the particular tog-rating; but they are wonderfully soft. Just feel this 85% goose down quilt, for instance.
V.	Oh yes, it's incredibly soft and light. May I have your catalogue and price list, please?
S.N.	Here they are. I'd like to draw your attention to the 5% discount we're offering customers for the duration of the exhibition. And here's my card, too.
V.	Thank you very much! Goodbye.
S.N.	Goodbye.

VOCABULAIRE

un produit	product
un salon	an exhibition, show, trade-fair
voir de plus près	to take a closer look
une couette	quilt, duvet
le linge	linen
un stand	a stand
un exposant	an exhibitor
une housse	a cover
le duvet	down
une oie	a goose
un canard	a duck
creux(euse)	hollow
les plumettes (fpl)	small, curled feathers
plus . . . plus . . .	the more . . . the more . . .

la taille	the size
subir	to undergo, to be subjected to
la poussière	dust
une mite	a clothes-moth
le nettoyage à sec	dry-cleaning
la laine	wool
jurer par	to swear by
incomparable	unbeatable, unrivalled
en matière de	as far as . . . is/are concerned
l'isolation (f)	insulation
l'humidité	humidity, damp, dampness
une taie	pillowcase
un drap-housse	fitted sheet
une gamme	range
un lit	bed
le tissu au mètre	material by the metre
confectionner	to make
un rideau	curtain
un coussin	cushion
un échantillon	sample
uni(e)	plain
imprimé(e)	printed
la soie	silk
restreint(e)	limited
pas forcément	not necessarily
le garnissage	tog-rating; filling
la douceur	softness
doux(ouce)	soft
dépendre de	to depend on
la légèreté	lightness
se permettre de + inf	to allow oneself (e.g. allow me to . . .)
une réduction	a discount
tenir un stand	to manage, to be in charge of, a stand

QUESTIONS

1 Pourquoi Sue Nadin est-elle à Lyon?
2 Qu'est-ce qu'elle y présente?

3 Pourquoi le visiteur est-il venu au stand de Sue Nadin?
4 Il s'intéresse à quels produits?
5 Pourquoi les couettes naturelles sont-elles plus chères?
6 Quels sont les avantages des couettes synthétiques?
7 En quoi sont les housses de couette?
8 Qu'est-ce que la maison Sleeping Beauty offre pendant la durée du salon?

Réponses

1 Elle tient un stand au salon Eurexpo.
2 Elle y présente le linge de maison de son entreprise, Sleeping Beauty.
3 Parce qu'il vient de lire un article sur ses produits et qu'il a vu le nom sur la liste des exposants du salon.
4 Aux couettes et aux housses de couette.
5 Parce qu'elles sont en duvet d'oie ou de canard et qu'elles sont à la fois légères et chaudes.
6 Elles se lavent en machine.
7 Elles sont en coton.
8 Elle offre une réduction de 5%.

COMMENT DÉCRIRE UNE CHOSE (HOW TO DESCRIBE SOMETHING)

Voici notre tout dernier modèle	Here is our latest model
Est-ce que je peux vous montrer le dernier-né de nos . . .	May I show you the latest in our line of . . .
Venez voir . . .	Come and see . . . (less formal)
Vous avez remarqué . . . ?	Had you notice the . . . ?
Il (elle) est beaucoup plus performant(e)/ perfectionné(e)/élégant(e)/ économique que l'ancien modèle	It is much more efficient/ advanced/elegant/economical than the old model
Il (elle) est en bois/métal/ plastique/cuir/or/argent	It's made of wood/metal/ plastic/leather/gold/silver
Il (elle) est **plus/moins** + **adj** **que** . . .	It is more/less + adj than . . .
Il (elle) a été testé(e) par l'Union des consommateurs	It's been tested by the consumers' association

Il (elle) est recommandé(e) par . . .	It's recommended by . . .
Il (elle) est très différent(e) du/de la/des . . .	It's not at all the same as . . .
Essayez-le/la	Try it

COMMENT DÉCRIRE UNE PERSONNE (HOW TO DESCRIBE SOMEONE)

C'est un homme d'une trentaine d'années	He's a man in his thirties
C'est une femme d'environ 40 ans	She's about 40

Il (elle) est		(s)he's	
	petit(e)		short
	plutôt grand(e)		rather tall
	moyen(ne)		average
	mince		slim
	gros(se)		fat

Il (elle) a des cheveux courts/longs	(s)he has short/long hair
Il est (presque) chauve	he's (almost) bald
Il (elle) a les yeux bleus/verts/ marron/noirs	(s)he has blue/green/ brown/dark eyes
Il (elle) a les cheveux blancs/gris/ noirs/blonds/châtains/roux	(S)he has white/grey/ black/blonde/chestnut/ ginger hair

Il (elle) est très		(s)he's very	
	sérieux(se)		serious looking
	souriant(e)		pleasant (always smiling)
	sympathique		nice, friendly

('sympathique' is used a lot in spoken French and is often abbreviated to 'sympa'. It means that the person is easy to get on with, approachable, pleasant, etc.)

avoir de la sympathie pour quelqu'un   to like someone
('sympathy' is best translated by 'la pitié', 'la compassion')

COMMENT DÉCRIRE LA FORME, LA COULEUR, LE MATÉRIAU (DESCRIBING SHAPE, COLOUR, MATERIAL)

La forme: rond(e), carré(e), rectangulaire, triangulaire, ovale

Shape:	round, square, rectangular, triangular, oval

- La table est carrée   The table is square

La couleur:	bleu(e), blanc(he), rouge, noir(e), vert(e), gris(e), violet(te), rose, orange, marron
Colour:	blue, white, red, black, green, grey, violet, pink, orange, brown

- Il a des yeux bleu-vert   He has greenish blue eyes

La matière:	en bois(m), fer(m), cuir(m), métal(m), pierre(f), or(m), argent(m), plastique(m), coton(m), laine(f), tergal(m), verre(m), papier(m), cuivre(m), soie(f), carton(m), lin(m)
Material:	made of wood, iron, leather, metal, stone, gold, silver, plastic, cotton, wool, terylene, glass, paper, copper, silk, cardboard, linen

- Cette robe est en laine et en soie   This dress is made of wool and silk

La taille:	petit(e), grand(e), long(ue), court(e), haut(e), bas(se), mince, épais(se)
Size:	small, large, long, short, high, low, thin, thick

La consistence:	dur(e), mou (molle), rigide, souple, solide, fragile
Consistency:	hard, soft, rigid, flexible, solid (strong), fragile

- la guimauve est molle   marshmallow is soft

Le poids:	lourd(e), léger (légère)
Weight:	heavy, light

C'est une petite chaise basse en bois marron clair, très légère mais très solide.   It's a small, low chair in light brown wood, very light but very strong.

GRAMMAR AND LANGUAGE NOTES

Reflexive verbs

- Reflexive verbs are very common in French and often denote actions that people do to themselves, either deliberately or by accident.

se lever   (to get up)
se laver   (to wash)
se faire mal   (to hurt oneself)

- The reflexive pronoun is part of the verb and can *never* be omitted.

- The past tense of reflexive verbs always take 'être':

  Ils se sont levés à 6 heures ce   They got up at 6 this morning
      matin

- In the imperative, 'toi', 'nous' and 'vous' come *after* the verb:

- Dépêche-toi!   Hurry up!
  réveillez-vous   wake up!

- Many actions that are considered reflexive in French are not so in English:

  se souvenir, se rappeler   (to remember)
  se passer   (to happen)

- It is also important to note that many verbs are both reflexive and non-reflexive, according to their meaning:

  Je réveille les enfants le matin   I wake the children up in the morning
  but:
  Je me réveille de très bonne   I wake up very early
      heure

Here is a list of some of the more common verbs of this kind:

sentir	to smell of sthg	se sentir	to feel
trouver	to find	se trouver	to be (situated)
perdre	to lose	se perdre	to get lost
ennuyer	to annoy	s'ennuyer	to be bored
mettre	to put	se mettre à	to start doing sthg
passer	to go past	se passer	to happen
rendre	to give back	se rendre à	to go somewhere
demander	to ask	se demander	to wonder

- The reflexive form can sometimes be used in place of a passive or 'on':

  Ces tricots se lavent à l'eau   These jumpers are washed in cold
      froide   water

Exclamations

Que

Que je suis contente de vous voir!	How happy I am to see you!
Que de monde!	What a crowd!

Quoi!

(expressing surprise, disbelief, indignation, etc.)

Quoi! Il dit qu'il n'a pas reçu notre liste de prix?	What! He says he hasn't received our price list?

Quel!

(quelle, quels, quelles)	+ **noun** = what . . . !
Quelle journée!	Oh, what a day!
Quelle chance!	What luck!

N.B. The article is not used after 'quel' in exclamations:

Quelle idée!	What an idea!
Quelle jolie robe!	What a pretty dress!

Comme

+ **subject/verb** + **adj**

comme

Comme elle a grossi!	What a lot of weight she's put on!
Comme il est beau!	What a handsome man he is!

EXERCISES

A *Translate*

1 We shall be at the London Language Show next year
2 There are many exhibitors at the Ideal Home Exhibition.
3 May I have a look at your new dish-washer? (un lave-vaisselle)
4 The smaller the machine, the more expensive it is.
5 This one's in plastic whereas that one's in cast-iron. (la fonte)
6 Do you also sell video-recorders? (un magnétoscope)
7 These appliances cost between £150 and £400. (un appareil)

Key

1   Nous aurons un stand au Salon Expo-langues de Londres l'année prochaine.
2   Il y a beaucoup de stands au Salon des Arts Ménagers.
3   Est-ce que je peux jeter un coup d'oeil à votre nouveau lave-vaisselle?
4   Plus la machine est petite, plus elle coûte cher.
5   Celui-ci (celle-ci) est en plastique tandis que celui-là (celle-là) est en fonte.
6   Est-ce que vous vendez aussi les magnétoscopes?
7   Ces appareils coûtent de £150 à £400.

Reflexive verbs (i)

Tell a French colleague about your daily routine in the UK:
Begin: 'En général, je me réveille à 6h30 . . .'
Continue the description using the following reflexive verbs:

se lever; se laver; se brosser les dents	(to brush one's teeth)
se peigner	(to comb one's hair)
se maquiller	(to make up)
s'habiller; se dépêcher	(to hurry)

Now tell your French hosts what you did yesterday (Saturday) in Paris:
Begin: 'C'était le week-end donc je me suis levé(e) plus tard . . .'
In addition to the verbs above, you can use:

se promener; se tromper de bus/train/métro	(to take the wrong bus/train/tube)
s'amuser	

Now do the same exercise again, but using 'nous' this time:

'Nous nous sommes levés plus tard . . .'

Key

je me lève; je me lave; je me brosse les dents; je me peigne; je me maquille; je m'habille; je me dépêche; je me suits levé(e); je me suis lavé(e); je me suis brossé les dents; je me suis maquillée; je me suis habillé(e); je me suis promené(e); je me suis trompé(e) de; je me suis bien amusé(e) nous nous sommes levés; nous nous sommes vite lavés et habillés; nous nous sommes promenés le long des quais de la Seine; nous nous sommes trompés de métro; nous nous sommes bien amusés

C   Reflexive verbs (ii)

Use the reflexive form instead of 'on':

> e.g. En France on boit du whisky en apéritif plus qu'en digestif
> En France, le whisky se boit en apéritif plus qu'en digestif

1   On utilise le minitel de plus en plus.
2   On porte ce vêtement en toute saison.
3   On peut manger le foie gras avec un bon vin blanc doux.

Key

1   Le minitel s'utilise de plus en plus.
2   Ce vêtement se porte en toute saison.
3   Le foie gras peut se manger avec un bon vin blanc doux.

D   Exclamations

1   The French love to exclaim! So, have a go with the following nouns and adjectives to express your admiration for this superb, new car:

la voiture; l'auto (f); beauté (f); belle; élégance (f); élégant; puissance (f); puissant; ligne (f); confort (m); prix (m);
(N.B. Only the last two nouns are masculine, so watch your agreements!)

> e.g. Quelle belle voiture! or Qu'elle est belle!

2   Now show your indignation at the behaviour of this bad driver ('chauffard' in French). Use 'imbécile';'idiot'; 'paysan'; 'chauffard'. You will often hear 'con', but avoid using it yourself, except in extreme circumstances and certainly not on your first visit to a company or a private home! Slang and vulgarity are best avoided in a foreign language, but they need to be part of your 'passive' knowledge.

Key (a few suggestions)

1   Qu'elle est élégante! Quelle puissance et quelle ligne!
    Quel confort! Aïe,aïe,aïe, quel prix aussi!

2   Quel idiot! Quelle idiote! (for a lady driver!)
     Quel imbécile heureux! (a happy idiot is extremely disdainful!)

E   Comparatives and superlatives

Now present a product of your choice, preferably something that you are familiar with and knowledgeable about, e.g. a new computer; the latest bathroom suite; fresh pasta?! Read the 'How to describe' notes again and try to be really convincing by using lots of comparatives and superlatives.

Venez voir . . .; regardez . . . ; il est plus . . . que . . . ; c'est le plus . . . de tous; etc.

F   Descriptions (i)

I have to meet your managing director at Roissy Airport, but I've never seen him before. I phone you to ask what he looks like:

   C'est un homme de . . . ; il est . . . ; en général il porte . . . ; etc.

In the same way, try to describe your colleagues, husband/wife, children, friends.

G   Descriptions (ii)

You have been the witness of a violent incident in the Paris Métro and you are helping the police with their enquiry. Answer their questions, using present, past, future and imperfect tenses as appropriate:

Policier   Vous avez vu ce qui s'est passé?
Vous   Yes. A man arrived very quickly behind the victim. He had a gun (un révolver).
Policier   Vous pouvez le décrire?
Vous   I'll try. He is white, about 25 years old. He was wearing a black jeans jacket and a black jumper. He is fairly tall . . . brown hair . . . and, yes, a moustache.

Key

Oui, un homme est arrivé très vite derrière la victime. Il avait un révolver.

Je vais essayer. Il est blanc; il a environ 25 ans. Il portait une veste jean noire et un pull noir . . . il est assez grand . . . il a des cheveux bruns . . . et, une moustache, oui.

BACKGROUND NOTES

French bed-linen

French pillows are square (60 cm × 60 cm), not rectangular, so if you are in the bed-linen business and want to break into the French market you are going to have to change your designs or encourage the French to change their habits! This is a typical example of how socio-cultural factors can influence a business decision and illustrates what we said about language learning involving much more than just grammar rules and vocabulary.

The French also use a bolster ('un traversin' – 90 cm or 140 cm long) but these may not have cases. They are rolled into the bottom sheet, next to the headboard, and the pillows are placed on top. In many hotels, there is just a 'traversin' on the bed, but you will generally find pillows in the wardrobe.

A set of bed-linen ('une parure') will include a top sheet, a bolster-case and two pillowcases. Bottom sheets are bought separately. Duvets are becoming more common and duvet covers will have coordinated bolster and pillowcases.

Here is the terminology for French bed-linen:

le drap the sheet; le drap-housse the fitted sheet; la housse de couette the duvet cover; la taie de traversin the bolstercase; la taie d'oreiller the pillowcase; la couverture the blanket; le dessus de lit the bedspread; l'édredon the eiderdown; l'alèze the mattress cover; le sommier the mattress-base; le matelas the mattress.

When preparing a leaflet describing your company or your products in a foreign language, choose your translation agency carefully and before going to press, get a native-speaker to check the texts. A great deal of time and money has often been wasted in this area. Badly translated literature can be an embarrassment at best and a lost market at worst! Good technical dictionaries are also a must for any company planning to export.

Etude de marché (Market research)

SETTING THE SCENE

A manufacturer of fine china tableware is seriously thinking of exporting selected items to France. Their preliminary research shows that the French drink more and more tea, both for breakfast and in the afternoon, so they decide to concentrate their efforts on the export of china tea-services.

DIALOGUE

Après avoir réuni un certain nombre de renseignements généraux d'ordre économique, politique et financier auprès d'organismes britanniques et français* et après s'être renseigné sur les tendances du marché en France et la conjoncture, M. Simpson, directeur des ventes de la société Sadler à Nottingham s'est documenté sur la concurrence en se procurant des rapports d'entreprises et en lisant la presse professionnelle. Il doit maintenant faire faire une étude de marché pour obtenir le complément d'informations qui permettront à l'entreprise d'avoir une idée claire sur leurs chances de pénétrer le marché francais. M. Simpson a déjà fait deux voyages en France, il s'est rendu à la Chambre de Commerce franco-britannique et à l'INSEE à Paris; il s'est également promené dans les rayons vaisselle des grands magasins pour s'informer des prix et de la gamme des concurrents.

Monsieur Simpson se trouve à présent dans le bureau de Monsieur Depardieu, directeur de l'agence Publicis à Paris.

M. Depardieu Asseyez-vous, je vous prie.
M. Simpson Merci. Alors, suite à notre conversation téléphonique je suis ici pour discuter de l'étude de marché que nous avons décidé de vous confier.

*liste à la fin de ce chapitre

M. D.	Je vois que vous m'avez apporté quelques échantillons.
M. S.	Oui – voilà. Nous fabriquons de la porcelaine de première qualité, et notre enquête préliminaire nous a montré que les Français boivent de plus en plus de thé le matin au petit déjeuner et l'après-midi également. Pour bien apprécier le thé, il faut le boire dans des tasses de porcelaine, voilà pourquoi nous pensons qu'il y a un créneau (en France) pour nos services à thé.
M. D.	Vous voulez donc vendre uniquement les services à thé?
M. S.	Oui, pour le moment, oui. Nous avons un certain nombre de modèles. Voici notre dernier catalogue – je vous ai apporté ceux que nous voudrions tester sur le marché français. Qu'en pensez-vous?
M. D.	C'est de la très belle porcelaine en effet, et les motifs sont très délicats . . . hum, voilà qui plairait à ma femme, elle qui ne boit que du thé! Vous voulez donc une enquête sur le produit lui-même (c'est-à-dire la forme, le motif, l'emballage) . . . et sur les acheteurs potentiels?
M. S.	Voilà. Bien entendu je voudrais aussi des renseignements sur les canaux de distribution, sur les principaux concurrents et sur les meilleurs moyens de faire connaître notre porcelaine – publicité dans les magazines, affichage, etc.
M. D.	Très bien. Si vous voulez bien me laisser votre documentation produit et votre plaquette, je vais vous préparer un plan d'étude et un questionnaire que je vous ferai parvenir . . . voyons . . . d'ici la fin du mois. Ça vous va?
M. S.	Très bien – je vous laisse aussi ces échantillons. Au revoir, Monsieur Depardieu.
M. D.	Au revoir, Monsieur Simpson. Bon retour en Angleterre.

TRANSLATION

Having gathered a certain amount of general information of an economic, political and financial nature from British and French institutions and having found out about the market trends and the economic situation in France, Mr Simpson, Sales Manager of Sadler in Nottingham researched the competition by getting hold of company reports and by reading the trade press. He now has to have a market study carried out to obtain the extra information which will enable the company to have a clear idea of their chances of penetrating the French market. Mr Simpson has already been to France twice; he went to the Franco-British Chamber of Commerce and to the INSEE in Paris. He also went round the tableware departments of the main department stores to find out about the competitors' range and prices.

Mr Simpson is now in Paris in the office of Mr Depardieu, the Market Research Agency Director.

Mr Depardieu	Please take a seat, Mr Simpson.
Mr Simpson	Thank you. So, following our telephone conversation I am here to discuss the market research that we have decided to entrust you with.
Mr D	I see that you have brought me a few samples.
Mr S	Yes – here you are. We make top quality china, and our preliminary research showed us that the French drink more and more tea at breakfast and at tea-time too. Tea has to be drunk in china tea cups to be fully appreciated; that is why we think that there is a gap in the market for our china tea-services.
Mr D	So you just want to sell tea-services?
Mr S	Yes, for the time being, yes. We have quite a few different types. Here is our latest catalogue – I have brought you the models that we would like to test on the French market. What do you think of them?
Mr D	It is very fine china indeed, and the designs (motifs) are very delicate. My wife would love them, she only drinks tea! So you want a market study on the product itself (shape, motif, packaging, etc.) . . . and on the potential purchasers?
Mr S	That's right. But of course I would also like some information on the channels of distribution, on the main competitors and on the best ways to advertise our china – magazines, posters, etc.
Mr D	Very well. Please leave me your documents and your company brochure; I shall draw up a market plan and a questionnaire and get them to you by . . . let's see . . . the end of the month. Is that alright?
Mr S	That's fine – I am also leaving you these samples.

	Goodbye, Mr Depardieu.
Mr D	Goodbye, Mr Simpson. Have a safe trip back to England.

VOCABULAIRE

l'étude (f) de marché (m)	market research
réunir	to gather, to put together
auprès de	from
se renseigner sur	to find information on
la tendance	trend
la conjoncture	economic situation, climate
se documenter sur	to find information on/about
la concurrence	competition
le concurrent	competitor
un rapport d'entreprise	company report
le complément de	additional, extra
la vision	picture, idea
la porcelaine	china
se rendre à	to go to
le rayon	department (in shop)
les Grands Magasins	department stores
s'informer de	to get information on
la gamme	range
confier	to entrust
un échantillon	a sample
fabriquer	manufacture
une enquête	research, study, fact-finding
le créneau	gap, opening, niche, a market opportunity
un service à thé	a tea-service, tea-set
uniquement (= seulement)	only
les motifs (mpl)	designs, motifs
plaire à quelqu'un	to please someone, to like
la forme	shape
l'emballage (m)	packaging
un acheteur	buyer, purchaser, customer
les canaux (mpl) de distribution (f)	distribution channels

le moyen	means
la publicité	advertising
l'affichage (*m*)	poster
la plaquette	company brochure
faire parvenir	to have sent
ça vous va?	Is that alright?
ça vous convient?	Is that alright?

Vocabulaire supplémentaire

les statistiques (*fpl*)	statistics
les importations (*fpl*)	imports
les exportations	exports
le ménage	household
le pouvoir d'achat	purchasing power
l'enquête (*f*) de marché	fact-finding market survey
sur le terrain	in the field
la marque	brand, make
au hasard	at random
interroger	to question
l'échantillonnage (*m*)	sampling
le sondage	poll
l'enquêteur	interviewer
la fidelité à la marque	brand loyalty
la ménagère	housewife
faire un relevé détaillé	to draw up a detailed list
contrôler	to check
l'évaluation (*f*) du marché	market appraisal
pénétrer (sur) un marché	to break into a market
les résultats (*mpl*) d'une enquête	the findings of a survey/inquiry
enterrer un rapport	to shelve a project
le marché cible	the target market
le questionnaire	questionnaire
l'élaboration (*f*)	design
la rédaction	wording, drafting
mettre la dernière main à	to put the last touch to
plus de temps que prévu	more time than anticipated

QUESTIONS

1   Qu'est-ce que Mr Simpson doit faire avant d'exporter ses produits en France?
2   Comment a-t-il obtenu ses informations?
3   Qu'est-ce que l'entreprise de Mr Simpson fabrique?
4   Pourquoi pense-t-il que la France est un marché potentiel pour sa porcelaine?
5   Sur quoi va porter l'étude de marché?

Réponses

1   Il doit réunir des informations d'ordre économique, politique et financier sur la France, se renseigner sur la conjoncture, et se procurer des rapports d'entreprise. Il doit aussi faire faire une étude de marché.
2   Il s'est adressé à des organismes spécialisés, et il a lu la presse professionnelle.
3   Elle fabrique de la porcelaine de première qualité.
4   Parce que les Français boivent de plus en plus de thé.
5   Sur le produit, les acheteurs potentiels, la concurrence et la publicité.

COMMENT FAIRE FAIRE QUELQUE CHOSE (HOW TO GET SOMETHING DONE)

You must use the verb 'faire' followed by an infinitive;

[**Faire faire quelque chose**   to have something done]

Je vais faire faire une étude de marché par une agence française.	I shall have a market study done by a French agency.
Il va faire élaborer un questionnaire.	He will have a questionnaire designed.
Tu as fait réparer ta voiture?	Have you had your car repaired?

COMMENT DONNER UN ORDRE
(HOW TO GIVE AN ORDER)

From a supervisor/manager to an employee (commanding)

Use the Imperative

Apportez-moi le dossier Limoges.	Bring me the Limoges file, please.
Réservez-moi une chambre à l'Hôtel X à Paris pour le 25 novembre.	Please book me a room at the Hotel X in Paris for the 25th November.
J'exige que ce soit prêt pour ce soir.	I insist that this be ready for tonight.
Apporte-moi la facture!	(to someone you address as 'tu') Bring me the invoice.

Equal to equal (attenuated)

Use the Conditional or veuillez + inf

Pourriez-vous me faire parvenir votre plaquette.	Could you send me your company brochure.
Vous devriez faire faire une étude de marché.	You should have a market research carried out.
Veuillez m'apporter votre rapport sur le SIAL*.	Please bring me your report on the SIAL.
*SIAL: Salon International de l'Alimentation	(International Food trade-fair)

EXERCISES

A   Translate

1   It is essential to gather information on the market trends of the country to which you want to export.
2   I went round the tableware departments of Le Printemps* and les Galeries Lafayette* in Paris.

*famous department stores in Paris

3   We want to find out about the range and the prices of our competitors.
4   What do you think of these samples?
5   I shall send it to you by the end of the week. Is that OK?
6   We have done a market study on the Ivory Coast.
7   Our range of products is very wide.
8   We came to an agreement in less than two months.
9   Our agent is really nice.
10 Exporting can be extremely profitable.

Key

1   Il est essentiel de réunir les informations sur les tendances du marché du pays où vous voulez exporter.
2   Je me suis promené dans les rayons vaisselle du Printemps et des Galéries Lafayette à Paris.
3   Nous voulons des renseignements sur la gamme et les prix de nos concurrents.
4   Qu'est-ce que vous pensez de ces échantillons?
5   Je vous les ferai parvenir d'ici la fin de la semaine. Ça vous va?
6   Nous avons fait une étude de marché sur la côte d'Ivoire.
7   Notre gamme de produits est très étendue.
8   Nous avons abouti à un accord en moins de deux mois.
9   Notre agent est très sympathique.
10 L'exportation peut être extrêmement rentable.

B Orders

Give the following orders in French in first a commanding and then an attenuated manner:

a) Envoyer un fax à Giuseppe Bava.
b) Voir le dossier avec le responsable marketing.
c) Expédier le courrier sans faute.
d) Passer me voir cet après-midi.

Key

a) Envoyez un fax à Giuseppe Bava.
    Envoie un fax à Giuseppe Bava. ('tu' form)

    Pourriez-vous envoyer un fax à Giuseppe Bava?
    Veuillez envoyer un fax à Giuseppe Bava, s'il vous plaît.

b) Voyez le dossier avec le responsable marketing.
    Vous verrez le dossier avec le responsable marketing.
    Pourriez-vous voir le dossier avec le responsable marketing?

c) Vous expédiez le courrier sans faute.
    Expédiez le courrier sans faute.
    Veuillez expédier le courrier sans faute.

d) Passez me voir cet après-midi.
    Passe me voir cet après-midi. ('tu' form)
    Vous passerez me voir cet après-midi.
    Pourriez-vous passer me voir cet après-midi?

C Translation/role-play

Vous n'avez pas reçu le plan de l'étude de marché à la date promise.
Vous téléphonez à Monsieur Depardieu.
You have not received the market study plan by the promised date.
You phone M. Depardieu.

Supply the French for your part of the conversation:

You	Hello, Mr Depardieu? Simpson here. How are you?
M. Depardieu	Ah, Bonjour Monsieur Simpson. Très bien – et vous?
You	Fine. I am calling because we have not received your market study plan.
M. D.	Excusez-moi Monsieur Simpson, nous avons pris un peu de retard. L'élaboration du questionnaire a pris plus de temps que prévu, et en ce moment nous mettons la dernière main à la rédaction.
You	I see – well, when could you let me have the study plan?
M. D.	Au millieu de la semaine prochaine. Excusez-moi, Monsieur Simpson, j'espère que ce retard ne va pas vous causer trop de problèmes.
You	No – it's alright, but we need to have it before next Friday's meeting with our MD.

M. D.	Pas de problème – vous l'aurez à temps. Je vous donne ma parole.
You	Fine. Goodbye for now.
M. D.	Au revoir, Monsieur Simpson.

Key

Bonjour Monsieur Depardieu. Ici Simpson. Comment allez-vous?

Je vous appelle car nous n'avons pas reçu votre plan d'étude de marché.

Je vois – quand allez-vous pouvoir me le faire parvenir?

Non – Ça ira mais nous devons le recevoir avant la réunion de vendredi avec le PDG.

Parfait. Au revoir, M. Depardieu.

D Translation/role-play

You have received an order from a French department store. You phone them to clarify a few points. Supply the French for your part of the conversation.

You	Hello, extension 124 please.
Réceptionniste	C'est de la part de qui?
You	You! Spell your name and give the name of your company.
R.	Un instant s'il vous plaît.
Directeur des A	Bonjour, Monsieur. Vous allez bien?
You	Yes, very well, thank you, and you?
D. des A.	Très bien merci – que puis-je faire pour vous?
You	Thank you very much for your order. I would like to check one or two things with you before processing it.
D. des A.	Allez-y.
You	You have ordered: 100 tea-services 'autumn leaves' Ref AL 524 and 10 tea-services 'spring orchard' Ref SO710. Is that right?
D. des A.	Un instant, je me fais apporter la commande . . . Non, non Monsieur il y a erreur, c'est 100 services 'spring orchard'. Excusez-nous il s'agit d'une faute de frappe.
You	That's what I thought. Another slight problem is the delivery date. The end of October is going to be very difficult. Could you give us a couple more weeks?

D. des A.	C'est vraiment gênant car nous voulons faire une vente promotionnelle à l'occasion des fêtes de fin d'année. Il faudrait que vos services à thé soient en rayon le plus tôt possible après la Toussaint, c'est-à-dire après le 1er novembre.
You	Look, I shall check again with our production manager to see if we can bring the delivery date forward and I'll call you back as soon as possible. Is that all right?
D. des A.	D'accord. Je vous remercie. Au revoir.

Key

Allô, je voudrais la poste 124, s'il vous plaît.

Monsieur/Madame X de la société Y.

Très bien, merci. Et vous?

Merci pour votre commande. Je voudrais vérifier une ou deux petites choses avant de la traiter.

Vous avez commandé: 100 services à thé 'autumn leaves' référence AL 524 et 10 services 'spring orchard' référence SO710. Est-ce correct?

C'est bien ce que je pensais. Vous dites également que vous souhaitez la livraison à la fin du mois d'octobre. Ça va être très difficile, pouvez-vous nous donner une quinzaine de plus?

Ecoutez, je vais essayer de voir ça avec notre directeur de production et je vous rappelle le plus tôt possible. D'accord?

BACKGROUND NOTES

A list of useful addresses from which to obtain information on French markets:

In the UK:

> British Overseas Trade Board
> French Desk
> Department of Trade and Industry
> 1 Victoria Street
> LONDON SW1 H0ET
> Tel: 071 215 7877

Consumer goods: 071 215 4762
Capital goods: 071 215 5197
Telex: 8811074/5
Fax: 071 222 5611

The DTI will send you their useful booklet *Hints to Exporters, France* which contains the addresses of the British commercial representatives in France, general information on the country, travel, hotels and restaurants, economic factors, import and exchange control regulations, methods of doing business, sources of information, and even maps.

In France:

Chambre de Commerce et d'Industrie de Paris
27 avenue de Friedland
75008 PARIS

Tel: (1) 42 89 70 00

The Financial and Commercial Counsellor
British Embassy
35 rue du Faubourg St Honoré
75008 PARIS

Tel: (1) 42 66 91 42

Chambre de Commerce et d'Industrie Franco-britannique
8 rue Cimarosa
75016 PARIS

Tel: (1) 45 05 13 08

INSEE (Institut National de la Statistique et
de Etudes Economiques)
18 boulevard Adolphe Pinard
75014 PARIS

Tel: (1) 45 40 01 12

La Documentation Française
29 quai Voltaire
75007 PARIS

Tel: (1) 40 15 70 00

Exporters can also obtain information from a number of French panels. There are consumer panels 'Panels de consommateurs' under the management of two main companies:

SECODIP   (2 panels of 4500 households)
SOFRES   (10,000 households)

The panels are consulted monthly and 25% of the participants are renewed yearly.

There are also panels of retailers (Panels de détaillants) controlled by SECODIP and by NIELSEN (food industry).

Questionnaires
(Questionnaires)

SETTING THE SCENE

The purpose of this Unit is to give some guidelines on how to design a questionnaire in French, with a few examples.

ELABORATION D'UN QUESTIONNAIRE (DESIGNING A QUESTIONNAIRE)

Avant de rédiger un questionnaire il faut d'abord analyser les informations à rechercher en fonction des objectifs de l'étude de marché, car chaque question doit permettre une information utile. Il faut ensuite penser aux conditions d'enquête. Aura-t-elle lieu dans la rue, ou se fera-t-elle par voie postale ou à domicile? Ces conditions influent sur la longeur du questionnaire. En moyenne dix à quinze questions suffisent généralement.

Les questions doivent être rédigées de façon claire et précise avec autant d'objectivité que possible et facilement compréhensibles. Voici un exemple de questionnaire donné aux participants d'une formation à l'exportation.

Translation

Before drawing up a questionnaire, it is first necessary to analyse the information sought according to the objectives of the market as each question must allow for useful information. One must then think about how the study is conducted. Will it take place in the street or will it be sent by post or carried out at home? These conditions will affect the length of the questionnaire. Generally ten to fifteen questions on average are enough.

The questions must be clear and precise, and as objective as possible and easy to understand. Here is an example of a questionnaire given to a group of participants in an export training programme.

1   Votre nom
    Your name

2   Raison sociale de votre entreprise ou de votre organisme
    Company name

3   Quels sont le ou les secteurs d'activité de l'entreprise ou de
    l'organisme?
    What area(s) of activity is your company/organization in?

4   Quelle est votre fonction?
    What is your position in the company?

5   Quelles sont vos responsabilités?
    What are your areas of responsibility?

6   Avez-vous déjà exporté?
    Have you already exported?

        oui   ☐

        non   ☐

si oui, veuillez indiquer:
if yes, please indicate:

• quels produits
  which products

• dans quels pays
  in which countries

7   Depuis combien de temps exportez-vous?
    How long have you been exporting?

8   Avez-vous déjà suivi une formation dans le domaine de l'exportation?
    Have you already been on an export marketing course?

        oui   ☐

        non   ☐

    si oui, laquelle?
    if yes, which one?

Voici un autre exemple de questionnaire administré à 300 visiteurs d'un
Salon de l'Informatique dans le sud de la France. L'objectif de l'enquête
est de cerner la motivation et le profil des visiteurs, et de connaître leurs
impressions sur les animations et les stands présentés.

Translation

Here is another example of a questionnaire given to 300 visitors to a Computer trade fair in the South of France. The aim of the survey is to define the motivation and profile of the visitors and to find out what they think of the various activities on offer and of the stands.

QUESTIONNAIRE

Date ....   Heure ....   Nom de l'enquêteur ....

Première partie: Prise de contact, efficacité de la promotion

Q1:   Êtes-vous venu au Salon de l'Informatique l'année dernière?

   oui ☐   non ☐

Q2:   Comment avez-vous été informé de l'existence de ce Salon?

   Radio ☐   Affiche ☐   Courrier ☐   Presse écrite ☐

   Dépliant ☐   Relations ☐   Autre (précisez) ....
   publicitaire

Deuxième partie: Motifs d'assistance

Q3:   Utilisez-vous un équipement informatique?

   oui ☐   non ☐

Si oui:

Q3 bis: Vous utilisez cet équipement:

• à votre domicile?   ☐

• à votre travail?   ☐

Q4:   Vous êtes venu à ce Salon:

   • pour acheter ou renouveler votre équipement   ☐

   • pour assister à des démonstrations   ☐

   • par simple curiosité   ☐

   • pour prendre des contacts   ☐

   • pour raisons professionnelles   ☐

   • pour découvrir ce que peut vous apporter l'informatique   ☐

- pour autres raisons (précisez) □

Troisième partie: Satisfaction des visiteurs

Q5: Quelle note sur 20 mettriez-vous à:

- l'organisation générale du Salon ......
- l'ambiance ......
- l'accueil ......
- l'intérêt des stands ......
- le nombre et la variété des exposants ......

Q6: Avez-vous assisté aux conférences qui se déroulent dans le cadre du Salon?

oui □   non □

Si oui:

Q6 bis: Avez-vous trouvé ces conférences:

Conférence	Très Intéressante	Assez Intéressante	Peu Intéressante	Pas du tout Intéressante

Q7: Selon vous, ce Salon doit-il être renouvelé?

oui □   non □

Q8: Faut-il lui apporter des modifications?

oui □   non □

Si oui:

Q8 bis: lesquelles? ....

Pourquoi? ....

Quatrième partie:

Q9:   Vous habitez:

- dans le département du Tarn et Garonne ☐
  - dans un département voisin ☐
  - dans un autre département ☐

Q10:   Quelle est votre profession?   ....

Q11:   Quel âge avez-vous?

  - moins de 20 ans ☐
  - de 20 ans à 40 ans ☐
  - de 41 ans à 60 ans ☐
  - plus de 60 ans ☐

Q12:   Sexe:

feminin ☐   masculin ☐

Q13:   Quel est le revenu mensuel de votre ménage?

- moins de 5 000F ☐
- de 5 000 à 8 000F ☐
- de 8 000 à 12 000F ☐
- de 12 000 à 20 000F ☐
- plus de 20 000F ☐

From this questionnaire you will notice that the questions are very short and direct and the instructions simple. Most of the questions require ticking   (en français, 'cocher'; and the box is called 'la case').

To request something, you can either use the imperative:

Répondez   answer
Classez   classify etc.

or the other imperative form using veuillez:

Veuillez répondre   please answer
Veuillez classer   please classify

VOCABULAIRE

l'élaboration (f)	drawing up
rédiger	to write out
une enquête	investigation, survey, study
la voie postale	post (lit. postal route)
à domicile	at home
influer	affect, influence
en moyenne	on average
suffire	to be enough
compréhensible	understandable
la formation	training
l'exportation (f)	export
cerner	define, pinpoint
la prise de contact	making contact
l'efficacité (f)	effectiveness, efficiency
une affiche	poster
le courrier	mail, post
l'informatique (f)	computing
renouveler	to renew
par simple curiosité	out of sheer curiosity
apporter	to bring
une note sur 20	a mark out of 20
l'ambiance (f)	atmosphere
l'accueil (m)	reception, welcome
un exposant (m)	exhibitor
se dérouler	to take place
dans le cadre de	as part of
la modification	change

INTRODUCTORY LETTER

If you send a questionnaire by post you will need to write a short letter of introduction to the company. Here is an example of a letter accompanying a questionnaire sent to French companies by a group of students on a European Marketing course.

ipst

INSTITUT DE LA PROMOTION SUPÉRIEURE DU TRAVAIL

Centre interuniversitaire d'éducation permanente
39, allées Jules Guesde 31000 Toulouse
Tel: 61 53 02 35

Toulouse, le 24 mars 19—

Monsieur,

Nous sommes une équipe de trois étudiants suivant une formation en Marketing Européen dans une école de commerce en Angleterre: le BUCKINGHAMSHIRE COLLEGE OF HIGHER EDUCATION.

Dans le cadre de notre formation nous mettons à exécution un projet concernant l'affichage et l'utilisation des supports visuels dans les hypermarchés et supermarchés en FRANCE.

Le projet nous a été proposé par la société STIMUR LTD, une filiale du groupe 3M.

Pour cette raison nous vous expédions un questionnaire qui comporte 6 questions et nous vous serions reconnaissants de bien vouloir y répondre.

En vous remerciant à l'avance, nous vous prions d'agréer, Monsieur, l'expression de nos sentiments les plus distingués.

Mr. Roger ALLFORD
Mr. Andrew CATER
Mr. John MASON

P.J.
Les caractéristiques principales
Une photographie
Le questionnaire

ipst

INSTITUT DE LA PROMOTION SUPÉRIEURE DU TRAVAIL

Centre interuniversitaire d'éducation permanente
39, allées Jules Guesde 31000 Toulouse
Tel: 61 53 02 35

Toulouse, le 24 mars 19—

Dear Sir,

We are a group of three students on a European
Marketing course at a college in England:
BUCKINGHAMSHIRE COLLEGE OF HIGHER EDUCATION.

As part of our programme we are doing a project on
display and the use of visual aids in hypermarkets and
supermarkets in France.

The project was proposed by the company STIMUR Ltd,
a subsidiary of the 3M Group.

For this purpose we are sending you a questionnaire
which includes 6 questions, and we would be grateful
in you could answer them.

Thanking you in advance.

Yours faithfully,

Encs:
Main characteristics
Photograph
Questionnaire

EXERCISE

You have received the following questionnaire. Try and translate it into English. The theme is Signs in Hypermarkets/Supermarkets – Are they Clear? Can they be improved?

Here are a few words to help you:

valoriser	to enhance
améliorer	to improve
le cadre d'achat (*m*)	shopping environment
le rayon	department
la signalisation	signs
le comportement	behaviour
détourner	divert
la fréquentation	number of customers
les supports (*mpl*) visuels	visual aids
l'encombrement (*m*)	cluttering
un poster mural	wall poster
faciliter	to make easier
le panneau	sign, board
le détaillant	retailer
PLV (publicité sur le lieu de vente)	point-of-sale advertising
le responsable	manager

INSTITUT DE LA PROMOTION SUPÉRIEURE DU TRAVAIL

Centre interuniversitaire d'éducation permanente
39, allées Jules Guesde 31000 Toulouse
Tel: 61 53 02 35

QUESTIONNAIRE

1 – En observant la photo ci-jointe des hypermarchés anglais, choisissez les deux expresssions qui vous paraissent les mieux appropriées pour les décrire (choisissez seulement 2 expressions SVP).

   – valoriser l'image du magasin ☐

- retenir aucun avantage de l'image du magasin ☐
- améliorer.le cadre d'achat ☐
- défavoriser le cadre d'achat ☐
- attirer et guider l'acheteur vers les rayons ☐
- accroître la confusion de la signalisation ☐
- influencer directement sur le comportement d'achat ☐
- détourner sur le comportement d'achat ☐

2 – Classez les idées selon l'importance (1 à 5) que vous leur accordez pour augmenter la fréquentation du magasin (1 plus important, 5 moins important). ☐

- réduire l'encombrement des supports visuels ☐
- moderniser le magasin ☐
- le rendre plus propre et plus ordonné ☐
- améliorer le cadre de vente par l'installation de grands posters muraux ☐
- faciliter l'identification du rayon ☐

3 – Pensez-vous que les panneaux visuels sont plus significatifs par rapport aux signalisations permanentes avec textes?

OUI dans le cas où ....

NON parce que ....

4 – De quoi est constituée votre équipe de détaillants? Qui décide de l'utilisation du support visuel?

- le directeur du magasin ☐
- le responsable du marketing ☐
- le responsable de la publicité ☐
- le responsable du merchandising ☐
- le responsable de la PLV ☐

Autre(s) Personne(s) ....

5 – Seriez-vous intéressé par l'utilisation des supports visuels illustrés sur la photographie

Pas du tout .... extrêmement
Intéressé   −5 −4 −3 −2 −1   1   2   3   4   5   intéressé

6 – Seriez-vous intéressé par l'utilisation des supports visuels illustrés sur la photographie, pour un prix dans les environs de 350 F m2.

Pas du tout .... extrêmement
Intéressé   −5 −4 −3 −2 −1   1   2   3   4   5   intéressé

RESPONSABLE
SOCIETE
ADRESSE

BACKGROUND NOTES

If you have to design a questionnaire in French, you are well advised to have your draft checked by an agency, or better still have it done by an agency if you can afford it. The wording is very important in a questionnaire, as mistakes or a clumsy style could irritate the recipient and the questionnaire then ends up in the bin!

If you cannot afford an agency's fees, write a draft after revising the sections on 'How to ask questions', imperatives and infinitives, and then get one or two French people to check it through.

Lancement d'un nouveau produit (Product launch)

SETTING THE SCENE

This unit includes the discussion by a management team of a new product launch and some information on channels of distribution in France.

DIALOGUE

La biscuiterie et chocolaterie Conan est une entreprise créée à la fin des années vingt par Monsieur Jean Conan à Fouesnant dans le département du Finistère. L'entreprise est présente sur plusieurs créneaux. Sa gamme comprend des galettes au beurre et des crêpes dentelles nature et enrobées de chocolat. Ces produits bénéficient d'une excellente image de marque. Ils sont distribués dans les confiseries de tout l'Hexagone et sont référencés par les grandes centrales d'achat et donc présents dans la grande distribution: hypermarchés Mammouth, Rallye et Leclerc.

L'entreprise souhaite maintenant diversifier sa gamme de produits, et une première étude documentaire a indiqué que le segment boissons chocolatées instantanées est très porteur. Le département marketing a terminé son étude de marché et M. Béchennec, directeur de l'équipe, vient présenter les résultats des analyses qualitatives et, quantitatives aux directeurs de l'entreprise, M. Conan, Mme Bourhis et M. Ribette.

M. Béchennec Notre analyse du marché des boissons chocolatées met en évidence les faits suivants: Premièrement, la consommation du chocolat instantané augmente d'une façon régulière depuis deux ans. Deuxièmement, la

	boisson chocolatée n'est pas seulement consommée au petit déjeuner mais également au goûter et dans les cafés sous forme de chocolat chaud ou froid.
M. Conan	Pouvez-vous nous préciser le profil des consommateurs?
M. B.	Il s'agit d'une part des enfants qui préfèrent les boissons très sucrées et peu chocolatées, et d'autre part des adolescents et adultes qui recherchent une boisson très forte en chocolat noir et bien moins sucrée.
Mme Bourhis	Vous parlez des poudres instantanées type Banania, Nesquik, Kingkao?
M. B.	Oui, mais nous pensons qu'il y a aussi un créneau pour les boissons toutes prêtes à la consommation. Elles permettent un gain de temps considérable le matin et ont l'avantage de pouvoir se vendre en carton d'un litre ou en paquets de 4 cartons de 150 ml avec paille.
M. C.	Vous avez analysé l'offre et il apparaît clairement que nos concurrents occupent déjà ce créneau.
M. B.	Oui, ils sont surtout présents sur le créneau des poudres instantanées mais nous voyons une possibilité pour notre entreprise de se positionner sur le créneau chocolat prêt à la consommation.
Mme B.	Quelle cible voyez-vous donc pour notre nouveau produit?
M. B.	Les adultes et les adolescents. Nous proposons un produit qui peut être consommé à tout moment de la journée: au collège, à la Fac, mais aussi à l'usine, au bureau, au stade, au gymnase . . .
M. C.	Tout cela est très intéressant. Nous pourrions peut-être passer maintenant aux caractéristiques du produit, notamment au conditionnement.
M. Ribette	Voici ce que nous proposons: des cartons rectangulaires d'un litre et des multipacks de 6 unités de 150 ml, de couleur vive de façon à ce qu'ils soient facilement repérables sur les linéaires des supermarchés et hypermarchés. Sur les multipacks nous pourrions insister sur l'image du sportif en utilisant le logo des jeux olympiques ou tout simplement en imprimant un ballon de foot, une balle de tennis ou de golf. Il nous reste à trouver un nom pour notre nouveau produit. Que pensez-vous de 'Quickchoco' ou de 'Chocoquick'?

La discussion devient très animée et une nouvelle réunion est décidée pour le lendemain!

Bien entendu, avant de prendre une décision définitive les directeurs doivent faire procéder à une étude de coûts de fabrication et des prix de vente du nouveau produit pour voir si cette production est rentable.

Une fois que l'entreprise aura obtenu toutes les informations requises sur la concurrence, notamment au niveau des prix pratiqués, elle adoptera une stratégie de pénétration du marché à un prix donné. Ensuite elle fera un test de marché en lançant par exemple 100 000 échantillons à un prix promotionnel dans quelques magasins pilotes. Si l'expérience donne des résultats satisfaisants l'entreprise pourra alors décider de passer à l'échelle industrielle et d'organiser la commercialisation du produit en l'appuyant par une intense campagne publicitaire.

Translation

The Conan biscuit and chocolate factory is a company founded in the late twenties by Mr Jean Conan in Fouesnant (Finistère). The company is represented in several markets. Its range of products includes butter biscuits and fine 'lacey' biscuits, plain and chocolate-coated. These products enjoy an excellent brand image. They are sold in confectioners' shops all over France and are listed by the main buying groups and therefore found in self-service hypermarkets and large supermarkets such as Mammouth, Rallye and Leclerc.

The company now wishes to diversify and preliminary desk research showed that the chocolate drink sector is very buoyant. The marketing department has completed its market study and Mr Béchennec, the marketing manager, has come to present the results of its qualitative and quantitative analysis to the company directors, Mr Conan and Mrs Bourhis.

Mr Béchennec   Our analysis of the instant chocolate drink market reveals the following facts: Firstly, the consumption of instant chocolate has increased steadily for the last two years. Secondly, chocolate drinks are not only consumed at breakfast but also at teatime and in cafes as a hot or cold drink.

Mr Conan	Could you give us some details on the consumer profile?
Mr. B.	On the one hand, children who prefer sweet drinks with little chocolate, and on the other hand adolescents and adults who want a stronger drink made of dark chocolate, which is much less sweet.
Mrs B.	Are you talking about instant chocolate powder like Banania, Nesquik, Kingkao?
Mr B.	Yes, but we think that there is also a market for ready mixed chocolate drinks. They are such a time-saver in the morning and, moreover, they can be sold in one litre cartons or in packs of 4 cartons of 150 ml each with a straw.
Mr C.	You have analysed what is on offer (i.e. competition) and it is clear that our competitors are already in that market.
Mr B.	Yes, they are already in the instant chocolate powder segment, but we see our company moving into the ready mixed chocolate drink segment.
Mrs B.	So what is the target group you envisage for our new product?
Mr B.	Adults and adolescents. We propose a product that can be consumed at any time during the day: at school, at university; but also at the factory, office, stadium, sports centre . . .
Mr C.	This is all very interesting. Could we move on to the characteristics of the product, in particular the packaging?
Mr Ribette	This is what we recommend: one litre packs and multipacks of 6 individual cartons of 150 ml each, brightly coloured so that they are easy to spot on supermarket shelves. On the multipacks we could perhaps emphasize the sports image by using the Olympic games logo or simply by printing a football, a tennis or golf ball on the packs. We now have to find a name for the new product. What do you think of 'Quickchoco' or 'Chocoquick'?

The discussion becomes very lively and another meeting is decided for the next day!

Obviously, before making the final decision the managers must have a study carried out on the manufacturing costs and the retail prices of the new product to see if this production is profitable.

Once the company has obtained all the information required on the competitors, especially on their current prices, it will choose a strategy for penetrating the market at a given price. Then it will do a market test by launching, for example, 100,000 samples at a promotional price in a few pilot stores. If the experiment produces good results it will then be able to decide to manufacture the product on a large scale and to organize its marketing with the help of an intensive marketing campaign.

VOCABULAIRE

le lancement	launch
le créneau	market niche
la gamme	range
la galette au beurre	round Breton butter biscuit
la crêpe dentelle	'lace' Breton biscuit, very fine (delicious with tea, coffee and ice-cream)
nature	plain
enrobé(e) de	coated with
l'image (f) de marque (f)	brand image
bénéficier de	to enjoy
la confiserie	sweet shop
L'Hexagone	France (hexagonal shape of the country!)
être référencé(e)	to have a reference no., i.e. be listed in a range of products
la centrale d'achat (m)	buying group
la grande distribution	large scale retailing, i.e. hypermarkets, department stores
le segment porteur	market opportunity, market gap
un marché porteur	a buoyant market, a seller's market
augmenter	to increase
mettre en évidence	bring to the fore, reveal

sucré(e)	sweet
instantané(e)	instant
prêt pour	ready for
la paille	straw
la cible	target
à la Fac	at university, at college
le collège	secondary school
le conditionnement	packaging
de couleur vive	brightly coloured
repérable	easily spotted
le linéaire	shelf (space)
la réunion	meeting
le lendemain	the day after, next day
le commerce	trade, business
les canaux (*mpl*) de distribution (*f*)	channels of distribution
le prix de vente (*f*)	retail price
pénétrer un marché	to break into, penetrate a market
requis(e)	required
la commercialisation	marketing

QUESTIONS

1   Quels sont les produits commercialisés par la biscuiterie Conan?
2   Où sont-ils vendus?
3   Quel est le segment porteur qui intéresse l'entreprise?
4   Qu'est-ce que l'étude documentaire et l'analyse du marché ont montré?
5   A quelle cible destine-t-on le nouveau produit?
6   Comment le produit sera-t-il conditionné?

Réponses

1   Les galettes au beurre et les crêpes dentelles nature et enrobées de chocolat.
2   Dans les confiseries, les hypermarchés, et les supermarchés.
3   Le segment des boissons chocolatées.
4   Elles ont montré que la consommation de boissons chocolatées augmente régulièrement.

5 Aux adultes et aux adolescents.
6 En carton d'un litre ou en multipacks de 6 cartons de couleur vive.

HOW TO EXPRESS YOUR AIM OR OBJECTIVE

1 L'entreprise Conan veut lancer un nouveau produit. *Son but* est de satisfaire un besoin.
2 En lançant un nouveau produit, l'entreprise *a pour objectif de* satisfaire un besoin.
3 L'entreprise veut satisfaire un besoin. *Dans ce but* elle a décidé de lancer un nouveau produit.

The above examples all mean:

The Conan company wants to launch a new product with the aim of satisfying a need.

LES CANAUX DE DISTRIBUTION EN FRANCE (CHANNELS OF DISTRIBUTION IN FRANCE)

Le commerce traditionnel ou commerce non-intégré

Il s'agit des détaillants, des petits-commerçants souvent propriétaires d'une boutique spécialisée. Leur point de vente peut être sédentaire (magasin) ou mobile (marchands forains des foires et marchés).
    Ces petits-commerçants s'associent parfois afin d'obtenir de meilleurs prix de leurs fournisseurs grossistes.

Le grand commerce ou commerce intégré

On distingue:

- les grands magasins (le Bon Marché, le Printemps, les Nouvelles Galeries)

- les magasins à succursales (Casino, Radar, FNAC)

- les coopératives de consommation (Rondpoint, Coop)

- les grandes surfaces: magasins libre-service, hypermarchés (Leclerc, Carrefour, Rallye), supermarchés (Champion et Auchan)

- les magasins populaires (Monoprix, Prisunic)

- les franchises (Benetton, Yves Rocher)

- la vente par correspondance (La Redoute, Les 3 Suisses)

- les centres commerciaux, les galeries marchandes

Translation (Summary)

Traditional trade or non-integrated trade

This includes retailers, shopkeepers who are often owners of their specialized business. Their outlet might be a shop or a market stall.

These retailers sometimes join forces to try and obtain the best possible prices from their wholesale suppliers.

Large distribution or integrated trade

We can distinguish:

- department stores

- chain stores

- consumer 'cooperatives'

- self-service stores: hypermarkets, supermarkets

- popular stores

- franchises (franchiseur/franchisee)

- mail order

- shopping centre, shopping malls

EXERCISES

A   Translate

1   We are going to launch a new product.
2   How many of your products are present on the Leclerc shelves?
3   Golf equipment represents a very buoyant market.
4   Our target group is middle and top managers.
5   It is essential to have products that can be easily spotted on supermarket and hypermarket shelves.

Key

1 Nous allons lancer un nouveau produit.
2 Combien avez-vous de produits référencés chez Leclerc?
3 L'équipement de golf représente un créneau très porteur.
4 Les cadres moyens et supérieurs sont notre cible.
5 Il est essentiel d'avoir des produits facilement repérables sur les linéaires des supermarchés et hypermarchés.

B Explanation

Your company has already launched or is about to launch a new product. Try and explain to a French visitor what it is, why you are launching it, what the target is, where it will be sold, etc.

C Tenses

Monsieur Béchennec is telling his friend Jean what happened during the meeting with Monsieur Conan and Madame Bourhis. Put the verbs in the correct form of the past:

Je (faire) un exposé ce matin sur le lancement de notre nouveau produit. Je (devoir) expliquer les résultats de notre enquête de marché. Monsieur Conan et Madame Bourhis (poser) des tas de questions. Je leur (dire) que nous devons lançer une boisson chocolatée en carton d'un litre ou en multipacks. Je crois que je (pouvoir) les convaincre et nous (rire) quand nous (essayer) de trouver un nom à la boisson! Ensuite nous (aller) au labo et nous (boire) un peu de chocolat froid – c'est super bon!

Key

J'ai fait; j'ai dû; ont posé; ai dit; j'ai pu; avons ri; avons essayé; sommes allés; avons bu

BACKGROUND NOTES

Les centrales (fpl) d'achat: Buying groups

The biggest buying groups in France are Auchan, Carrefour, Euromarché, Leclerc and Paridoc. They centralize purchases for their own outlets and for their affiliated outlets – their control and power over prices and conditions are enormous.

La loi Royer: the Royer law

Official planning permission from local authorities is necessary to build or extend a store if the sales area is over 1500m2 in towns of over 40,000 inhabitants, 1000m2 in towns of below 40,000 inhabitants.

Unit 17

L'appel d'offre (Call for tender)

SETTING THE SCENE

This unit deals with calls for tender and provides added vocabulary related to prices and numbers.

DIALOGUE

La société Ariston vient de recevoir un appel d'offre de 200 salles de bain 'Amazone' pour un hôtel de luxe à Djerba.

Pierre Sabatier, le directeur commercial et Jean-Michel Ribette, le directeur des exportations, discutent l'appel d'offre . . .

J-M. Ribette	Ils veulent 'Amazone' pour quand?
P. Sabatier	Délai de livraison: 3 mois.
J-M.R.	Trois mois? Ils plaisantent ou quoi? C'est que nous avons plusieurs grosses commandes pour des pays de l'Europe centrale.
P.S.	J'ai discuté des prix avec le patron, ils ont vraiment été tirés au maximum.
J-M.R.	De toutes façons il faudrait le contacter d'urgence pour voir s'ils peuvent nous donner un mois de plus. Tu t'en charges, Pierre?
P.S.	Non, fais le toi, je suis vraiment à la bourre ce matin*.
J-M.R.	OK, je les appelle immédiatement . . .

Translation

The Ariston Company has just received a call for tender of 200 'Amazone' bathrooms for a luxury hotel in Djerba.

*familier!

"AMAZONE"

Envie de jouer à deux dans un bain mais sans vous serrer les coudes? Découvrez la baignoire AMAZONE. Regardez-la bien sous tous les angles, les designers l'ont conçue pour les plus agréables face à face.

Elle vous offre deux sièges anatomiques, mais grande idée, ils sont décalés. Mettez-vous à l'aise sans gêner votre voisin. De la place, et comme tout est à sa place, on se déplace sans problème.

Après une bonne bataille navale, profitez des bienfaits de l'hydromassage. AMAZONE. dispose de 6 embouchures d'envoi: 2 latérales et 4 dans la zone du dos. Il ne manque rien pour améliorer vos face à face.

Pierre Sabatier, Commercial Director and Jean-Michel Ribette, Export Manager are talking about it . . .

J-M. Ribette	When do they want 'Amazone' for?
P. Sabatier	Delivery date: 3 months'.
J-M.R.	Three months? They must be joking, it's absolutely impossible. We shall never be able to supply so many units so quickly, we've got several large orders for some central European countries.
P.S.	I have discussed prices with the boss, we have really given the best possible quotation.
J-M.R.	In any case we should contact them urgently to see if they can grant us an extra month for delivery. Can you do that Pierre?
P.S.	No, you do it, I am really pushed this morning.
J-M.R.	OK, I'll do it right away . . .

VOCABULAIRE

un appel d'offre	call for tender, inquiry
une demande de renseignements	inquiry
faire une offre	to quote
soumettre une offre	to submit a quotation
une commande	order
les délais (*mpl*) de livraison (*f*)	delivery terms
plaisanter	to joke
tirer les prix (*mpl*)	to quote the best possible prices
le patron	boss
ouais	yes (colloquial)
se charger de quelque chose	to do, take on sthg

Vocabulaire complémentaire

la vérification de la réputation de solvabilité (*f*) de l'acheteur (*m*)	credit control
les documents comptables (*mpl*)	accounting documents
une lettre d'avis	an advice note
un relevé de compte	a statement of account

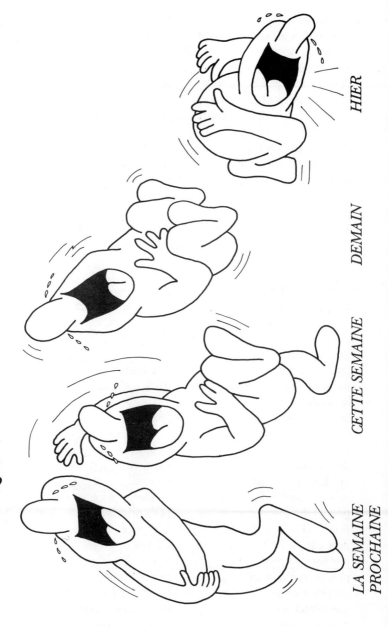

QUEL DELAI VOULEZ-VOUS?

HIER

DEMAIN

CETTE SEMAINE

LA SEMAINE PROCHAINE

le règlement	the settlement
l'escompte (*m*) sur facture (*f*)	trade discount
franco de port	carriage paid
le port dû	carriage forward (unpaid)
l'expédition (*f*)/l'envoi (*m*)	shipment
le connaissement (par bateau)	the bill of lading (B/L)
la LTA (Lettre de Transport Aérien)	the Airway Bill
la Lettre de Voiture	Roadway Bill
le passage en douane	customs clearance procedure
un escompte	a discount (for quick payment)
une remise	a discount (for large orders)
un rabais	a special reduction (end of line)
accorder/consentir un escompte	to give, allow a discount
stocker	to stock
le stockage	stocking
en stock	in stock
en rupture de stock	out of stock
livrer sur stock	to deliver ex-stock
stocks épuisés	out of stock
un entrepôt	warehouse
un magasin	shop
un magasinier	warehouseman
un gestionnaire des stocks	stock controller
les finances (*f*)	finance
le financement	financing
faire ressortir	to show, to bring out
financer	to finance
déménager	to move
un déménagement	removal
prix (*m*) sortie d'usine	ex-works price
prix FOB	FOB price
prix CAF	CIF price
prix CF	CF price
une liste de prix	a price list
prix franco domicile	free delivery
proposer un prix	to offer a price
augmenter un prix	to increase a price
baisser un prix	to lower a price
réduire un prix	to reduce a price

le taux de change	exchange rate
le cours du franc	exchange rate for the franc
l'assurance (*f*)	insurance
contracter une assurance	to take out insurance
une police d'assurance	an insurance policy
(s) assurer contre	to insure against
une compagnie d'assurance	an insurance company
un assureur	an insurance agent
le transport routier, aérien	road transport, air transport
le transport maritime	sea transport
le transport ferroviaire	rail transport
le transitaire	forwarding agent
le transporteur	transporter, shipper
revenir à	to come to
la concurrence	competition
faire concurrence à	to compete with
un concurrent	a competitor
dédouaner	to clear through customs
le prix de base	the basic price
la facture consulaire	consular invoice
la facture proforma	the proforma invoice
le certificat d'origine	the certificate of origin
la lettre de change	the foreign bill of exchange
la traite documentaire	the documentary bill
la traite sur une banque	bank draft
la lettre documentaire de crédit	the documentary letter of credit
vendre à perte	to sell under cost price
la réglementation des prix	price regulation
le blocage des prix	price freeze
la hausse des prix	the increase in prices
la baisse des prix	fall in prices
soutenir les prix	to peg prices
monter les prix	to increase prices
l'écart (*m*) des prix	price differential
la disparité des prix	differences in prices
fixer le prix de quelque chose	to set a price
une étiquette de prix	a price tag
vendre meilleur marché, brader	to undercut prices
le prix cible	target price
annuler	to cancel

une soumission	a tender
un bon, un carnet de commandes	an order form, book
une première commande	an initial order
une réclamation	a complaint
un défaut	a flaw, a defect
une garantie	a guarantee
être garanti(e) . . . mois	to carry a . . . months guarantee
le tarif	price list
le prix facturé	the invoiced price
le cahier des charges (techniques)	specifications
le mode d'expédition	the method of dispatch
livrer	to deliver
le port	transport costs
exécuter une commande	to fulfil, carry out an order

QUESTIONS

1   Qu'est-ce que la société Ariston vient de recevoir?
2   Pour quel pays?
3   Pourquoi ne pourront-ils pas fournir les salles de bain à temps?
4   Comment sont les prix?
5   Qu'est-ce qu'il est urgent de faire?

Réponses

1   La société Ariston vient de recevoir un appel d'offre.
2   Pour le Maroc.
3   Parce qu'ils ont déjà plusieurs grosses commandes pour des pays d'Europe centrale.
4   Les prix sont tirés au maximum.
5   Il est urgent de contacter le client pour demander un délai de livraison d'un mois de plus.

LANGUAGE NOTES

Quantitative French

Study these expressions and practise saying them aloud. Then mask the left-hand side of the page and try to translate the English expressions into French. Whenever you read a French text, make a point of saying all the figures and quantities out loud. You should even practise at home or in the street, each time you see a number (provided no-one thinks you are insane!). Do the same with the letters of the alphabet and with acronyms, for only regular practice will make you perfect.

Elle a 37 ans	She's 37
Il arrive à 13 heures 55	He arrives at 1.55 p.m.
8 multiplié par 17 égale 136	8 times 17 is 136
296 divisé par 8 égale 37	296 divided by 8 is 37
77 plus 26 égale 103	77 plus 26 is 103
Je l'ai payé 270 francs	I paid 270 francs for it
Actuellement, le dollar s'échange a 4,96 francs	At present, the dollar is being exchanged at 4.96 francs

Dans ma bourse, j'ai:
  3 pièces de 5 F
  2 billets de 20 F
  7 billets de 200 F
J'ai 1 475 F en argent liquide
	In my purse, I have:
	  Three 5 franc coins
	  Two 20 franc notes
	  Seven 200 franc notes
	I have 1,475 F in cash

Cet ordinateur ne pèse que 4,5 kilos	This computer only weighs 4.5 kilos
La taie mesure 95 centimètres de longueur	The pillow-case is 95 cm. long
Les candidats devront être âgés de 25 à 35 ans	Candidates should be aged between 25 and 25
Vos prix ont augmenté de 15% depuis 8 mois	Your prices have gone up by 15% in 8 months [N.B. Don't pronounce the 't' in 'huit mois']
3,456 se lit 'trois virgule quatre cent cinquante six'	3.456 is read 'three point four five six'
Ils sont payés 92 F de l'heure	They are paid 92 francs an hour
La Clio ne consomme que 4 litres aux cent	The Clio does 100 kilometres on 4 litres
Leur part de marché a connu une baisse de 27% sur 2 ans	Theier market share has experienced a 27% drop over 2 years

Numbers . . . again and again!

les dimensions (*fpl*)	dimensions
la longueur	length
la largeur	width
la hauteur	height
l'épaisseur (*f*)	thickness
le rayon	radius
le diamètre	diameter
la profondeur	depth

une table d' 1 m 60 cm de longueur (de long), de 90 cm de largeur (de large), de 72,5 cm de hauteur (de haut)

A table 1 m 60 cm long, 90 cm wide, 72.5 cm high

une chaise de 41 cm de largeur, 88 cm de hauteur et 48 cm de profondeur.

a chair 41 cm wide, 88 cm high, 48 cm deep

N.B. Very often in catalogues measurements are given in centimetres.

le lit en pin: largeur 100 cm, longueur 200 cm

pine bed: 100 cm wide, 200 cm long

la surface	area
m² (mètre carré)	square metre
m³ (mètre cube)	cubic metre
% (le pourcentage)	percentage
la racine carrée	square root
= (égale)	equals

la livre a baissé de . . .	the £ has dropped by . . .
le franc a augmenté de . . .	the franc has increased by . . .
combien coûte . . . ?	how much is . . . ?

If you buy several items:

ça fait combien?	How much does it comes to?
ça fait 650F	It is (it comes to) 650F
le montant de la facture s'élève à . . .	the invoice come to . . .

Fractions use ordinary numbers:

7/10 (sept dixièmes)   2/3 (deux tiers)

EXERCISES:

A Translate

1 The Sonitex company sends a call for tender to supply a number of compressors.
2 What are your terms of delivery?
3 How soon can you deliver?
4 Our terms of payment are 60 days.
5 You have increased your prices by 10%. It's a lot.
6 Can you grant us a discount?   Yes. 5%.
7 Is VAT included?   No, VAT is on top.
8 Transport and insurance are on top.

Key

1 La société Sonitex lance un appel d'offres pour la fourniture d'un lot de compresseurs.
2 Quels sont vos délais de livraison?
3 Dans quel délai pouvez-vous livrer?
4 Nos conditions de paiement sont 60 jours fin de mois.
5 Vous avez augmenté vos prix de 10%. C'est beaucoup!
6 Pouvez-vous nous accorder une remise?   Oui, une remise de 5%.
7 Est-ce que la TVA est comprise?   Non, elle est en sus.
8 Il faut ajouter le coût du transport et de l'assurance.

B Comprehension

Read this call for tender (with the help of a dictionary) and answer the following questions.

1 What action must you take to answer it?
2 How long have you got to prepare the tender?
3 What is 'le cahier des charges'?
4 Who can answer the call for tender?
5 What is the period of validity of the tender?

MINISTERE DES INDUSTRIES LEGERES

SOCIETE NATIONALE
DES INDUSTRIES TEXTILES

SONITEX

AVIS D'APPEL D'OFFRES NATIONAL ET INTERNATIONAL

NUMERO D.C.M. – DEP – 004 1982

La Société Nationale SONITEX lance un avis d'appel d'offres national et international pour la fourniture:
– D'UN LOT DE COMPRESSEURS.
Les cahiers de charges peuvent être retirés au Siège de la Direction Centrale de la Maintenance, 4 et 6, rue Patrice Lumumba – ALGER.
La date limite de remise des offres est fixée à 45 jours à dater de la première parution du présent avis.
Les offres doivent parvenir à la SONITEX – Secrétariat du C.M.E. – 22, rue des Fusillés – EL-ANASSER (Alger).
La soumission doit être placée sous double enveloppe cachetée à la cire.
Les soumissionnaires devront, en outre, joindre à leurs dossiers les pièces réglementaires prévues par la circulaire No 021-DGCI-DMP 1981 du 5 mai 1981 du ministère du Commerce et énumérées dans le cahier des charges.
Le présent avis s'adresse aux seuls fabricants et producteurs à l'exclusion des intermédiaires et ce, conformément à la loi No 78-02 du 11 février 1978 relative au monopole, de l'Etat sur le commerce extérieur.
Les soumissionnaires resteront engagés par leurs offres pendant un délai de 180 jours à compter de la date de clôture du présent avis.

Key

1   Obtain the specifications from the 'Siège de la Direction Centrale de la Maintenance' in Algiers.

2 Forty-five days from the date of publication of the tender.
3 It is the booklet which gives all the specifications of the tender.
4 Manufacturers and producers.
5 180 days after the closing date of the tender.

c Numbers and measurements (i)

You want to order shelves (des étagères (fpl)) for your shop. Phone to check on availability, measurements, prices and delivery terms.

The shelves you want must be made of wood (pine) 2 m long, 40 cm wide, 4 cm deep. You need 50 to be delivered within a fortnight.

You	Hello. I am very interested in your wooden shelves for my shop. Are they still available?
Commerçant	Oui, Madame. Combien en voulez-vous?
Y.	Fifty. Can you give me their dimensions please?
C.	Bien sûr. Nous en avons d'un mètre cinquante ou de deux mètres de long.
Y.	I'm interested in shelves 2 m long.
C.	Alors, les étagères de deux mètres de long ont quarante centimètres de profondeur et quatre centimètres d'épaisseur. Est-ce que cela vous convient?
Y.	Yes, perfectly. How much is each shelf?
C.	250F Madame.
Y.	Can you deliver 50 within 2 weeks?
C.	Ça va être difficile.
Y.	I must have them by then because I am opening my shop in 4 weeks' time.
C.	Un instant, Madame, si vous voulez me donner vos coordonnées je vais voir ce que je peux faire et je vous rappelle tout de suite.

Key

Allô! Bonjour, Monsieur. Je suis très intéreseé par vos étagères de bois pour mon magasin. Est-ce qu'elles sont toujours disponibles?

Cinquante. Pouvez-vous me préciser les dimensions s'il vous plaît?

Je suis intéressée par celles de deux mètres de long.

C'est parfait. Combien l'unité?

Pouvez-vous m'en livrer 50 d'ici 15 jours?

Il me les faut absolument car je dois ouvrir mon magasin dans un mois exactement.

D   Numbers and measurements (ii)

Now order a dining room table and chairs.

Here is some vocabulary:

table	round	rectangular	natural	stained	lacquered white
une table	rond(e)	rectangulair(e)	naturel(le)	teinté(e)	laqué blanc

Here are the dimensions of the tables available:

table ronde: hauteur: 74 cm, diamètre: 110 cm.
table rectangulaire: hauteur 74 cm, largeur: 80 cm, longueur: 120 cm.
une chaise: hauteur: 87 cm, largeur: 43 cm, profondeur: 46 cm.

Key

Je voudrais votre table ronde en laqué blanc de 74 cm de hauteur, de 110 cm de diamètre, et 4 chaises, laqué blanc également, 87 cm de haut, 43 cm de large et 46 cm de profondeur.

E TRANSLATE THE FOLLOWING CALLS FOR TENDER INTO ENGLISH

```
837371 COMAIR G
SONIBA ALGER
SONIC BABAALI        LE 29.12.199-
A L'ATTENTION DE MONSIEUR OVERTON


OBJET      AC 4.199..


TEXTE      NOUS AVONS LE PLAISIR DE VOUS INFORMER QUE
           COMPAIR A ETE RETENUE POUR LA FOURNITURE DE
           LA STATION D'AIR COMPRIME OBJET DE L'APPEL
           D'OFFRE DU 3.4.
           VEUILLEZ PRENDRE CONTACT AVEC NOUS DES QUE
           POSSIBLE POUR NEGOCIATIONS FINALES ET
           MISE AU POINT CONTRACTUELLE.


'SINCERES SALUTATIONS - HAPPY NEW YEAR


LE CHEF DE PROJET RENOVATION        BAB ALI
S LAKEHAL


837371 COMAIR G
SONIBA ALGERTV
```

Key

We are delighted to inform you that COMPAIR has been chosen for the supply of STATION D – air compressor following the call for tender of the April 3rd 199–
Please contact us as soon as possible to finalize negotiations and contract.

Yours sincerely
Renovation Product Manager.

```
837371 COMAIR G
52220 SNIT DZ
DIRECTION GENERALE ECOTEX ALGER LE 26/3/9- TLX NR
000.545.

DEST/ATTENTION MR LE RESPONSABLE DE LA SOCIETE
COMPAIRE-ENGLAND.

OBJET/
...... ETUDE DE VOTRE SOUMISSION:

LA CHARGE DE TRAVAIL DE L'ENTREPRISE NE NOUS A PAS
PERMIS D'ETUDIER VOTRE SOUMISSION RELATIVE A L'APPEL
D'OFFRE INTERNATIONAL REFERENCE DCM/DEP/004/199-
DANS LES DELAIS STOP
APRES ETUDE DE VOTRE OFFRE NOUS VOUS INVITONS A NOS
BUREAUX SIS 91 AVENUE MOHAMED BELOUIZDAD ALGER A
PARTIR DE 9H30 LE 23/5/9- POUR DES NEGOCIATIONS
POUVANT EVENTUELLEMENT ABOUTIR A LA CONCRETISATION
DE L'OPERATION ACQUISITION DE ONZE COMPRESSEURS AU
PROFIT DE NOS UNITES DE PRODUCTION STOP
PRIERE NOUS CONFIRMER LE RENDEZ VOUS STOP
SINCERES SALUTATIONS
LE DPM/ECOTEX
M.SEDDIKI

837371 COMAIR G
52220 SNIT DZ
ABS
```

Key

Object: examination of your offer

Pressure of work has prevented us from studying your proposal in response to our international tender ref DCM/DEP/004/199– within the time limit. Stop. Having examined your proposal we would like to invite you to our offices at 91, avenue Mohamed Belouizdad, Alger from 9.30 on May 23rd for negotiations over a possible order for 11 compressors for our factories. Stop. Please confirm appointment. Stop.

Yours sincerely
M. Seddiki

Unit 18

L'exportation (Exports)

SETTING THE SCENE

This unit deals with exporting to French-speaking countries.

A company based in the South-West area of France has been used to illustrate the topic and introduce the extensive vocabulary needed to deal with French-speaking agents and customers.

DIALOGUE

Implantée à Villeneuve-sur-Lot, l'entreprise Leroy–Knight est une PME en pleine expansion grâce à l'exportation. Elle fabrique des spécialités périgourdines*, confits, foie gras d'oie et de canard, cassoulet, sauces aux cèpes, etc. L'entreprise détient environ 10% du marché national de ces spécialités. La direction commerciale est assurée par Monsieur Knight, PDG, et Madame Leroy, directrice des ventes à l'exportation. L'effectif est de 30 à 50 personnes en raison du caractère saisonnier de la production. Presque la moitié du chiffre d'affaires est réalisée au dernier trimestre de l'année.

Les spécialités Leroy–Knight sont commercialisées dans la France entière. Elles sont distribuées par les centrales d'achat à la grande distribution mais on les trouve aussi dans les petits magasins. Depuis la création de la Communauté Européenne, les directeurs exploitent le créneau de l'exportation. Ils exportent en Allemagne, Belgique, Grande-Bretagne, Italie, et également en Afrique noire francophone et aux pays d'Afrique du Nord, Tunisie, Algérie et Maroc.

Nous avons demandé à Madame Leroy et à Monsieur Knight de nous parler de leur tout dernier marché: l'Arabie Saoudite.

*Specialities of the Périgord region in SW France.

'Le confit' is goose or duck quarters cooked very slowly in their own fat.

'Le foie gras' is served at Christmas. It is recommended to eat it with warm toast and a chilled Sauternes or Montbazillac wine. Expensive but delicious!

'Le cassoulet' is a speciality of the Toulouse area. It is a dish made of 'confit d'oie' and beans.

'Le cèpe' is a delicately flavoured mushroom that grows in this area.

M. Knight	Nous avions déjà adapté certaines de nos spécialités pour satisfaire les goûts et les exigences des consommateurs musulmans d'Afrique du Nord et il nous a semblé que l'Arabie Saoudite pouvait nous fournir un marché intéressant en raison de la richesse de sa population!
Nicole et John	Avez-vous fait une étude de marché?
M.K.	Bien sûr, et nous avons participé à une foire internationale à Bahrein. C'est une démarche indispensable qui nous a permis de prendre des contacts avec les acheteurs potentiels et ensuite de nous mettre d'accord avec eux sur les conditions du contrat.
N. et J.	Avez-vous rencontré des importateurs à cette foire?
M.K.	Oui, nous avons par la suite signé un accord avec un des plus grands importateurs de Djeddah.
N. et J.	Pouvez-vous nous parler des étapes qui ont permis d'aboutir à cet accord?
M.K.	Tout d'abord l'étude de marché a fait ressortir la nécessité de créer une nouvelle gamme de produits adaptés aus goûts des consommateurs saoudiens, et également de tenir compte des exigences de conditionnement et d'étiquetage des distributeurs et de l'organisation saoudienne de normalisation. Elle nous a aussi montré clairement que pour nous implanter dans le pays nous devions passer par l'intermédiaire d'un agent.
N. et J.	A quel moment avez-vous décidé de participer à la foire?
Mme Leroy	Après l'étude de marché. Au Salon Agro-alimentaire de Bahrein nous avons pris nos premiers contacts avec un agent importateur – ce salon nous a permis d'une part de présenter à la clientèle les produits que nous avions sélectionnés à son intention, et d'autre part de discuter avec les agents saoudiens.
N. et J.	Tout s'est passé très vite ensuite?
Mme L.	Quelques semaines après notre retour de Bahrein nous avons reçu une demande d'informations d'un importateur de Djeddah, et nous avons donc préparé l'offre.
M.K.	Ensuite je me suis rendu en Arabie Saoudite afin de rencontrer l'agent importateur. Nous avons eu

	d'excellents contacts el il nous a passé commande le mois suivant.
Mme L.	Je pourrais vous parler des heures de la documentation . . . mais je crois que le plus simple est que je vous montre le dossier Arabie Saoudite. Si vous voulez passer dans mon bureau.

Nicole et John se lèvent, remercient M. Knight de leur avoir consacré son temps si précieux, ils prennent congé et suivent Madame Leroy.

DOSSIER ARABIE SAOUDITE

Les étapes de l'exportation:

1 L'offre arrive à Villeneuve-sur-Lot.
2 Il faut immédiatement en accuser réception.
3 Des informations doivent être réunies sur:

- la règlementation des importations et de la consommation en Arabie Saoudite

- la solvabilité du pays et du client

- le cours de la monnaie saoudienne

- les conditions et modalités de règlement
4 Il faut ensuite sélectionner les produits et les adapter au marché du pays (par exemple ici il a fallu éliminer la viande de porc et l'alcool), et aussi choisir le conditionnement: boîtes? verrines?
    Vient ensuite l'étiquetage: Il doit être imprimé en anglais et en arabe. Il est donc nécessaire de contacter un traducteur, un imprimeur, et un fabricant d'emballage.
5 Etape suivante: le transport. Il faut négocier avec le transitaire. La voie maritime a été retenue et le choix du 'container'* plutôt que de la palette. Les marchandises partiront du port du Havre et seront débarquées au port de Djeddah. Le coût de l'expédition est ensuite calculé selon les incoterms FOB, CAF.
6 L'offre comprendra donc:

*Measurements are given in feet (pieds)!

- une proposition de produits, de conditionnement, de présentoir, d'emballage, de transport et d'assurance
- une offre de prix et aussi les conditions de la transaction

7 Il faut aussi définir la proposition de collaboration. L'exclusivité a été décidée, c'est-à-dire que l'importateur est seul à distribuer les produits Leroy–Knight en Arabie Saoudite et il ne peut vendre des produits concurrents. Un contrat d'exclusivité est préparé.

8 L'offre est prête, le contrat également: un voyage en Arabie Saoudite s'impose.

9 La commande arrive.

- Elle est transmise à la direction par la secrétaire. On procède à une vérification des produits commandés, des prix indiqués, des délais de livraison, des conditions de vente et de paiement.

- Le service export enregistre la commande, contacte le responsable des stocks et le chef de production pour prévoir une date de départ usine. Il accuse réception de la commande et demande au client l'ouverture d'un crédit documentaire. Il en vérifie l'exactitude et c'est seulement à ce moment-là que la commande est transmise à l'usine et au responsable du stock.

- Le service fabrication lance les achats de matières premières et de produits semi-finis, fabrique les produits, prépare les emballages, établit une note de colisage et prépare le transport.

- Le service d'administration commerciale établit la facture export, les documents d'exportation, envoie les factures, donne les instructions au transitaire ou au transporteur et transmet les documents appropriés au service comptabilité.

- Le service comptabilité liaise avec la banque, attend le paiement, au besoin vérifie le paiement, enregistre la vente et classe la commande.

Ouf! c'est fini!

Conclusion

On voit donc que toute commande à l'exportation exige un certain nombre d'opérateurs: le client, l'agent, les banques, les fournisseurs, les services commercial, comptabilité, export, production de l'entreprise; et également des intermédiaires tels que les Chambres de Commerce et les services administratifs des pays concernés.

Enfin les auxiliaires tels que les transporteurs (routier, maritime ou aérien), le transitaire, l'assureur de la marchandise et l'agent de la compagnie maritime jouent également leur rôle.

Les documents à l'exportation sont nombreux:

- le certificat d'origine

- le formulaire douanier

- la facture commerciale

- la liste de colisage

- la lettre de voiture pour le transport routier

- le connaissement pour le transport maritime

- le certificat d'assurance des marchandises transportées

- le crédit documentaire

Translation

Located in Villeneuve-sur-Lot, Leroy–Knight, a medium-sized company, is booming thanks to its exports. It manufactures local specialities (foie gras, confit, cassoulet, mushroom sauces, etc.). The company has a 10% share of the home market for these specialities. The managing director, Mr Knight, is in charge of the Marketing Department and Mrs Leroy is the export sales manager. Staffing levels vary between 30 and 50 employees due to the seasonal nature of their products. Almost half the turnover is achieved during the last three months of the year.

The Leroy–Knight specialities are sold throughout France. Buying organisations distribute them to the hypermarkets and supermarkets, but they are also sold to small retailers. Ever since the creation of the EC the directors have fully exploited the export field. They export to Germany, Belgium, Great Britain, Italy and also to French-speaking countries of Black Africa and to North African countries – Tunisia, Algeria and Morocco.

We have asked Mrs Leroy and Mr Knight to tell us about their most recent market: Saudi Arabia.

Mr Knight	We had already adpated a few of our products to satisfy the tastes and needs of the Muslim consumers in North Africa, and it seemed to us that Saudi Arabia could be an interesting market for us because of the wealth of its population!
Nicole and John	Did you carry out any market research?
Mr K.	Of course, and we took part in an international Trade Fair in Bahrein. This was an absolutely essential step which enabled us to make contacts with potential purchasers and later to come to an agreement with them regarding the terms of the contract.
N. and J.	Did you meet any agents at this fair?
Mr K.	Yes, we consequently signed an agreement with one of the biggest importers in Jeddah.
N. and J.	Can you tell us about the different stages which enabled you to come to this agreement?
Mr K.	Firstly, the market research brought to light the necessity to create a new range of products adapted to the tastes of Saudi consumers; and also to take into account the special requirements in terms of packaging and labelling laid down by the distributors and by the Saudi standardization organisation. The research also revealed that in order to break into the country we had to go through an agent.
N. and J.	When did you decide to participate in the fair?
Mrs Leroy	After the market research. At the Bahrein Food Fair we made our first contacts with an import agent. The fair enabled us, on the one hand to present to customers the products we had selected for them, and on the other hand, to hold discussions with the Saudi agents.
N. and J.	Everything then happened very quickly?
Mrs L.	Yes. A few weeks after our return from Bahrein we received a request for information from a Saudi importer and we prepared an offer.
Mr K.	Then I went to Saudi Arabia to meet the import agent. We got on very well and he placed an order the following month.
Mrs L.	I could talk to you for hours about all the documents . . . but I think it might be easier to show you the Saudi Arabia dossier. Could you come to my office?

Nicole and John get up and thank Mr Knight for having granted them a little of his precious time; they then take their leave and follow Mrs Leroy.

SAUDI ARABIA DOSSIER

The different stages:

1 The offer arrives in Villeneuve-sur-Lot.
2 It has to be acknowledged immediately.
3 Information must be compiled on:

- import regulations and consumer behaviour in Saudi Arabia

- credit rating of the country and of the customer

- the rate of the Saudi currency

- conditions and terms of payment
4 Then the products have to be selected and adapted to the country's market (for example, for the Muslim countries pork and alcohol had had to be eliminated); packaging also has to be chosen (tins? glass jars?).
Then labelling has to be tackled: labels must be printed in English and in Arabic. It is therefore necessary to contact a translator, a printer and a packaging manufacturer.
5 Next stage, transport. It is necessary to negotiate with a freight forwarder. In this case the sea route has been chosen and the container preferred to the pallet. The goods will be dispatched from the port of Le Havre and they will be unloaded at the port of Djeddah. The cost of transport is then calculated according to the incoterms (FOB, CAF).
6 The offer consists of:

- details of products, packaging, display unit, transport and insurance.

- an offer regarding prices and also the terms of the transaction.
7 The proposal for the partnership should also be defined. Exclusivity (sole agency) has been agreed upon, i.e. the importing agent is the only agent distributing the Leroy–Knight products in Saudi Arabia and he is not allowed to sell competing products. A sole agency contract is then drawn up.

8   The offer is ready together with the contract. A trip to Saudi Arabia is now necessary.
9   The order arrives.

- It is passed on to the directorate by the secretary. The products ordered are checked, so are the prices quoted, the delivery date, the conditions of sale and terms of payment.

- The Export Department records the order, contacts the stock and the production managers to forecast the ex-works date. He acknowledges the order and asks the customer to take out a letter of credit. He checks its accuracy and it is only then that the order is passed on to the factory and to the stock manager.

- The production department orders the purchase of raw materials and semi-finished goods, manufactures the products, prepares the packaging, draws up the packing list and organizes the transport.

- The sales department prepares the invoice, the export documents, forwards the bills, gives instructions to the freight forwarders and the haulage contractor and passes on the relevant documents to the accounts department.

- The accounts department contacts the bank, waits for payment, checks it (if necessary), records the sale and files the order.

Phew, that's it!

Conclusion

It is therefore clear that any export order involves a certain number of parties: the customer, the agent, the banks, the suppliers, the sales, accounts, export and production departments of the company and also intermediaries such as the Chambers of Commerce and the administrative organizations of the countries concerned.

Finally, middlemen such as the carrier (road, sea or air), the forwarder, the insurance broker and the shipping agents also play their part.

There are lots of export documents.

the certificate of origin
the customs form
the invoice

the packing list
the letter of transport carried by the haulage contractor
the bill of lading
the insurance certificate for the goods carried
the letter of credit

VOCABULAIRE

s'implanter	to set up, operate
détenir	to have, hold
les spécialités (fpl)	specialities
le caractère saisonnier	seasonal nature
exploiter	to exploit, run, operate
les exigences (fpl)	demands, requirements
la démarche	approach, step
se mettre d'accord avec quelqu'un	to come to an agreement with someone
une étape	stage, step
aboutir à (un accord)	to reach an agreement
faire ressortir	to show, bring out
tenir compte de	to take sthg into account, to allow for sthg
la normalisation	standardization
par l'intermédiaire de	through
participer à	to take part in
la clientèle	customers
sélectionner	to select
l'offre (f)	offer, proposal
se rendre en	to go to
passer une commande	to order, to place an order
consacrer	to devote
la solvabilité	credit-worthiness, credit-rating
le cours	rate
les modalités (fpl)	conditions, methods, terms
éliminer	to eliminate
la viande	meat
la boîte	tin
la verrine	glass jar
l'étiquetage (m)	labelling

une étiquette	label
imprimer	print
un imprimeur	printer
la palette	plate
le container	container
retenir	retain, choose
embarquer, charger	load
débarquer, décharger	unload
l'expédition (f)	despatching
la proposition	proposal
le présentoir	display stand, display unit
l'assurance (f)	insurance
l'exclusivité (f)	exclusive right
le contrat	contract
s'imposer	to be a must
transmettre	to pass on
la commande	order
la vérification	checking
indiquer	to indicate
les délais (mpl) de livraison	delivery terms (N.B. a delay is 'un retard')
le paiement	payment
enregistrer	to book, register, record
prévoir	to allow, to foresee
accuser réception de	to acknowledge
ouvrir un crédit documentaire	to open a documentary credit
l'exactitude (f)	accuracy, precision, exactitude
lancer	to issue, send out
établir	to draw up
la facture	invoice
le transitaire	freight agent, freight forwarder
le transporteur	carrier, haulage contractor
routier(ère), maritime, aérien(ne)	road, sea, air (adjs)
liaiser	to liaise
au besoin	if needs be
classer	to file
les intermédiaires (mpl)	middlemen
tel(s) que	such as
jouer un rôle	to play a part
recenser	to count, to number

QUESTIONS

1 Où est située l'entreprise Leroy–Knight et qu'est-ce qu'elle produit?
2 Est-ce que l'entreprise exporte? Et dans quelles parties du monde?
3 Qu'est-ce que la Foire Agro-alimentaire de Bahrein leur a permis de faire?
4 Qu'est-ce que les dirigeants doivent faire à la réception de la demande d'offre de l'agent importateur saoudien?
5 Quels sont les opérateurs et les auxiliaires de la vente à l'exportation?

Réponses

1 Elle est située dans le département du Lot-et-Garonne à Villeneuve-sur-Lot et elle produit des spécialités périgourdines: confits, pâtés de foie d'oie et de canard, cassoulet, sauces, etc.
2 Oui, elle exporte en Europe, en Afrique et en Arabie Saoudite.
3 Elle leur a permis de faire connaître leurs spécialités et de rencontrer des agents saoudiens.
4 Ils doivent vérifier les produits commandés, les prix, les délais de livraison et les conditions de vente et de paiement.
5 Le client, l'agent, les banques, les fournisseurs, les divers services de l'entreprise, le transporteur, le transitaire, l'assureur et l'agent maritime.

COMMENT EXPRIMER LA SITUATION GEOGRAPHIQUE (HOW TO EXPRESS LOCATION)

Where you are or where you are going

1 **à + name of town, village: à/au + location**

Je suis, je vais à Londres	I am in, I'm going to London
Je suis, je vais à la banque	I am at, I'm going to the bank
Il est, il va au théâtre	He is at, he goes to the theatre

2 **chez + name of people or professionals:** at/to (the house or surgery of)

Nous allons chez les Abgrall	We're going to the Abgralls
Tu vas chez le docteur ce soir?	Are you going to the doctor's tonight?

3   **dans + various locations:** in/to

Il est, il va **dans** sa chambre	He is in, he goes to his bedroom
Elle est, elle va **dans** son bureau	She is in, she goes to her office

4   **en + name of country:** in/to

Claire et Chris sont allés **en** Grèce	Claire and Chris went to Greece

5   **au + masculine countries:** Japon, Canada, Mexique, Pérou, Brézil, Danemark, Luxembourg, Portugal.   **aux** used before Etats-Unis (*mpl*)

Yann compte aller **aux** Etats-nis l'année prochaine; il est **au** Japon en ce moment.	Yann intends to go to the United States next year; he is in Japan right now.

6   **ici** (here), **là** (here), **là-bas** (over there)

Viens **ici** s'il-te-plaît	Come here please
Où est Alex? Il est **là**.	Where is Alex? He is here.

7   **y** (here, there: used to avoid repetition)

Tu es allée a Londres ce week-end?	Did you go to London this week-end?
Non, j'**y** vais le week-end prochain.	No, I'm going (there) next week-end.

from which you are coming

1   **de + town, country**

de Paris, **de** France	from Paris, from France

2   **du + country needing au, des**

du Japon	from Japan

3   **de la + location** (*f*)

Je viens **de la** banque	I've come from the bank

4   **du + location** (*m*)

Il revient **du** bureau du chef	He's just come back from the boss's office

5   **en** (used to avoid repeating name of location)

Vous revenez **du** Canada?	You are back from Canada?
Oui, j'**en** reviens.	Yes, I'm back (from there).

EXERCISES

A Translate

1 Our company is located in Taunton, in Somerset.
2 We make dinner and tea services.
3 A third of their turnover is achieved in the summer.
4 It is a sector that we must exploit.
5 They agreed on the terms of the contract.
6 The trade fair enables one to make contacts with agents and to present one's products to potential customers.

Key

1 Notre société est implantée (située) à Taunton dans le Somerset.
2 Nous fabriquons des services de table et des services à thé.
3 Le tiers de leur chiffre d'affaires est réalisé en été.
4 C'est un créneau que nous devons exploiter.
5 Ils se sont mis d'accord sur les conditions du contrat.
6 La foire permet de prendre contact avec des agents importateurs et de présenter ses produits à des consommateurs potentiels.

B Comprehension

Read the following note from an Ercol representative in France and give the gist of it in English:

ERCOL   **To M.R.S.K**
Department Memo   **From M. Van M**
Ets DARIO & DORIGO   Date 10/9/—
PARIS.

Livraison: Celle-ci s'est effectuée sans problème. J'étais là pour le déchargement qui a été rapide.
Installation des Stands:
Les acheteurs étant un peu calmes en ce moment, M. Dorigo pense installer nos stands aussitôt son retour de MILAN. Nous sommes convenus de nous rencontrer à ce moment-là. Je l'aiderai pour celà.
Paiement: M. Dorigo m'a demandé si nous pouvions faire un escompte pour paiment comptant. Je lui ai dit que nous ne pouvions pas faire les 4 % demandés mais seulement 2,5 % à 30 jours. Il a donc choisi le paiement à terme, comme nous le pensions. Je suis cette affaire de très près.

M. Van M

C   Places

Copy the following example using the countries and cities listed below:

Je vais en Chine   I'm going to China
Je reviens de Chine   I'm coming back from China

Japon   Milan   le   Caire   Les   Etats-Unis   l'Italie   la   Grèce   le
Mexique   l'Allemagne

Key

au, du Japon   à, de Milan   au, du Caire   aux, des Etats-Unis   en,
d'Italie   en, de Grèce   au, du Mexique   en, d'Allemagne

D   Replies

Give the correct replies (a–e) to the following sentences (1–5).

1   Où est-ce que vous allez?   a   Elle est dans son bureau.
2   Tu as vu mon bouquin?   b   Elle va chez le docteur ce soir.
3   Où est Denise Launois?   c   J'y vais.
4   Annick est grippée.   d   Chez les Ribette.
5   Tu n'as pas encore porté le   e   Regarde, il est la, devant ton nez.
    courrier à la poste?

Key

1d; 2e; 3a; 4b; 5c.

BACKGROUND NOTES

Le document administratif unique (DAU)

This document replaces as from January 1988 various forms used for
the transport of goods between EC member states.

Useful magazines and books for the exporter

Le MOCI (Moniteur du Commerce International) published by the CFCE (Centre Français du Commerce International).

Exporter: Pratique du Commerce International (avec la collaboration du CFCE); excellent book published by:

Les Editions Foucher
128 rue de Rivoli
75038 Paris Cedex 01

Unit 19

Publicité et promotion
(Advertising and promotion)

SETTING THE SCENE

This unit deals with media choices to advertise a product in France.

INTRODUCTION

L'étude du marché ayant révélé aux dirigeants d'une entreprise qu'il y a un créneau pour leurs produits en France, ils doivent maintenant s'occuper de la promotion de ces produits. Ils ont donc recours à une agence de publicité qui leur propose une campagne publicitaire à partir d'un brief.

Il s'agit d'attirer le consommateur vers le produit en l'informant et en l'incitant à l'acheter. Pour ce faire plusieurs médias peuvent être utilisés: la presse, la radio, la télévision, le cinéma ou l'affichage. On peut aussi faire de la promotion sur le lieu de vente – c'est le marchandisage- aménagement du magasin, animation, disposition habile du produit en tête de gondole, jeux et concours, remise d'échantillons gratuits ou de bons de réduction.

De façon plus générale les relations publiques, par des actions diverses (réunions, séminaires, conférences de presse, journées portes ouvertes) visent à créer une opinion favorable envers l'entreprise en établissant un climat de confiance entre elle et le public, c'est-à-dire les clients, mais aussi le personnel et les fournisseurs.

La publicité

On distingue:

- la publicité directe (marketing direct) qui consiste à transmettre le message à chaque client potentiel sous forme de lettre (publipostage), de prospectus, dépliant, catalogue ou brochure.

- la publicité médias: radio, télévision, cinéma, affichage.

- la publicité sur le lieu de vente (la PLV) où le message est transmis dans le magasin où se trouve le produit.

Le choix des supports publicitaires va être déterminé par la cible, c'est-à-dire par la catégorie du public que l'entreprise veut toucher. L'axe de la campagne, l'accroche et les supports varieront suivant la cible qui est visée.

L'entreprise britannique s'adressera à une agence française de publicité (Publicis, Havas, Synergie), ou à une filiale d'une agence britannique en France.

Translation

Market research having shown the directors of a company that there is a market for their products in France, they must now tackle the promotion of these products. So they turn to an advertising agency which suggests an advertising campaign to them based on their brief.

The idea is to attract the consumer to the product by providing information and by inciting (inducing) them to buy it. To achieve this various media can be used: the press, the radio, the TV, the cinema or bill posting. It is also possible to use point of sale promotion, also known as merchandizing: shop layout, special events in the stores, clever positioning of products at the top of the islands, games and competitions, giving out free samples or discount coupons.

Speaking more generally, public relations, through various events (meetings, seminars, press conferences, open-days) aims to create a favourable opinion towards the company by establishing an atmosphere of trust between the company and the public, i.e. the customers, but also with its staff and its suppliers.

Advertising

This includes:

- direct marketing which gets the message across to potential customers by means of a letter (direct mail), prospectus, leaflet, catalogue or brochure.

- the media: radio, TV, cinema, bill posters.

- point of sale advertising (POS), by which the message is communicated in the shop itself where the product is being sold.

The choice of media will be determined by the target market, that is the category of people the company want to influence. The thrust of the campaign, the catchword and the choice of media will vary according to the target to be reached.

The British company will contact a French agency (Publicis, Havas, Synergie) or a subsidiary of a British agency in France.

VOCABULAIRE

la publicité	advertising
révéler	to show, to reveal
s'occuper de	to look after, to tackle
avoir recours à	to turn to
le brief	the brief
la campagne publicitaire	the advertising campaign
attirer	attract
inciter à	to incite
l'affichage (m)	bill-posting, hoardings
une affiche	poster
la promotion sur lieu de vente (PLV)	point of sale promotion (POS)
le marchandisage	merchandising
l'aménagement (m)	arrangement, layout
l'animation (f)	sales promotion
la disposition	layout
le présentoir	display stand
la gondole	(supermarket) island
les jeux (mpl)	games
un concours	competition
une remise	discount
remettre	to give out
un échantillon	sample
gratuit(e)	free (of charge)
un bon (m) de réduction (f)	a discount coupon
les relations (fpl) publiques	public relations (PR)
une réunion	meeting
un séminaire	seminar
une journée portes ouvertes	open day
envers	towards
établir	establish, create

la confiance	confidence, trust
le publipostage	mailing (direct mail)
le dépliant	leaflet
transmettre	to transmit, convey
le support	advertising medium (specific)
les médias (*mpl*)	advertising media (general)
le cible	target (i.e. potential customers)
toucher	to reach, influence
s'addresser à	to go to
l'accroche (*m*)	the hook, the lead in, the catchword
la filiale	subsidiary

Vocabulaire supplémentaire

le lecteur	reader
l'auditeur (*m*)	listener
l'annonceur (*m*)	advertiser company, announcer (radio, TV)
le publicitaire	advertising man/woman, ad-man/woman
l'espace (*m*)	space
le sigle, le logo	logo
le caractère d'imprimerie	type face
l'ébauche (*f*)	rough (layout)
la mise en page	page layout
le texte	copy
l'épreuve (*f*)	proof
le mensuel	monthly magazine
le périodique	periodical, journal
le numéro	number (of magazine)
publier, éditer	to publish
l'exemplaire (*m*)	copy
la diffusion	circulation (no. of copies sold)
le tirage	circulation (no. of copies printed)
la couverture	coverage (no. of people reached by a particular medium)
la page entière	whole page
la ristourne	discount
l'annonce (*f*)	advertisement
la petite annonce	classified advertisement

le timbrage	franking
le fichier	mailing list
la vitrine	shop windows
en vitrine	on display
l'étalagiste (*m*)	window dresser
les heures de pointe	peak hours
l'emplacement (*m*)	site (e.g. for bill poster)
le panneau	sign, board
l'affiche (*f*)	poster
la location	renting
louer	to rent

QUESTIONS

1 A quoi sert une campagne publicitaire?
2 Quels sont les différents médias qu'on peut utiliser?
3 Donnez des exemples de promotion sur le lieu de vente.
4 Quelles sont les actions diverses qui appartiennent au domaine des relations publiques?
5 Quel est leur but?
6 Qu'est-ce qui varie selon la cible visée?

Réponses

1 Elle sert à attirer le consommateur vers le produit, en l'informant.
2 On peut utiliser la presse, la radio, la télévision, le cinéma ou l'affichage.
3 Animation, remise d'échantillons ou de bons de réduction gratuits, jeux et concours etc.
4 Les réunions, séminaires, conférences de presse et aussi les journées portes-ouvertes.
5 Leur but est de créer une opinion favorable envers l'entreprise, et d'établir un climat de confiance entre les dirigeants, les clients, le personnel et les fournisseurs.
6 L'axe de la campagne, l'accroche et les supports varient selon la cible visée.

HOW TO EXPRESS REFUSAL

Non, c'est impossible	No, it's impossible
Il n'en est absolument pas question	There's no question of it
Pas question!	No way!
Je suis désolé(e) mais je ne peux pas	I am sorry, but I can't
Je regrette mais ce n'est pas possible	Sorry, it's not possible
Vous n'y pensez-pas?	You can't be serious
Vous plaisantez?	You must be joking!
Je refuse absolument	I absolutely refuse

HOW TO SUGGEST SOMETHING

et si   imperfect

Et si on faisait une conférence de presse?	What about having a press conference?
Et si on allait au ciné ce soir?	What about going to the flicks tonight?

Conditional + inf

This way of suggesting a plan or idea is to be used in more formal situations.

Nous pourrions peut-être dîner	Maybe we could have dinner

EXERCISES

A   Translate

1   We need a good advertising agency to promote our products.
2   What do you think of trade journals?
3   Could we have point of sale advertising?
4   Our target market is hard to reach without a good campaign.
5   What about organizing an open day?
6   The target market and the price determine the choice of advertising medium.

Key

1 Nous avons besoin d'une bonne agence de publicité pour promouvoir nos produits.
2 Que pensez-vous de la presse professionnelle?
3 Pourrions-nous avoir une promotion sur les lieux de vente?
4 Notre cible est dure à atteindre sans une bonne campagne de publicité.
5 Et si on organisait une journée portes-ouvertes?
6 La cible et le prix déterminent le choix du support publicitaire.

B Correct response

Find the appropriate answer to the following questions:

1	Partir demain pour New York?	a	Ca ne me dit rien de sortir ce soir.
2	Pouvez-vous nous livrer 200?	b	Je regrette mais je ne peux pas.
3	Nous pourrions leur proposer une remise?	c	Désolé Monsieur, ce n'est pas possible de doubler la commande.
4	J'aimerais que vous finissiez ce rapport ce soir	d	C'est une excellente idée!
5	Et si ou allait voir les R. ce soir?	e	Il n'en est absolument pas question, surtout demain!

Key

1e; 2c; 3d; 4b; 5a

C Getting information/role-play

You phone a French advertising agency to ask for their tariffs,

You	Hello. Would you please tell me how much you charge for setting up an advertising campaign? (set up 'mettre au point')
Publicitaire	C'est absolument impossible de le faire par téléphone Monsieur/Madame. Tout dépend des supports choisis.
Y.	Of course, but you have tariffs for the different media, don't you?
P.	Evidemment. Le mieux serait que nous vous expédions nos tarifs, mais ils ne vous donneront qu'une indication car

les prix peuvent être modifiés selon l'importance de la campagne, sa durée, etc.

Y.   OK. Here is our address. (Give the name and address of your company and your name; in French 'les coordonnées' (fpl). You might have to spell!)

P.   Entendu Monsieur/Madame, je vous envoie cela tout de suite. Au revoir.

Y.   Bye, thanks a lot.

Key

Bonjour. Est-ce que vous pourriez me dire combien vous faites payer pour mettre au point une campagne de publicité, s'il vous plaît?

Bien sûr, mais vous devez avoir des tarifs pour les divers médias, n'est-ce pas?

D'accord. Voici nos coordonnées: Monsieur/Madame . . ., société . . .

Au revoir, merci, Monsieur/Madame.

BACKGROUND NOTES

Places to advertise

La Presse

Les quotidiens nationaux (*mpl*) (national daily papers): *Le Figaro, France-Soir, Le Monde, Libération, Les Echos.*

Les quotidiens régionaux (*mpl*) (local daily papers): *Ouest-France, la Voix du Nord, la Dépêche du Midi, l'Est Républicain*, etc.

Les hebdomadaires (*mpl*) 'les news (*mpl*)!' (weekly magazines): *L'Express, le Nouvel Observateur, l'Expansion, le Nouvel Economiste, le Point.*

A few of the local daily papers have a larger circulation (le tirage) than national ones; *L'Ouest-France* for instance.

La presse professionnelle (trade journals and periodicals): we have already mentioned *Linéaires, Points de Vente, LSA (Libre Service Actualités)* for consumer goods.

Commercial directories

Le *Bottin des Professions* is published annually, so is *Le Kompass France*. You'll find the publisher's address in the excellent BOTB profile of France.

Les bus; les abri-bus (mpl)

It is possible to advertise on the back and the sides of buses and also on the bus shelters.

Hors media (below the line advertising)

This is the name given to all advertising done outside the traditional (above the line) media, i.e. radio, TV, press. It includes direct marketing, distribution of leaflets, point of sale advertising, trade fairs, exhibitions, etc.

Mail order

The largest mail order firms, La Redoute, Les 3 Suisses, La Camif, also advertise other firms' products at very low cost. This is called 'un encart-colis'. Famous examples of this are the Yves Rocher cosmetics company which advertises coffee or household linen, and Les 3 Suisses who sometimes include free samples of Nescafé instant coffee in their parcels. Products advertised in this way are obviously not in competition with the products sold in the mail order catalogue.

Advertising agencies

The largest advertising group in France is Havas: Eurocom is responsible for the group's creations, Avenir for bill posting, Information et Publicité for radio, etc.

The second agency is Publicis and the Séguéla group comes third.

Most of the advertising in France is done in the press (over 57%) and advertising on TV is on the increase because of the growing number of channels.

Useful addresses

Fédération Nationale de la Presse Française
6 bis rue Gabriel Laumain
75010 Paris

Tel: (1) 48 24 93 40

Institut de Recherches et d'Etudes Publicitaires
62 rue la Boétie
75008 Paris

Tel: (1) 45 63 71 73

La communication dans l'entreprise (Communication within the company)

SETTING THE SCENE

This unit deals with all aspects of communications within the company: memos, agendas, minutes, letters, telex, fax. The telephone is dealt with in a separate chapter and throughout the book.

Genuine documents are used to illustrate written communications.

COMMUNICATION METHODS

Telex

Voici un télex expédié par la Société Caugant qui fabrique pâtés, jambons:

(See example overleaf)

```
360351
SCA BFC 360351F
118 1340
CAUGT A 940726F

ROSPORDEN, LE 28.04.9-

A L'ATTENTION DE MONSIEUR GUILLOT

OBJET: REPRISE TRIPES CAUSE: ( D L V 3 MAI 83 )

NOUS NE REPRENONS DES MARCHANDISES QUE QUAND
CELLES-CI PRESENTENT UN DEFAUT TECHNIQUE DE
NOTRE FAIT. LES TRIPES QUE VOUS POSSEDEZ N'ETANT
PAS DANS CE CAS, NOUS NE POUVONS REPONDRE
FAVORABLEMENT A VOTRE DEMANDE.

SALUTATIONS.

SOCIETE CAUGANT

SCA BFC 360351F
CAUGT A 940726F
```

SCA BFC 360351F   est le numéro de télex du destinataire

1181340   est la date et l'heure d'envoi du télex

$$118 = 28 \text{ avril} \quad 1340 = 13\text{h } 40$$

CAUGT A 940726F   est le numéro de télex de l'expéditeur

Le texte du télex est en général très bref et truffé d'abréviations dont voici les plus courantes:

ATTN	: attention	attention
ETS	: établissements (*mpl*)	company
CIE	: compagnie	company
HT	: hors taxe	exclusive of tax
N/	: notre/nos	our

REF	: référence	reference
SVP	: s'il vous plaît	please
TLX	: télex	telex
V/	: votre/vos	your

Le style du télex est télégraphique; les pronoms et prépositions sont souvent omis:

DEMANDONS : nous demandons We request, ask for
PRIERE EXPEDIER URGENCE : Please despatch urgently
   veuillez expédier
   d'urgence

Fax

De nos jours le fax (télécopie) remplace souvent le télex en raison de sa rapidité.

Note de service, convocation, message, circulaire

Les notes de service, convocations, messages et circulaires sont brefs et rédigés de façon claire et concise.

Rapport, bulletin, compte rendu

Les rapports et comptes rendus varient, bien sûr, en longueur selon leur nature et la personne à qui ils sont destinés. Les bulletins d'informations peuvent s'adresser à l'ensemble ou à une partie du personnel de l'entreprise.

Voici deux exemples de communication écrite; la première émane du directeur commercial de la société Caugant et s'adresse aux commerciaux, c'est-à-dire à tous les représentants des produits Caugant. La deuxième, 'Flash Bull', s'adresse à la direction de la société et annonce une prise de participation dans une autre société.

ROSPORDEN, le 7 février 199-   NOTE A TOUS LES COMMERCIAUX

Réf. : ALR/MAB/292

CAMPAGNE T.V. JAMBON LABEL ROUGE

La prochaine campagne T.V. démarrera le 25 février 199- pour environ 1 mois.

Dans les jours qui viennent, vous recevrez le programme détaillé.

Vous aurez à votre disposition des pique-prix et des décalcomanies.

Programmer dès maintenant des actions avec vos clients.

Cordialement,

Le Directeur Commercial,

----------------------BULL----------------------

```
MSG-ID   : 21255                    MESSAGERIE BULLTEX
Emis le  : 05Jul90 10:27  Retiré le 05JUL90 18:00
Emetteur : LD.T        (0001)
Délivré à : P.D        (0001)
Objet    : FLASHBULL30
```

No F90/30   05.07.90

```
            * * * * * * * * * * * * *
            * FLASH BULL *
            * * * * * * * * * * * * *
```

Bull prend une participation majoritaire
dans le capital de la société de services
'Méthodes et Informatique'

Bull SA France vient d'acquérir la majorité du capital de la Société de Services 'Méthodes et Informatique'. Cette participation de 60% lui a été cédée par le

Groupe d'assurance, de prévoyance, d'assistance et d'informatique Henner, présidé par Rémi Robinet-Duffo.

Cette alliance s'inscrit dans la continuité des relations privlégiées de coopération existant entre le Groupe Bull et 'Méthodes et Informatique'. Celles-ci se sont notamment concrétisées par la signature d'un accord en Décembre 1989 faisant de M&I le prestataire de 'Secours Informatique' de Bull sur les systèmes GCOS 7.

Pour 'Méthodes et Informatique' cette opération est l'occasion d'affirmer sa stratégie en renforçant ses moyens de développement par un accès facilité aux technologies de pointe et en confortant la pérennité des investissements réalisés par ses 500 clients français et étrangers.

'Méthodes et Informatique' conservera son identité et son indépendence au sein du Groupe Bull et l'équipe de direction en place ses responsabilités actuelles.

Cette prise de partcipation confirme la volonté de Bull de développer différentes formes de coopération avec les sociétés de services. Elle s'inscrit dans le cadre du développement de l'offre de services pour répondre aux besoins de ses clients de plus en plus variés et complexes.

Créée en 1970, au sein du Groupe Henner, M&I a développé, autour de la gamme Bull DPS 7000, un capital de compétences et de produits qui garantissent à ses clients une utilisation optimale de leurs équipements en termes de performance et de sécurité ainsi que la mise à niveau de 'l'état de l'art' de leurs équipements informatiques. M&I a généré un chiffre d'affaires de 75 millions de francs en 1989. Celui-ci sera voisin de 100 MF en 1990. M&I emploie 130 personnes.

A noter: Ce texte va également être diffusé sous forme de Communiqué avec un jeu de Questions/Réponses.

Brochure, Plaquette, Journal d'entreprise

Les entreprises mettent à la disposition de leurs clients et fournisseurs des brochures ou plaquettes plus ou moins luxueuses et artistiques. Leur but est d'informer et aussi de promouvoir l'image de l'entreprise, de son personnel et de ses produits.

Les grosses sociétés ont souvent un journal d'entreprise qui permet la diffusion de toutes sortes d'information au personnel.

Translation

The Telex

Here is a telex sent by the Caugant Company, manufacturers of patés and hams:

Ref: Return of tripe

We only accept goods returned if they show a technical defect on our part. The tripe you have returned does not fall into this category, so we are unable to reply favourably to your request.

Sincerely
A LE ROY

Fax

Nowadays, the fax often replaces the telex because it is so fast.

Memos, notices, messages, circulars

These are brief and worded clearly and concisely.

Reports, bulletins, minutes

Their length varies according to their nature and the person to whom they are addressed. Notices can be written to the whole or part of the company staff.

Here are two examples of written communication. The first comes from the commercial director of Caugant and is written to all the representatives of Caugant products; the second one, 'Flash Bull', is addressed to company senior staff and announces the buying of shares in another company.

a)   NOTICE TO ALL REPRESENTATIVES

TV CAMPAIGN RED LABEL HAM (*Red label means quality*)

The next TV campaign will start on February 25th 199– and will last approximately one month.

In the next few days you will receive a detailed programme.

You will have at your disposal price tags and stickers.

Please organize immediately promotional ideas with your clients.

Yours sincerely

Commercial Director

Brochure, company newsletter

Companies often give their customers and suppliers a brochure, some more glossy and artistic than others. These provide information on the company, and also help promote the company image, its staff and its products.

Large companies often have a company newsletter or magazine which enables the dissemination of all kinds of information to the staff.

LA CORRESPONDANCE COMMERCIALE

Présentation

Les lettres commerciales doivent être présentées de la façon suivante:

En-tête

Vos réf: (vos références) Nos réf: (nos références)	Vedette
Objet: PJ: (pièces jointes)	Date et lieu
Appel	

Corps de la lettre

Formule finale
Statut

Signature

Nom

Renseignements obligatoires sur l'entreprise

Voici un exemple de lettre commerciale

Société Nationale de Gestion et de Développement des Industries Alimentaires

---

NOUVELLE CONSERVERIE
Zone Industrielle   SOGEDIA
Centre BEN BOULAID
BLIDA

SOGEDIA

Téléphone : 49-41-32
49-41-33

No 525/ENTRETIEN

BLIDA, le 24/10/199–

Objet : Demande de prix

Réf. :

CompAir Industrial Limited
PO Box 7 BroomWade Works High Wycombe
Buckinghamshire England HP13 5SF

Messieurs,
    Nous avons l'honneur de vous demander de bien vouloir nous
adresser par retour du courrier et sur facture proforma en

huit (08) exemplaires votre meilleure offre de prix pour la
fourniture du matériel selon la liste ci-jointe.
Nous vous demandons également de nous indiquer vos délais de
livraison.
Marchandise C +F.
Veuillez agréer, Messieurs, nos sincères salutations

LE DIRECTEUR P/I

S.BOUMALI

Société Nationale créée par   Ordonnance no 72-45   du 3-10-72

L'enveloppe

On écrit le nom en majuscules, ensuite vient le titre, le nom de la société,
l'adresse (rue, boulevard, zone industrielle), le code postal, la ville; puis
en-dessous le pays.
   Exemple:

Madame MOREAU
Directrice des programmes
FRANCE INTER
Avenue du Président Kennedy
75—— PARIS
FRANCE

Les deux premiers chiffres du code postal représentent le département.
En voici la liste complète. En ce qui concerne Paris, 75 représente le
département de la Seine; les chiffres suivants indiquent l'arrondissement
de Paris.

N.B. Les deux chiffres qui représentent le département dans tout numéro
de téléphone ne correspondent pas à ceux du code postal.
   Exemple:

Code postal du Finistère: 29
Code téléphonique du Finistère: 98

Liste des départements français

Provinces

Ain	01
Aisne	02
Allier	03
Alpes-de-Haute-Provence	04
Alpes (Hautes-)	05
Alpes-Maritimes	06
Ardèche	07
Ardennes	08
Arriège	09
Aube	10
Aude	11
Aveyron	12
Belfort (Territoire de)	90
Bouches-du-Rhône	13
Calvados	14
Cantal	15
Charente	16
Charente-Maritime	17
Cher	18
Corrèze	19
Corse du Sud	2A
Corse (Haute-)	2B
Côte-d'Or	21
Côtes-du-Nord	22
Creuse	23
Dordogne	24
Doubs	25
Drôme	26
Eure	27
Eure-et-Loir	28
Finistère	29
Gard	30
Garonne (Haute-)	31
Gers	32
Gironde	33
Hérault	34
Ille-et-Vilaine	35
Indre	36
Indre-et-Loire	37
Isère	38
Jura	39
Landes	40
Loir-et-Cher	41
Loire	42
Loire (Haute-)	43
Loire-Atlantique	44
Loiret	45
Lot	46
Lot-et-Garonne	47
Lozère	48
Maine-et-Loire	49
Manche	50
Marne	51
Marne (Haute-)	52
Mayenne	53
Meurthe-et-Moselle	54
Meuse	55
Morbihan	56
Moselle	57
Nièvre	58
Nord	59
Oise	60
Tarn	81
Orne	61
Pas-de-Calais	62
Put-de-Dôme	63
Pyrénées-Atlantiques	64
Pyrénées (Hautes-)	65
Pyrénées-et-Orientales	66
Rhin (Bas-)	67
Rhin (Haut-)	68
Rhône	69
Saône (Haute-)	70
Saône-et-Loire	71
Sarthe	72
Savoi	73
Savoie (Haute-)	74

Seine-Maritime	76	Val-de-Marne	94
Sèvres (Deux-)	79	Val-d'Oise	95
Somme	80	Yvelines	78

Région Parisienne		**Outre-Mer**	
Essonne	91	Guadeloupe	971
Hauts-de-Seine	92	Guyane	973
Paris (Ville de)	75	Martinique	972
Seine-et-Marne	77	Réunion	974
Seine-Saint-Denis	93	Saint-Pierre-et-Miquelon	975
		Mayotte	976

Ponctuation

La virgule est obligatoire:

i)   après le nom de ville et avant la date:
Concarneau, le 15 juin 199–

ii)   après la formule d'appel:
Monsieur, Madame la Directrice,

iii)   dans la formule finale:
Je vous prie d'agréer, Monsieur, l'expression de mes sentiments les meilleurs

iv)   après le titre:
le directeur des ventes, Fabrice Douvre.

Majuscules

Les grades et titres ont une majuscule dans la suscription, la formule d'appel et la formule finale.

> Madame Ribette
> Professeur
> 2 rue Eugène Pottier
> 29200 BREST

mais: Madame Ribette est professeur à Brest.

N.B. Les jours de la semaine, les mois de l'année, les mots comme rue, boulevard, avenue, n'ont *pas* de majuscule.

Les Formules d'appel

Monsieur/Madame   si la lettre est adressée à un particulier
Messieurs   si la lettre est adressée à une société

Les Formules finales

Celles-ci sont beaucoup plus complexes qu'en anglais. Voici les plus courantes; certaines formules sont plus formelles que d'autres. Les formules citées sont celles qui sont employées le plus souvent dans les lettres d'affaires.

Je vous prie/Nous vous prions d'agréer, Monsieur/Madame, l'assurance de mes/nos sentiments distingués

Je vous prie de croire, Monsieur/Madame, à l'expression de mes sentiments les meilleurs

Veuillez agréer, Monsieur/Madame, nos salutations distinguées

On peut aussi incorporer la formule finale au dernier paragraphe de la lettre:

Dans l'attente du plaisir de vous revoir/de faire votre connaissance, je vous prie d'agréer, Madame, etc.

ou

Dans l'espoir d'une réponse favorable, je vous prie, etc.

ou

En espérant que vous voudrez bien nous excuser pour ce retard, nous vous prions de croire, Monsieur/Madame, etc.

Premier paragraphe

Je vous remercie pour votre lettre/télex/fax du 12/04/9– nous demandant le prix de etc.

Comme suite à notre conversation téléphonique, je vous fais parvenir notre dernier catalogue.

Nous sommes une entreprise/société britannique/américaine/canadienne située dans la région de Londres/Houston/Toronto et nous nous intéressons vivement à votre produit.

Veuillez trouver ci-joint mon curriculum vitae. Je suis étudiant(e) à l'Université de Southampton et . . .

Veuillez trouver ci-joint ma commande de . . .

Dernier paragraphe

Je vous remercie à nouveau pour votre lettre/commande/demande de renseignements.

Je vous serais infiniment reconnaissant de bien vouloir me faire parvenir dans les plus brefs délais . . .

Nous espérons que les renseignements ci-inclus répondent à vos questions et nous vous prions d'agréer, Monsieur, etc.

Je reste à votre entière disposition pour de plus amples renseignements et . . .

Translation

Presentation

This is the layout of a business letter:

LETTER HEAD: COMPANY ADDRESS

Your ref:
Our ref: Addressee's name
                                            and address

Subject: Date, place
Enclosures:

Salutation
                        body of letter

Complimentary close
Status

Signature

Name

Obligatory information on the company

The envelope

The name is written in capital letters; then comes the title, the company name and address (street, boulevard, industrial zone), the postal code, the town. Then underneath, the country.

N.B. The two digits which refer to the county in telephone numbers are not the same as those in the postal code.
   Example:

> Post code of Finistère: 29
> Telephone code of Finistère: 98

Punctuation

Commas are always used:

i)   after the name of the town and before the date:
        Concarneau, 15th June 199–

ii) after the salutation:
        Madame, Monsieur,

iii) in the complimentary close:
        Je vous prie d'agréer, Monsieur, etc.

iv) after the title:
        Sales Director, Fabrice Douvre

Capital letters

Positions and titles take a capital letter in the inside name and address, the salutation and complimentary close.

> Madame Ribette
> Professeur
> 2 rue Eugène Pottier
> 29200 BREST

but: Madame Ribette is a 'professeur' in Brest.

N.B. Days of the week, months of the year, words such as street, boulevard, avenue, etc. *do not* have a capital letter.

Salutation

| Monsieur/Madame | if the letter is addressed to an individual |
| Messieurs | if the letter is addressed to a company |

Complimentary close

These are much more complicated in French than in English. Here are the most common among them. They mean both 'yours sincerely' and 'yours faithfully'. Some are more formal than others, and the examples given here are the most commonly used in business correspondence.

I/We beg you to accept the assurance of my/our distinguished feelings

I beg you to believe in the expression of my best feelings

Would you accept our distinguished greetings

One can also link the complimentary close to the last paragraph of the letter:

Whilst looking forward to seeing you again/to meeting you, I beg you
etc.

Hoping for a favourable reply, I beg you etc.

In the hope that you will forgive this delay, we beg etc.

Opening paragraphs

Thank you for your letter/telex/fax of 12/04/9– in which you request the price of etc.

Further to our telephone conversation, I am sending you our latest catalogue.

We are a British/American/Canadian company based in the London/Houston/Toronto area and we are extremely interested in your product.

Please find enclosed my CV. I am a student at Southampton University and . . .

Please find enclosed an order for . . .

Closing paragraphs:

Thank you again for your letter/order/request for information.

I would be extremely grateful if you would kindly send me as soon as possible . . .

We hope that the enclosed information answers your questions and . . .

I am at your disposal for any further information and . . .

VOCABULAIRE

un télex	telex
un fax (télécopie) (f)	fax
une lettre	letter
la reprise	return, taking back
les tripes (fpl)	tripe
un défaut	fault, defect
le destinataire	addressee
l'envoi (m)	sending, despatch
l'expéditeur (m)	sender
truffé de	full of
omettre	to leave out
la rapidité	speed
le note de service	memo
la convocation	notice, notification

la circulaire	circular
rédiger	to write, to word, to draw up
un rapport	report
un compte rendu	report (minutes)
émaner de	to emanate from, to be issued by
une prise de participation (*f*)	buying of shares (*US* stock)
démarrer	to start
une plaquette	brochure, booklet
la diffusion	circulation, dissemination, distribution
les majuscules (*fpl*)	capital letters
le titre	title
l'arrondissement (*m*)	district (of Paris)
le point	full stop, period
dans les plus brefs délais (*mpl*)	as soon as possible

BACKGROUND NOTES

Bibliographie

Manuel Bilingue de Correspondance et Communication dans les Affaires (The Bilingual handbook of Business Correspondence and Communication) by Susan Davies and Armel Esnol, published by Prentice Hall International, is extremely good.

The second part is devoted to correspondence and communication in *French* and it is clearly set out and very comprehensive.

La Communication dans l'Entreprise by J.P. Leknish (Collection *Que Sais-je?*) published by Presse Universitaire de France, 1985.

Les Communications de l'Entreprise by P. Schwebig, published by McGraw Hill, Paris, 1988.

Unit 21

Offres d'emploi (Job adverts)

SETTING THE SCENE

This unit deals with job adverts, curriculum vitae and letters of application for jobs in France or French speaking countries. It is impossible to give a full guide to job applications in French within the framework of this book. Those who are really keen to work in France are well advised to buy a bi-lingual correspondence book and also the excellent book published by L'Etudiant, *Le Guide du CV: Spécial Débutants* [Special beginners] by Gérard Roudaut.

A number of British papers and magazines include job offers in French; therefore these seem to be the best starting point for this unit. To get the full flavour of such advertisements, read and translate the 'offres d'emploi' that you come across in *The European* or the *Guardian*. This will help you understand the French recruiter's style better and may well increase your chances of landing a good job in France, if this is what you want!

OFFRES D'EMPLOI (JOB DESCRIPTIONS)

Voici quatre offres d'emploi publiées dans le quotidien britannique *The Guardian* dans la rubrique:

'Selection of jobs published in *Carrières et Emplois*'

VOCABULAIRE TROUVE DANS LES QUATRE OFFRES D'EMPLOI

Vocabulary found in the four job advertisements.

CA 1989 + 1 milliard de Francs,
effectif : 350 personnes en France.
Nous sommes l'un des leaders mondiaux
dans le domaine de la micro-informatique
et nous recherchons notre :

RESPONSABLE GESTION
IMPORT-EXPORT

dont le rôle principal est d'encadrer et d'animer une équipe de 5 personnes.

Professionnel dans ce domaine dont vous connaissez tous les rouages (depuis l'expédition usine des marchandises jusqu'à leur arrivée en France et l'aspect export), vous pouvez mettre en avant votre expérience réussie de gestionnaire d'au moins 3 ans.

Titulaire d'un diplôme de commerce international ou équivalent, avec une pratique quotidienne de l'anglais et de la micro-informatique, vos qualités de rigueur et de méthode, votre sens des priorités alliés à un talent de négociateur, seront la preuve de vos capacités à rejoindre une équipe jeune et dynamique dans un environnement international.

Pour ce poste basé à LEVALLOIS-PERRET,
nous vous remercions d'adresser votre dossier de candidature
sous référence 9128 à : **ALTEREGO** Marie-Odile BOISAUBERT
36 rue de Ponthieu 75008 PARIS.

Epson Micro-informatique

CA (chiffre (*m*) d'affaires)	turnover
+ (supérieur à)	in excess of
effectif (*m*)	staff
la micro-informatique	micro-computers, micro-computer industry
le domaine	the field
rechercher	to look for
la gestion	management
encadrer	supervise
animer	to manage, run, motivate, coordinate
une équipe	team
les rouages (*mpl*)	cogwheels, structure
mettre en avant	to put forward
au moins	at least
être titulaire de	to be the holder of
allié(e) à	combined with

SOVEMA (Groupe BROSSETTE S.A.)
distribution d'équipements et fournitures pour l'industrie
recherche

TECHNICO CIAL EXPORT

Zone Afrique du Nord et Pays Arabes.
Sous la responsabilité du Directeur Commercial.

— **Votre mission** sera le suivi et le développement de clientèle sur le terrain et l'animation de l'équipe ciale et logistique au siège.

— **Vous êtes diplômé** de l'enseignement supérieur technique (Génie mécanique thermique) et vous avez une expérience ciale affirmée. Vous pratiquez couramment la langue anglaise. Vous êtes prêt pour de fréquents déplacements à l'étranger. **Le poste est basé à LYON.**

Adr. votre C.V. détaillé + lettre de candidature manuscrite et prétentions à :
Sté SOVEMA. BP 7151 - 69345 LYON Cedex 07.

---

la preuve	proof
la capacité à	ability to
le poste	position
le dossier de candidature (*f*)	application dossier

Sovema (Groupe Brosette SA)

fournitures (*fpl*)	supplies, materials
technico (cial export)	sales assistant
commercial(e)	commercial, sales manager
sous la responsabilité de	reporting to
le suivi	monitoring, follow up
la clientèle	customers
affirmé(e)	confirmed
prêt pour (+ noun)	ready for (sthg)
un déplacement	travel
à l'étranger	abroad
CV (Curriculun Vitae)	CV
la lettre de candidature	letter of application
manuscrit(e)	handwritten
les prétentions (*fpl*)	expected salary

* CIAL = commercial

Le mordant professionnel

Pour poursuivre et consolider notre développement, nous recherchons un :

JEUNE ASSISTANT DE DIRECTION FINANCIERE

Rattaché au Directeur Financier, vous serez chargé des clôtures comptables mensuelles et annuelles, de l'analyse des écarts et du reporting vers la maison mère.

De formation Grande Ecole Commerciale, vous avez une première expérience de 3/4 ans, de préférence dans des multinationales anglo-saxonnes. Vous êtes bilingue Anglais et désireux de travailler dans un environnement dynamique. Ce poste est basé aux Ulis (91).

Merci d'adresser votre candidature (CV,lettre, photo) au Responsable du Personnel - AMSTRAD FRANCE 72-78, Grande rue - 92310 SEVRES.

Amstrad

mordre	to bite
le mordant	bite, punch
être rattaché à	to be linked to
être chargé de	to be responsible, in charge of
la clôture	closing, winding up
un comptable	accountant
comptable	accounting
mensuel(le)	monthly
annuel(le)	yearly
un écart	a gap
la maison mère	head office, parent company
la formation	training, diplomas
grande école commerciale (f)	top business school
désireux(se)	wanting
adresser	to send
le responsable du personnel	personnel manager

Bernard Julhiet

l'agro-alimentaire (*m*)	food industry
affilié(e) à	affiliated to
hollandais(e)	Dutch
le négoce	trade
les produits laitiers (*mpl*)	dairy products
la poudre de lait	milk powder

le beurre	butter
renforcer	to strengthen
poursuivre	to continue, pursue
en prise directe avec	in direct contact with
le producteur	producer
l'utilisateur (*m*)	user
les cours (*mpl*)	rates
les tendances (*fpl*)	trends
les besoins (*mpl*)	needs
apte à	able to
former	to train
les marchés	the markets
soucieux de s'investir dans quelque chose	anxious to, keen to become fully involved in, dedicated to sthg
pleinement	completely
rejoindre	to meet
à noter sur	to be written
le courrier	correspondence, mail

Ces quatre offres d'emploi sont un bon exemple du style des recruteurs français et mettent en relief leurs critères de sélection.

Vous remarquez l'importance accordée au diplôme (Epson, Sovema, Amstrad) à l'expérience professionnelle, aux langues étrangères, dont on demande une maitrise parfaite et à l'esprit de synthèse, aux qualités de rigueur de méthode (Epson, Bernard Julhiet).

Le salaire n'est généralement pas mentionné; on vous demande parfois d'indiquer vos prétentions ou votre salaire actuel.

Par contre une photo vous est demandée (Bernard Julhiet, Amstrad) et également une lettre manuscrite. Les chefs d'entreprise, les directeurs du personnel, appelés aussi directeurs de la gestion des ressources humaines (GRH), et les chasseurs de tête font très fréquemment analyser l'écriture des candidats, soumettant leurs lettres de candidature à des graphologues réputés. Il est intéressant de noter que le recruteur s'adresse directement à vous: 'vous êtes . . .' 'vos dossiers . . .' etc. (les quatre offres) et que nulle mention n'est faite de lettres de référence.

En ce qui concerne les diplômes, les recruteurs utilisent souvent le raccourci des sigles et des chiffres!

Par exemple:

FURUKAWA: BAC + 3 (Baccalauréat plus 3 ans d'études)

NICOLAS: de niveau BTS/DUT + 3 à 5 ans
d'expérience (Brevet de Technicien
Supérieur, Diplôme Universitaire de
Technologie (*Higher National Diploma*))

Sovema mentionne: 'vous êtes diplômé de l'enseignement supérieur
technique (Génie mécanique thermique)'.

Il s'agit ici d'un DUT de génie mécanique thermique. C'est-à-dire BAC + 2.

NICOLAS, société d'envergure internationale implantée dans une région agréable, fabrique des engins spéciaux et unitaires, du matériel de voirie.

La notoriété de notre entreprise repose sur :
- de réelles innovations,
- des compétences,
- une qualité (RAQ 2).

Nous recherchons :

* Pour notre service Technico-Commercial en biens d'équipement :

UN INGENIEUR POUR LE SUIVI DES AFFAIRES

- de formation AM ou équivalent, il aura un profil de mécanicien, sera motivé par nos fabrications et maîtrisera parfaitement la langue anglaise.

* Pour notre service Achats :

UN ACHETEUR

- il prendra en charge une partie des achats liés à la production, réalisera des appels d'offres, négociera les contrats d'achats, effectuera les commandes et assurera leur suivi jusqu'à la réception totale en nos magasins. En collaboration avec les services compétents, il règlera les litiges.

- Homme de contact, de niveau BTS/DUT + 3 à 5 ans d'expérience, il possède une bonne connaissance du marché fournisseur (coût, délai, fiabilité) et maîtrise parfaitement la langue anglaise.

Merci d'adresser lettre manuscrite, C.V. et prétentions à : **Société NICOLAS** BP 3 - 89290 CHAMPS SUR YONNE.

Le point de référence est le Baccalauréat sans lequel il est difficile d'obtenir un bon emploi en France.

La 'grande école commerciale' que cite AMSTRAD se réfère aux 'business schools' françaises, viviers des recruteurs!

Il est donc bien plus difficile pour un autodidacte de faire une belle carrière en France mais pas impossible. L'offre d'emploi Bernard Julhiet insiste sur l'expérience significative du commerce international et sur l'esprit d'analyse et de synthèse du candidat ou de la candidate mais ne mentionne pas de diplôme particulier. Serait-ce l'exception qui confirme la règle?

Passons à la rédaction, combien importante, du curriculum vitae. Il doit bien sûr être tapé à la machine et tenir de préférence sur une seule page (A4). Voici deux exemples de 'bons' CV.

NOM:	GRIEVE
PRENOM:	WILLIAM
DATE DE NAISSANCE:	24.3.1960
NATIONALITÉ:	BRITANNIQUE
ADRESSE:	25, JANE AUSTEN CRESCENT, WIMBLEDON
TEL:	(0) 81 70 55 02

FORMATION:

- Scottish Certificate of Education. 'H' Grade (équivalent du Baccalauréat): Chimie, Anglais, Français, Mathématiques, Physique. 1972–78

- BA (Hons) in European Business Studies (Licence en Gestion Européenne) au Buckinghamshire College. 1979–83

- Diplôme de l'Institut de Comptabilité Analytique de Londres. 1983–86

EXPÉRIENCE PROFESSIONNELLE:

- Comptable à Construction Products Ltd 1983–86

- Chef Comptable à Rank Xerox Ltd 1986–87

- Contrôleur de Gestion à Pearson Plc 1987–89
- Assistant du Directeur Financier au Financial Times Ltd 89

LOISIRS:

Musique Voyages Lecture

	CURRICULUM VITAE
Nom:	ROBERTS
Prénom:	Claire
Date de Naissance:	15 Juin 1970
Nationalité:	Française/Britannique
Adresse en France:	10 rue des Primevères Le Dorlett 29110 Concarneau
Adresse en Grande-Bretagne:	7 Rosamond Close Maidenhead Berkshire SL6 5JY
Formation:	A Levels (équivalent Baccalauréat Série C), Mathématiques, Chimie, Biologie, 1988
	Préparation d'une Licence de Biochimie à l'Université de Southampton, Grande-Bretagne, 1988–1991
Expérience Professionnelle:	Serveuse au Compleat Angler, Hôtel 3 Étoiles à Marlow, Grande-Bretagne.
	Serveuse au P'tit Club à Concarneau (Juillet–Août 1988).
	Serveuse au restaurant Harvester à Cookham, Grande-Bretagne (Septembre 1988).

Le CV doit être accompagné d'une lettre de candidature manuscrite. Elle doit être claire dans sa présentation et montrer que vous connaissez l'entreprise. Elle doit insister sur l'expérience que vous mettez en avant pour susciter l'intérêt du recruteur et signaler votre attente d'un entretien. Voici un exemple de lettre de candidature à un poste d'illustratice.

Emmanuelle Abgrall
Textile designer – Illustratrice
8 rue Marcel Proust
tel: (1) 72 07 25 87

Paris, le 17 Septembre 1990

Référence: Votre annonce dans Bon A tirer no 935

Madame, monsieur,

Suite à votre annonce du mois de Juillet, je fais acte de candidature et sollicite un entretien avec vous.

En effet, je suis actuellement en possession d'un brevet de technicien supérieur de Design Textile et viens de conclure deux années de diplôme supérieur d'arts appliqués à l'école supérieure nationale des Arts Appliqués et Métiers d'Art de Paris 15e. J'ai eu l'occasion de travailler, en collaboration avec l'atelier de création textile Kowalevsky à Paris 11e, et je souhaite trouver un travail et un intérêt similaires à ceux que vous offrez.

Dans l'attente de votre réponse, je vous prie de croire à ma plus grande motivation et je vous adresse, madame, monsieur, mes salutations distinguées.

Abgrall

P.J. Curriculum Vitae.

TRANSLATION AND EXPLANATION

Job descriptions and advertisments

Here are four job advertisements published in the British daily paper, the *Guardian*, in the Careers and Jobs section (these ads now appear in the Europe Friday supplement to the paper). These four job advertisements are a good example of the French recruitment style and highlight selection criteria.

Note the importance given to the degree or diploma (Epson, Sovema, Amstrad), professional experience, a mastery of foreign languages and an analytical mind (Epson, Bernard Julhiet).

Salary is not usually mentioned but candidates are sometimes asked to indicate the salary sought or present salary. On the other hand

photographs are required (Bernard Julhiet, Amstrad) as is a handwritten letter – company directors, personnel managers (also called Human Resources Managers) and headhunters very often have the handwriting of their candidates analysed by reputable graphologists. It is interesting to note that the recruiting company addresses the candidate by using the word 'you': 'you are . . .' 'your dossier . . .' (as is the case in these four job advertisements), and that letters of reference are not mentioned.

As far as diplomas are concerned, recruiters often use abbreviations in the form of acronyms and numbers – for example, the Sovema advertisement: 'you have a higher technical qualification' (thermo-mechanics). This is a 2 year post-Baccalaureate diploma. The Baccalaureate is the point of reference without which it is difficult to get a good job in France.

The 'grande école commerciale' quoted by Amstrad refer to French business schools which are fruitful sources of good candidates.

It is therefore much more difficult for a self-taught person to have a good career in France but it is not impossible. Bernard Julhiet's advert insists on good experience of international trade and on intellectual skills and an analytical mind but it does not mention any specific degree or diploma. Would this be the exception that confirms the rule?

Let us move on to the all important writing of the curriculum vitae. It must of course be typewritten and ideally should be limited to one (A4) page.

The CV must be accompanied by a hand written letter of application. It should be clearly presented and show that you are familiar with the company. It must highlight the relevant experience in order to arouse the interest of the recruiter and it must indicate that you are expecting an interview.

Here is an example of a letter of application for a textile designer's job:

Emmanuelle Abgrall
Textile designer
8 rue Marcel Proust
Paris, 11 ème
tel: (1) 72 07 25 87

17 September 1990

Dear Sir,

Following your July advertisement I have decided to apply for the position of illustrator and would appreciate an interview.

I have a Higher Diploma in Textile Design and have just completed a two year Higher Degree in Art and Design at the Paris (15 ème) College of Art and Design.

I have had the apportunity to work for the Kowalevsky textile designers in Paris (11 ème) and I wish to find a position similar to the one that you are offering.

I look forward to hearing from you.

yours faithfully

Abgrall

Enc: Curriculum vitae

L'ANPE

L'ANPE – L'Agence Nationale Pour L'Emploi (job centre) – est un établissement public dépendant du Ministère des Affaires Sociales et de l'Emploi. Elle apporte son concours aux services chargés de l'emploi dans le domaine de l'accueil, de l'information des travailleurs, du conseil professionnel et du placement.

Elle est chargée:

- de la prospection des emplois disponibles et du placement des travailleurs. Les employeurs sont tenus de signaler à l'ANPE toute place vacante dans leur entreprise

- de l'accueil et de l'information des travailleurs

- de l'orientation des demandeurs d'emploi vers les centres de formation

- de l'établissement des statistiques relatives au marché de l'emploi.

L'ANPE comprend des centres régionaux, des sections départementales et des agences locales.

Translation

The ANPE (Job Centre) is a public institution which operates under the auspices of the Ministry of Employment and Social Affairs. It provides back-up for employment services from initial contact to provision of information, advice and job finding.
It is responsible for:

- finding and filling vacancies (employers are obliged to let the ANPE know of any vacancies in their company)

- providing initial contact and information for job hunters

- directing job hunters towards appropriate training centres

- drawing up all employment statistics.

The ANPE is made up of regional centres, department sections and local agencies.

VOCABULAIRE

publier	to publish
le quotidien	daily paper
la rubrique	section, heading
mettre en relief	to stress, emphasize

la maîtrise	command
l'esprit (*m*) de synthèse (*m*)	ability to sythesize
la rigueur	rigour
actuel	current
un chasseur de tête	head hunter
l'écriture (*f*)	hand-writing
soumettre	to submit
faire mention de	to mention
nul (le)	no, not any
le raccourci	shortcut
un sigle	acronym
un chiffre	number, figure
un emploi	job
la règle	rule
passer à	to move on to
la rédaction	write out, wording
taper à la machine	to type
tenir sur	to fit on
la formation	education, training
divers	other information
la connaissance	knowledge
la recherche	quest, search
la lettre de candidature	letter of application
mettre en avant	to put forward
susciter l'intérêt (*m*)	to arouse the interest
l'attente (*f*)	expectation
un entretien	interview
signaler	to notify, inform
l'ANPE	the Job Centre
apporter son concours	to give assistance
l'accueil (*m*)	welcome, reception
le conseil	advice
le placement	placing
disponible	available
une place vacante	vacant position, vacancy
un demandeur d'emploi	job seeker
un centre de formation	training centre
l'établissement	drawing up
un extrait	extract
le chômage	unemployment

GRAMMAR AND LANGUAGE NOTES

Indirect questions

The indirect question does not have a question mark and is introduced by 'que' or an indirect adverb such as 'combien' (how much, how many), 'comment' (how), où (where), 'pourquoi' (why), 'quand' (when), and 'si' (if). The difference between direct and indirect questions can be best understood by studying the examples below:

Direct   Je vous demande: 'Comment allez-vous?' I ask you: 'How are you?'

Indirect Je vous demande comment vous allez. I ask you how you are.

Direct   Il lui a demandé: 'Est-ce que vous avez expédié votre dossier de candidature?' He asked her: 'Have you sent your application form?'

Indirect Il lui a demandé si elle avait expédié son dossier de candidature. He asked her if she had sent her application form.

Direct   Elle m'a demandé: 'Pourquoi voulez-vous travailler dans notre société?' She asked me: 'Why do you want to work for our company?'

Indirect Elle m'a demandé pourquoi je voulais travailler dans leur société. She asked me why I wanted to work for their company.

Note the changes from direct to indirect questions.

For persons:

qui, qui est-ce qui? → qui
qui, qui est-ce que? → qui

For things:

qu'est-ce qui?	→ ce qui	(subject)
que, qu'est-ce que?	→ ce que	(object)
quoi?	→ quoi	(object)

Verbs introducing indirect questions

Some typical verbs and indirect question structures:

je vous demande	I ask you
je me demande	I wonder
je voudrais savoir	I'd like to know
il voudrait savoir	he'd like to know
Dites-moi	tell me
j'ignore	I don't know
elle ignore	she does not know
savez-vous	do you know
si	if
qui	who
avec qui	with whom
quel train	which train
à quelle heure	at what time
pourquoi	why
comment	how
où	where
combien	how much/many
quand	when
ce que	what
à quoi	what
avec qui	with whom

EXERCISES

A Translation

Following your application for a job with the French bank CREDIT LYONNAIS, you have received this letter. Please translate it into English.

CREDIT LYONNAIS

Fondé en 1863
capital : 480,000,000 de francs
r.c. lyon 54 b 974, f.b.f. 54

                                              Paris, le 13 juin 19
34-36, avenue de Friedland
75008 PARIS

DIRECTION du PERSONNEL
Recrutement-Orientation

                    M. ....

P.J. : l documentation
Références : DP7705 YT

M. ....

Nous avons bien reçu votre lettre où vous manifestez
le désir de travailler dans notre Etablissement.

Votre demande a retenu notre attention et, pour nous
permettre de commencer l'étude de votre candidature,
nous vous invitons à prendre contact avec la personne
qui sera chargée du suivre votre dossier.

Nous vous prions donc de téléphoner à Mademoiselle
Foltran (1) 45 29 30 – Poste 15 (de 9 H à 17 H) afin de
convenir avec elle de la date à laquelle vous pourrez
vous présenter à l'examen psychologique d'embauche.

A l'issue de l'examen et selon les résultats
obtenus, nous pourrons vous ménager une entrevue avec
Mademoiselle Douvre qui vous présentera alors les
possibilités d'orientation que nous envisageons pour
vous en fonction de vos goûts et de vos aptitudes.

Nous vous prions de croire en l'expression de nos
sentiments distingués.

                          Le Reponsable du Recrutement,

Key

```
                                    Paris, 13th June 19..

Personnel Department
Recruitment - Careers

Enc: documentation
Ref: DP 7705 YT

Dear M...............

Thank you for your letter in which you indicate that
you would like to work at the Crédit Lyonnais.

Your application is of interest to us and in order to
enable us to study your suitability for the position
more closely, we would like you to contact the person
who will be in charge of your dossier.

Could you therefore ring Miss Foltran on (1) 45 29 30
ext 15 between 9 a.m. and 5 p.m. in order to make an
appointment to come for the recruiting psychology
test?

Depending on the results of this test, we shall arrange
your interview with Miss Douvre who will then indicate
the avenues open to you within the company, bearing in
mind your interests and strengths.

Yours sincerely


Personnel Manager
```

278 Business French Made Simple

B Making an appointment

Now ring Miss Foltran to fix the date for your recruiting psychology test.

You have got through to 'la réception' and asked for Mademoiselle Foltran, poste 15.

Réceptionniste   C'est de la part de qui, s'il vous plaît?

You: Give your name, spelling your surname.

R.   Un instant, je vous la passe . . .

Melle Foltran   Bonjour, Monsieur.

Y.   Hello. Following M. T.'s letter, I am ringing you to fix the date for my tests.

Melle F.   Ah bien sûr, Monsieur. Un instant, je consulte mon agenda . . . Voyons-voir . . . seriez-vous libre le 20 septembre à 14h30?

Y.   I think so . . . yes, it's fine. September 20th at 2.30 p.m. Could you tell me exactly where I must report to?

Melle F.   A la réception de notre agence, avenue Friedland, Monsieur.

Y.   Fine, see you on the 20th. Thank you very much.

Melle F.   Je vous en prie. Au revoir, Monsieur.

Y.   Goodbye, Miss Foltran.

Key

Suite à la lettre de Monsieur T., je vous téléphone pour fixer la date de mon examen psychologique d'embauche.

Je crois que oui . . . oui, parfait. Le 20 septembre à 14 heures 30. Pourriez-vous me dire exactement où je dois me présenter?

Très bien. Au 20 septembre. Merci beaucoup. Au revoir, Melle Foltran.

C Curriculum vitae

Write your curriculum vitae and have it checked by a native before sending it to a French company. Remember to keep it clear and concise.

D Application letter

Write a short letter of application for one of the jobs included in this unit. Pick the one that appeals to you the most.

You can start with: Monsieur or Messieurs. To finish use one of the following awfully long and complicated endings; they all mean Yours faithfully (see pages 252–253).

Use formulae such as:

- Je vous prie de trouver ci-joint mon curriculum vitae

- Mon expérience en . . . devrait me permettre de . . .

- Je suis (your present position) et m'intéresse vivement à (I am particularly interested in)

- Les compétences qui j'ai acquises en matière de gestion financière/marketing/informatique correspondent au profil du poste que vous recherchez. (The competence that I have acquired in financial management/marketing/computing correspond to this job definition).

There again if you are applying for a job in a French-speaking country, have your letter of application checked by a French native.

E Interviews

Since your French is so good, you have been asked by your sister company in Paris to help them recruit a British candidate for a marketing post. You have been given this interviewing form to help you choose the best person for the job.

Please translate it into English to send it to your Managing Director in England together with the selected candidate's dossier.

Fiche d'Entretien du Candidat: M/Mme/Melle ....

Poste à pourvoir:	Responsable Gestion Import–Export
Qualités requises:	Expérience, Rigueur, Négociation
Recruteur: M [you] Mme Melle	**Société:** EPSON Micro-informatique

1 **Contact**   Très   Assez Peu

le candidat est-il   sympathique?
                                         antipathique?

calme?
nerveux?
timide?
bavard?

ses vêtements sont-ils   élégants?
classiques?
originaux?

votre première impression est-elle bonne?   Oui   Non

2   **Qualités personnelles et professionnelles**

Oui   Non

le candidat a-t-il   les diplômes requis?
l'expérience requise?
la pratique des langues?
l'esprit de synthèse?
la connaissance du
marché international?

3   **Motivation**   Oui   Non

le candidat a-t-il un plan de carrière?
son plan de carrière correspond-il au poste à fournir?
est-il très motivé pour ce poste?

4   **Décision**   Oui   Non

Retenez-vous cette candidature?

Date ....   Signature ....

Key

Interview form of Mr/Miss/Mrs/Ms.......................

Position to be filled: Financial Controller Import–Export

Qualities demanded: Experience,   Seriousness,
Negotiating skills

Interviewer: Mr [you]   **Company:** EPSON Micro-computing
Mrs
Miss

1   First Contact   very   fairly   not very

   is the candidate   pleasant?
                               unpleasant?
                               calm?
                               nervous?
                               shy?
                               talkative?

   are his/her clothes   elegant?
                               of a classic style?
                               original?

   is your first impression good?   Yes   No

2   Personal and professional qualities

                                                     Yes · No

   Does the candidate have   the required qualifications?

                                the required experience?

                                an analytical mind?

                                a   good   command   of   foreign
                                languages?

                                a   good   knowledge   of   international
                                markets?

3   Motivation

                                                     Yes   No

   Does the candidate have a clear career plan?

   Does it correspond to this post?

   Is he/she very motivated for this post?

4   Decision

                                                     Yes   No

   Do you select this application?

   Date ....   Signature ....

F Indirect questions

Put the following sentences into the indirect style:

1 Je te demande: 'As-tu fini ton curriculum vitae?'
2 Il se demandait: 'Qu'est-ce que je dois mettre en avant pendant l'entretien?'
3 Je voudrais savoir: 'Qu'est-ce qu'elle t'a dit?'
4 Il m'a demandé: 'Qui est-ce qui vous a parlé de notre société?'
5 Il m'a demandé: 'Vous aimez les voyages?'

Key

1 Je te demande si tu as fini ton CV.
2 Il se demandait ce qu'il devait mettre en avant pendant l'entretien.
3 Je voudrais savoir ce qu'elle t'a dit.
4 Il m'a demandé qui m'avait parlé de leur société.
5 Il m'a demandé si j'aimais les voyages.

G Interrogative words

Complete the following sentences with an interrogative word:

1 Dites-moi, s'il vous plaît, _____ se trouve la gare Montparnasse.
2 Dites-nous _____ ces informations sont correctes.
3 Je voudrais savoir _____ vous avez posé votre candidature à ce poste?
4 Je ne sais vraiment pas _____ peut raconter comme cela pendant des heures au téléphone.
5 Personne ne sait _____ il prendra sa retraite (to retire)?

Key

1 où   2 si   3 pourquoi   4 ce qu'il   5 quand

H Missing words

(i) Listen to the following message on the ansaphone; then fill in the gaps in the text using these words:

rappellerons; en mesure; panne; au travail; merci; opérationnels; message

En raison d'une .....(1)..... affectant notre réseau de communication nous ne sommes pas .....(2)..... de vous passer votre correspondant. Les ingénieurs des télécommunications sont .....(3)..... en ce moment et nous espérons pouvoir être .....(4)..... sans délai. Veuillez laisser votre .....(5)..... après la tonalité et nous vous .....(6)..... aussi tôt que possible .....(7)..... .

Key

(1) panne   (2) en mesure   (3) au travail   (4) opérationnels   (5) message   (6) rappellerons   (7) merci

(ii) Tell your French colleague what you have heard on the Ansaphone.

Key

Ils disent que leur réseau de communication est en panne et qu'ils ne sont pas en mesure de nous passer notre correspondant. Ils disent aussi que les ingénieurs des télécommunications sont au travail en ce moment et qu'ils espèrent être opérationnels sans délai. Ils veulent qu'on laisse notre message après la tonalité et disent qu'ils nous rappelleront aussi tôt que possible. Ils nous remercient!

I Entretien d'embauche

Listen to the following interview, then answer the questions for yourself.

1 Quel domaine vous attire le plus (le marketing, la finance, la gestion des ressources humaines, la production)?   *What area appeals to you most (marketing, finance, HRM production)?*

2 Qu'est-ce que vous faites pendant votre temps libre? A quoi occupez-vous vos loisirs?   *What do you do in your free time?*

3 Quelles sont vos qualités?   *What are your strengths?*

4 Quels sont vos défauts?   *What are your weak points?*

5 Quel type d'emploi souhaitez-vous?   *What sort of job do you want?*

6 Combien espérez-vous gagner?
- maintenant
- à 30 ans
- à 40 ans etc?

How much do you hope to earn?
- *now*
- *at 30*
- *at 40 etc?*

7 Préférez-vous travailler seul ou en équipe?

Do you prefer to work alone or in a team?

8 Quelles sont, à votre avis, les qualités d'un bon patron?

What, in your opinion, are the qualities a good boss should have?

9 Donnez-moi un exemple concret de votre esprit d'iniatitive.

Give me a concrete example of your ability to take initiatives.

10 Parlez-nous de vos études. Qu'est-ce qu'elles vous ont apporté?

Tell us about your studies. What have they brought to you?

11 Qui sont les grands patrons que vous admirez le plus et pourquoi?

Who are the captains of industry that you admire most and why?

12 Pourquoi est-ce qu'on devrait vous offrir cet emploi pour lequel vous vous êtes porté candidat?

Why should we offer you this job for which you have applied?

BACKGROUND NOTES

Formation

Education Supérieure:	Higher Education
Baccalauréat:	Equivalent to A levels but broader based
DUT (BAC + 2 années d'éducation supérieure: Diplôme Universitaire de Technologie;	vocationally orientated diploma in many different disciplines
(gestion, génie mécanique, génie électrique, etc.	management, mechanical engineering, electrical engineering)
BTS: Brevet Technicien Supérieur	(similar to DUT)
Diplôme d'une Ecole de Commerce (HEC, ESSEC, ESCAE) (BAC + 4 ou 5 années)	Diploma from a Business School (BAC + 4 or 5 years)

Licence ès Lettres ou Licence ès Sciences   BA, Bsc, (BAC + 3 années)
(BAC + 3 years)
Maîtrise   (BAC + 4 années)   Masters   (BAC + 4 years)

Useful addresses and bibliography

L'Etudiant
27 rue du Chemin-Vert
75543 Paris Cedex 11

L'Etudiant is a monthly magazine but it also publishes excellent guides
on numerous careers. The following are just an example of these guides:

No 19: *Les Métiers de la Publicité* (jobs in advertising)

No 29: *Les Métiers de la Gestion et de la Comptabilité* (management
and accounting jobs)

No 33: *Les Métiers du Tourisme et de l'Hôtellerie* (tourism and hotel
management jobs)

No 35: *Les Métiers du Secrétariat* (office management jobs)

*Bilingual guide to Business and Professional Correspondence: Guide
Bilingue de la Correspondance Commerciale et Professionnelle* by Joseph
Harvard and Felix Rose (Pergamon Press)

La Correspondance Commerciale en Anglais par
C. Geoghegan, N. Marcheteau, B. Dhuicq dans la collection, *Les Langues
Pour Tous* (Presses Pocket)

This paperback is full of vocabulary and model business letters translated
into French. A very good book even though its aim is to teach English
business correspondence to the French. Excellent value for money!

Bilingual Handbook of Business Correspondence and Communication
(Français–Anglais, English–French)
by Susan Davies and Armel Esnol (Prentice Hall International) 1990

L'ANPE
Division de l'Information Professionnelle
53 rue du Général Leclerc
92136 ISSY-LES-MOULINEAUX

In the telephone directory or on the Minitel you can find the addresses
and phone numbers of the local branches of the ANPE. They are present
in over 600 towns in France.

Unit 22

La Télématique
(Telecommunications)

SETTING THE SCENE

Since early 1990, the yellow vans of the French PTT and the blue ones of France–Télécom have decided to go their separate ways. In spite of, or perhaps because of, growing international competition in the sectors of postal services and telecommunications, both of these public services are doing well. With a turnover of 65 billion francs for the PTT and close to 100 billion francs for France–Télécom, they are among the largest companies in France and make comfortable profits. The PTT (in fact, PTE, but few people are aware that they have changed their name!) is also the largest bank in France, with 17 000 branch offices and 15% of all annual deposits.

This unit looks at the different services offered to French industry and to private individuals by France–Télécom, and takes a speculative peep into the future of this high-tech, high growth sector. As the subject matter is rather technical, the dialogue is divided into three parts, each followed by a translation into English.

DIALOGUE Part 1

T-Bags un grossiste britannique, projette d'ouvrir une filiale en France, George Brown, le responsable de la bureautique, se renseigne avant de choisir le matériel qu'il leur faudra en matière de télécommunications. Il parle avec Patrick Perrin qui est directeur de l'agence commerciale régionale de France–Télécom.

G Brown   C'est très aimable de m'avoir reçu sans rendez-vous.
           J'apprécie d'autant plus que je dois retourner en Angleterre

	cet après-midi, et que j'ai besoin de pas mal de renseignements auparavant.
P. Perrin	C'est avec plaisir. C'est mon rôle de recevoir de futurs clients et de les conseiller sur le type d'installation qui convient le mieux à leurs besoins. Est-ce que vous pouvez me donner une idée de la taille de votre opération et du type d'activité envisagé?
G.B.	Bien sûr; mais tout d'abord j'aimerais vous demander quelques précisions sur certains termes utilisés dans votre brochure. Le langage n'est pas toujours facile pour un anglais et je préfère être sûr d'avoir bien compris.
P.P.	Je vous en prie; vous avez tout à fait raison.
G.B.	Merci. Eh bien, pour commencer, que veut dire exactement 'la télématique'? C'est un terme qu'on utilise beaucoup, mais comme tous ces nouveaux mots, le sens reste un peu vague.
P.P.	Le mariage de la télécommunication et de l'informatique a donné naissance à 'la télématique', il y a une dizaine d'années. Le mot désigne l'ensemble des moyens techniques mis en oeuvre pour automatiser une communication écrite, parlée ou visuelle. Est-ce que cette définition vous satisfait?
G.B.	Oui et non. Cela reste tout de même un peu flou dans mon esprit. Est-ce que vous pouvez me donner des exemples concrets?
P.P.	Par exemple, tous les produits nouveaux à l'intention des utilisateurs individuels et professionnels; c'est à dire la possibilité soit de consulter soit de faire une transaction à distance. On peut consulter l'annuaire électronique, le cours de la bourse ou toute une gamme de renseignements divers. On peut également passer une commande, réserver des places, faire un paiement électronique et ainsi de suite. Voici quelques exemples des possibilités offertes par la télématique. OK?
G.B.	Oui, c'est plus clair. Et la bureautique?
P.P.	C'est l'automatisation des travaux de bureau. On interconnecte des ordinateurs individuels et des systèmes de traitement de texte via des réseaux internes. Ces réseaux locaux peuvent ensuite se connecter à d'autres centres via les réseaux publics.

Translation

A British wholesaler, T-Bags, is planning to open a subsidiary in France. George Brown, who is in charge of office equipment, is making inquiries before deciding what equipment to buy to meet their communications requirements. He is talking to Patrick Perrin who is the regional sales manager for France–Télécom.

G. Brown	It was kind of you to see me without an appointment. I'm all the more grateful as I have to be back in England this afternoon and I need quite a lot of information beforehand.
P. Perrin	It's a pleasure. It's my job to meet future customers and to advise them on the kind of set-up best suited to their needs. Could you give me an idea of the size of your operation and of the type of business?
G.B.	Of course, but may I just ask you for a few explanations of some of the terms used in your leaflet? The language is not always easy for an English person and I want to be sure I have understood correctly.
P.P.	Go ahead – I quite understand.
G.B.	Thank you. Well, to start with, what does 'télématique' mean exactly? It's a word that's used a lot, but like all these new words, the meaning remains a bit vague.
P.P.	Telecommunications and computers got married about ten years ago and gave birth to 'télématique'. The term covers all the technical means that come into play to render written, spoken and visual communication automatic. Are you happy with that definition?
G.B.	Yes and no. It's still a bit hazy; could you give me some specific examples?
P.P.	For example, all the new products that have been developed for private and professional users; i.e. the possibility to consult or to transact at a distance. You can consult the electronic telephone directory, the latest stock market prices and a whole host of information sources. You can also place an order, make bookings, make an electronic payment and so on. These are some of the possibilities offered by 'la télématique'. OK?
G.B.	Yes, that's clearer. And what about 'la bureautique'?

P.P.   That is the automation of office work. Individual computers and word-processing systems are interconnected into networks. These local networks can then be linked to other centres, via the public network.

DIALOGUE Part 2

P.P.   Et si on parlait un peu de votre projet en France?

G.B.   Nous pensons, dans un avenir très proche, nous installer dans votre région. Au début, notre filiale sera petite, avec deux britanniques détachés du siège de Londres, et quatre ou cinq Français recrutés sur place. Nous travaillerons avec un réseau de VRP, qui couvrira tout le territoire français.

P.P.   Vous ne comptez pas vous développer davantage?

G.B.   Si l'affaire se développe comme nous l'espérons, d'ici un an ou deux, nous aurons une vingtaine de personnes ici et quatre ou cinq petites agences dans d'autres régions.

P.P.   Je suppose que vous aurez à communiquer fréquemment avec l'Angleterre et avec vos vendeurs en France?

G.B.   Tout à fait; verbalement et par écrit. Ainsi qu'avec nos clients en France et avec nos fournisseurs en France et au Royaume-Uni.

P.P.   Bien. Dans un premier temps, il faut prévoir une installation assez légère mais qui vous laisse la possibilité d'évoluer au fur et à mesure de votre développement.

G.B.   C'est bien ce que j'envisageais. Je veux éviter de faire un mauvais choix au départ, ce qui nous contraindrait à de nouveaux investissements par la suite. C'est le but de ma démarche aujourd'hui.

P.P.   J'ai bien compris. De toute façon, en ce qui nous concerne, vous n'aurez pas d'investissements lourds à prévoir.Les coûts ultérieurs dépendront de l'utilisation que vous faites des réseaux. Quant à la bureautique, la plupart des agences proposent des contrats de location avantageux, si vous voulez éviter de grosses dépenses au démarrage.

G.B.   Plus concrètement, qu'est-ce que je dois prévoir comme matériel au départ?

P.P.   Je vous conseille quatre de nos services pour commencer: le Minitel, Télétex 2, la télécopie et, évidemment, le téléphone.

G.B.   Vous pouvez me donner les raisons de ce choix?

P.P.   Le téléphone et la télécopie pour vos communications nationales et internationales; Télétex 2 pour gérer votre réseau de vente en France; enfin, le Minitel pour accéder aux bases de données et aux services annexes.

G.B.   Quand les Français parlent de la télécopie, ils disent souvent 'le fax', n'est-ce pas?

P.P.   Ils ne devraient pas, puisque nous avons un mot français. Mais on a du mal à se défendre contre l'invasion des anglicismes. Il est vrai que 'fax' est plus court!

G.B.   Qu'est-ce que c'est le Télétex 2?

P.P.   Il permet l'échange automatique de tout type de documents bureautiques. Cela veut dire que vous pouvez envoyer ou recevoir du courrier, des fichiers, des tableaux, etc.

G.B.   Est-ce qu'on pourra utiliser les mêmes ordinateurs que ceux qui équipent nos bureaux en Angleterre? C'est pratique pour une entreprise d'avoir du matériel standard.

P.P.   Certainement. Télétex fonctionne sous MS DOS et sur Macintosh, et il est compatible avec les principaux logiciels de traitement de texte du marché.

G.B.   Et pour le Minitel?

P.P.   Prenez le Minitel 12, c'est le parfait communicateur.

Translation

P.P.   Let's talk about your French project.

G.B.   In the near future, we hope to set up in this region. To start with, the subsidiary will be small – two British employees posted from our head office in London and four or five French employees, recruited on the spot. We will work with a network of travelling sales persons, covering the whole of France.

P.P.   Do you have plans for further development?

G.B.   Within a year or two, if things go as well as we hope, we shall have twenty or so people here and four or five small branch offices in other regions.

P.P.   I imagine you will need to communicate frequently with England and with your sales force in France.

G.B.   Right; orally and in writing. Also with our customers in France and with our suppliers in France and the UK.

P.P.	OK. In the early phase, a fairly light set-up will do, but it should be capable of evolving to keep pace with your future growth.
G.B.	That's exactly how I see it myself. I want to avoid making wrong choices at the outset, which would necessitate further investment later. That's why I'm here today.
P.P.	Quite. In any case, as far as we're concerned, you won't need to plan for any heavy investment. Costs will ultimately depend on how much use you make of our networks. As for the office equipment, most firms offer interesting leasing solutions, if you want to avoid a big outlay at the start.
G.B.	In real terms, what equipment shall I need to get started?
P.P.	I'd recommend four of our services to begin with: the Minitel, Télétex 2, a fax and, of course, the telephone.
G.B.	Could you give me your reasons for this choice?
P.P.	The telephone and the fax for your domestic and international communications; Télétex 2 to manage your sales force in France; and the Minitel to access the data banks and ancillary services.
G.B.	Don't the French often use 'fax' instead of 'télécopie'?
P.P.	They shouldn't, since we have a French word, but it's very difficult to counter this invasion of anglicisms. And 'fax' is certainly a lot shorter!
G.B.	What is Télétex 2?
P.P.	It facilitates the exchange of all types of business documents. It means you can send and receive mail, files, spread-sheets and so on.
G.B.	Shall we be able to use the same computers as in our office in the UK? It's handy for a firm to use standard material.
P.P.	Definitely. Télétex operates under MS DOS and with Macintosh; it's also compatible with most of the word-processing software on the market.
G.B.	And what about the Minitel?
P.P.	Choose the Minitel 12, it's the perfect communicator!

DIALOGUE Part 3

G.B.	Et si nous nous développons très rapidement?

P.P.   Pas de problème! Déjà, le Télétex 2 est un système puissant qui répond bien aux besoins d'une entreprise d'une certaine taille. Ensuite, il vous serait facile d'évoluer vers d'autres systèmes, tels que le Transpac, pour l'envoi et la réception de données par paquets, ou les réseaux Transfix si vous avez besoin de liaisons permanentes. Mais là, il s'agit de systèmes lourds pour de grandes entreprises.

G.B.   Ne sait-on jamais! Transfix et Transpac sont donc des produits d'avenir?

P.P.   Ils ont certainement un bel avenir devant eux, bien que Transpac existe depuis quelques années. Cependant, le développement le plus prometteur actuellement est le réseau Numéris.

G.B.   De quoi s'agit-il?

P.P.   Transpac convient bien à des besoins ponctuels et aux applications interactives; Transfix est conçu pour des transferts volumineux de longue durée; Numéris peut convenir à toutes les applications dans une entreprise, surtout quand il s'agit de débits importants, de courte durée.

G.B.   Je crois que nous avons un système numérique en Grande-Bretagne.

P.P.   Actuellement, la France est connectée à des systèmes numériques en Belgique, Allemagne, Danemark, Royaume Uni, ainsi qu'au Japon et aux Etats-Unis. L'avenir est certainement aux informations numérisées, car de tels systèmes sont rapides, fidèles, simples, peu onéreux et ont de multiples applications. Et pour une fois nous avons une norme internationale!

G.B.   Vous avez sûrement raison. Est-ce que vous voyez d'autres développements intéressants?

P.P.   Il y en a beaucoup. Pointel, développé chez vous d'ailleurs, permettra au personnel en déplacement de rester en contact avec l'entreprise. British Telecom et France Télécom travaillent en collaboration pour le commercialiser prochainement.

G.B.   Et avec le tunnel sous la Manche! Vive la communication!

P.P.   Espérons qu'il y aura beaucoup de britanniques qui parleront le français aussi bien que vous! Au revoir, Monsieur.

Translation

G.B.	And what if we grow rapidly?
P.P.	That's not a problem. Télétex 2 is already a powerful system which easily meets the needs of even a fair-sized firm. Then you could always move up to another system, such as Transpac, for sending and receiving batches of information, or the Transfix network, if you require permanent links. But these are heavy-weight systems for large companies.
G.B.	Well, you never know! So Transpac and Transfix are products with a future?
P.P.	Transpac has been on the market for some time, but they undoubtedly have a bright future in store. However, the most promising development at the moment is probably the Numéris network.
G.B.	What is that?
P.P.	Transpac is suitable for occasional needs and interactive applications; Transfix is intended for bulk transfers over long periods; Numéris can meet most of the needs of a company, especially in the case of heavy flows over a short period.
G.G.	I believe we have a digital system in Britain.
P.P.	Yes, France is currently connected to digital networks in Belgium, Germany, Denmark, the UK, Japan and the United States. This is certainly the technology with the best potential, for it is fast, simple, cheap and has multiple applications. And for once we have an international standard.
G.G.	You're probably right. Do you see any other interesting developments?
P.P.	There are so many! Pointel for instance, which has been developed in Britain, will enable employees to keep in touch while away from the firm. British Telecom and France Télécom have collaborated on this project which should be on the market soon.
G.G.	And with the Channel Tunnel, long live communications!
P.P.	Let's hope there'll be a lot of British people who'll speak French as well as you do! Goodbye.

VOCABULAIRE

Part 1

la télématique	automated communication systems
une filiale	subsidiary
un grossiste	wholesaler
projeter	to plan, to intend, to propose
d'autant plus	all the more
pas mal de	quite a lot of (*fam*)
conseiller (*v*)	to advise
le sens	meaning
donner naissance (*f*) à	to give birth to
flou	blurred
un utilisateur	user
un annuaire	directory
le cours de la bourse	stock exchange prices
la bureautique	the modern office, the integrated office
le traitement de texte (*m*)	word-processor, word-processing
un ordinateur	computer
un réseau	network

Part 2

s'installer	to establish oneself, to set up
le siège (social)	head office
une agence	agency, branch office
évoluer	to evolve
éviter	to avoid
envisager	to consider, to envisage, to have in mind
ultérieur	subsequent, future
contraindre	to compel, to oblige
la télécopie	facsimile transmission, fax
une base de données (*fpl*)	data base
avoir du mal	to find (it) difficult
un échange	exchange
un logiciel	software

Part 3

des données (*fpl*)	data
une liaison	connection, junction
actuellement	at present, today
concevoir	to conceive, to imagine, to make
un débit	a flow, output
numérique	digital
onéreux	expensive, onerous
une norme	a standard
en déplacement (*m*)	on a business trip
manquer	to lack

QUESTIONS

1 Pourquoi George Brown est-il pressé? (in a hurry)
2 Quelle est la définition donnée à 'la télématique' par Patrick Perrin?
3 Quel genre de transactions peut-on effectuer avec la télématique?
4 T-Bags aura combien d'employés en France au début?
5 De quoi dépendront les coûts ultérieurs en matière de télématique?
6 A quoi servira le Minitel?
7 Est-ce que l'entreprise pourra utiliser le même type d'ordinateurs en France et au Royaume-Uni?
8 Est-ce que T-Bags va s'équiper de Transpac ou de Transfix?
9 Quel est le grand avantage des réseaux numériques sur le plan international?

Réponses

1 Parce qu'il doit être de retour en Angleterre dans l'après-midi.
2 L'ensemble des moyens techniques mis en oeuvre pour automatiser une communication écrite, parlée ou visuelle.
3 On peut passer une commande, réserver des places ou faire un paiement électronique.
4 Ils auront six ou sept employés, dont 2 Britanniques.
5 Ils dépendront de l'utilisation faite des réseaux par T-Bags.
6 Le Minitel servira pour accéder aux bases de données et aux services annexes.

7 Oui, parce que le Télétex est compatible avec la majorité des ordinateurs et logiciels sur le marché.

8 Non, parce que ce sont des systèmes lourds pour grandes entreprises.

9 Ils sont compatibles, parce qu'il y a une norme internationale.

EXERCISES

Translate

George Brown is back in England and he is talking to his boss about his trip to France.

G.B   I spoke to Mr Perrin about our set-up and about our needs in telecommunications. He was very kind and patient with me!

J.C.   Sales managers always are with future customers. Does he think we'll need to make large investments?

G.B   No, very few, in fact. The costs depend on the use you make of their networks.

J.C.   Like in England.

G.B   Well, no. The Minitel and the Télétex are not expensive to install and they are compatible with our computers.

J.C.   Is all this in your report?

G.B   Of course; I wrote it on the plane.

J.C.   Well, I'll read it this evening, because I have to go now. Oh, did Mr Perrin understand you all right?

G.B   Of course. He even congratulated me on the quality of my French!

J.C.   I see what you mean by 'kind and patient'!

Key

George Brown est de retour en Angleterre et il parle à son patron de son voyage en France.

G.B   J'ai parlé à M. Perrin de notre installation et de nos besoins télématiques. Il a été très aimable et patient avec moi!

J.C.   Les directeurs commerciaux le sont toujours avec de futurs clients. Pense-t-il que nous aurons besoin de faire de gros investissements?

G.B	Non; très peu, en fait. Les coûts dépendent de l'utilisation qu'on fait de leurs réseaux.
J.C.	Comme en Angleterre!
G.B	Eh bien, non. Le Minitel et le Télétex ne sont pas chers à l'installation et ils sont compatibles avec nos ordinateurs.
J.C.	Tout ceci est dans ton rapport?
G.B	Bien sûr; je l'ai écrit dans l'avion.
J.C.	Bien, je le lirai ce soir, car je dois partir. Et est-ce que M. Perrin t'a bien compris?
G.B	Bien sûr! Il m'a même félicité pour la qualité de mon français!
J.C.	Je vois ce que tu veux dire avec 'aimable et patient'!

J Vocabulary

Fill in the blanks by choosing an appropriate word from the list below:

Le monde de la communication a beaucoup évolué ces dernières années et on s'attend à d'autres progrès importants dans un avenir proche. Le .....(1)..... reste le moyen le plus simple et le moins .....(2)..... pour communiquer oralement à distance. Bientôt, on pourra voir la personne avec qui on parle grâce à la .....(3)..... . Pour .....(4)..... un document écrit ou graphique on peut utiliser la .....(5)..... , que beaucoup de gens en France appellent le .....(6)..... , bien que ce mot soit un anglicisme. Lorsqu'il s'agit d'envoyer des .....(7)..... informatisées, le réseau .....(8)..... convient le mieux, à condition d'avoir un .....(9)..... chez vous. Si vous voulez un renseignement ou si vous voulez passer une .....(10)..... , il faut se servir du .....(11)..... .

a transmettre; b données; c Minitel; d onéreux; e fax; f ordinateur; g téléphone; h télécopie; i commande; j visiophonie; k Télétex ou Numéris

Key

1g; 2d; 3j; 4a; 5h; 6e; 7b; 8k; 9f; 10i; 11c

LES TERMINAUX
PROFESSIONNELS

LA NOUVELLE GÉNÉRATION

MINITEL 12
Le parfait communicateur

Conçu pour un usage en milieu professionnel, il est à la fois un téléphone multi-fonctions haut de gamme et un Minitel "intelligent".

Le répondeur enregistreur télématique.
24 heures sur 24, le Minitel 12 veille et accueille les correspondants. Depuis n'importe quel Minitel, l'appelant prend connaissance du message d'accueil, compose son message et le dépose dans la mémoire du Minitel 12 de son correspondant. Un témoin lumineux avertit de l'arrivée des nouveaux messages. Une imprimante peut être connectée au Minitel 12 pour permettre la sortie automatique d'une trace écrite du message. Le répondeur télématique du Minitel 12 est interrogeable à distance pour prendre connaissance des messages qui y sont déposés.

Répertoire et appel automatique
Le Minitel 12 dispose d'un répertoire de 51 fiches. Ce répertoire permet à l'utilisateur d'enregistrer des numéros d'appel de correspondants, des codes de service et même les procédures d'accès à une page à l'intérieur d'un service.

Protection par mot de passe du Minitel.
Grâce à la protection par mot de passe, l'utilisateur peut contrôler l'usage qui est fait de son Minitel.

Téléphone électronique haut de gamme
Appel sans décrocher le combiné, écoute amplifiée, appel automatique des correspondants inscrits dans le répertoire, appel express, appel automatique d'un correspondant trouvé dans l'Annuaire Electronique, renouvellement du dernier appel.

(Location-entretien : 85 F TTC par mois)*

MINITEL 2
Le Minitel des années 1990

Le Minitel 2 intègre des fonctions très appréciées des particuliers comme des professionnels. Séduisant, sûr et surtout astucieux, il est le nouveau terminal tout public des années 90.

Plus grande simplicité d'emploi.
Les numéros d'appel Télétel sont composés directement sur le clavier du Minitel 2, sans utiliser de poste téléphonique.

Répertoire et appel automatique.
Le Minitel 2 dispose d'un répertoire de 10 codes de services Télétel. Ce répertoire permet à l'utilisateur d'enregistrer les codes d'accès aux services les plus fréquemment consultés et de les appeler automatiquement.

Protection par mot de passe.
Grâce à la protection par mot de passe, l'utilisateur peut contrôler l'usage qui est fait de son Minitel 2.

(Location - entretien : 20 F TTC par mois)*
* Dans le cadre du service Annuaire Eléctronique

BACKGROUND NOTES

1   The area dealt with in this chapter is undergoing such sweeping changes that much of it will be out of date next week! The causes are technological, political and universal and although France has been a leader in some areas in recent years, it may not remain in the forefront indefinitely. Only a visionary could make the right choices at the right time in this field, but France certainly made an astute one when it decided to distribute the Minitel free of charge. Not only did this generate enormous revenues (especially the 'pink' services!) but it made a large sector of the general public a little more 'computer literate', and involved and interested them in further developments in telecommunications.

2   The products described here are not the only ones offered by France–Télécom, but it is not the aim of this book to be exhaustive in technical areas, merely to give as wide a view as possible of the language required to discuss such matters. One major omission is the telex, and another is the increasing use made by French companies of the audio-conference facilities. The latter will certainly become a big growth area with the extension of visio-conference facilities.

3   For further information and up-dates, write to:

    Direction Générale des Télécoms
    20 avenue de Ségur
    75007 PARIS

or call: 010 33 145 64 22 22

Le système bancaire
(The French banking system)

SETTING THE SCENE

This unit looks at the French banking system and its relations with the different sectors of French industry. The information is presented in the form of descriptive texts, dialogues and documents. Language practice using the specialized vocabulary is provided in the exercises.

The first text describes the general structure of the French banking system.

LES BANQUES FRANCAISES

Le montant total des dépôts en France sélève à 3 500 milliards de francs, déposés dans l'ensemble du système national de crédit. L'état est responsable de la gestion de la plus grande partie de cet argent car, depuis la nationalisation des grandes banques en 1947 et 1982, moins de 20% des transactions s'effectuent dans des établissements privés. D'ailleurs, le plus grand banquier de France est la Poste qui, par l'intermédiaire de ses 17 000 bureaux de poste et de la Caisse d'Epargne Nationale, s'occupe de 15% des dépôts d'argent.

L'état exerce son contrôle sur le crédit par le biais du Conseil National du Crédit, de la Commission de Contrôle des Banques et des établissements de crédit publics ou parapublics. Parmi ces derniers, on peut citer la Caisse des Dépôts et Consignations (qui gère les Caisses d'Epargne), les CCP, les dépôts des Assurances et les Caisses de Retraites et Pensions. Pour terminer, il y a l'Institut de Développement Industriel et le Crédit National, qui consentent des prêts aux commerçants et aux industriels.

La Banque de France émet des billets de banque et détient les fonds publics. Elle est la banque des banques, car elle exerce une tutelle sur les autres banques. Lorsqu'une banque a besoin de liquidités, elle peut vendre des effets à la Banque de France, qui pratique également le réescompte.

Depuis la dernière guerre mondiale, beaucoup de banques ont été nationalisées et beaucoup d'autres ont disparu par le jeu des fusions et des rachats. Le secteur privé n'assure que 20% du crédit et se compose de petites banques ou de banques étrangères. Par ailleurs, on assiste au développement des banques mutualistes, non nationalisées, telles que le Crédit Mutuel et la Banque Populaire (prêts aux commerçants et aux artisans) et le Crédit Agricole qui est devenu l'une des premières banques du monde.

Les grandes banques

Les quatre plus grandes banques françaises sont la Banque Nationale de Paris (BNP), le Crédit Agricole (CA), le Crédit Lyonnais (CL) et la Société Générale (SG). Elles valent quelques 33 milliards de francs à elles quatre et la plus petite, la Société Générale, figure tout de même au treizième rang mondial! En 1984, on dénombrait 406 banques en France, dont 293 banques de dépôts, 40 banques d'affaires et 73 banques de crédit à long et moyen terme.

Translation

The sum total of deposits in French banks amounts to 3500 billion francs, deposited throughout the national banking system. The state manages most of this money, as fewer than 20% of the transactions are carried out in private institutions, since the 1947 and 1982 nationalizations. Moreover, the biggest banker in France is the Post Office which, through its 17,000 agencies and the National Savings Bank, handles 15% of all cash deposits.

The state controls credit through such intermediaries as the National Credit Council, the Bank Audit Commission and the public and semi-public banking organizations, such as the Deposits and Consignments Bank (which runs the Savings Banks), the CCP (post office 'Giro' accounts) and deposits from insurance and pension funds. Finally, there are the Industrial Development Institute and the National Credit, which grant loans to traders and industrialists.

The Bank of France issues bank-notes and holds public funds. It is the Banks' bank, exercising supervisory trusteeship over the other banks.

When a bank requires cash, it can sell bills to the Bank of France, which can also offer rediscounts.

Since the last world war, many banks have been nationalized and many others have disappeared via mergers and buy-outs. The private sector accounts for only 20% of transactions and consists mainly of small and foreign banks. At the same time, non-nationalized mutual banks have been growing, banks such as the Crédit Mutuel and the Banque Populaire (loans to small businesses) and the Crédit Agricole, which has become one of the largest banks in the world.

The big banks

The four largest French banks are la Banque Nationale de Paris (BNP), le Crédit Agricole (CA), le Crédit Lyonnais (CL) et la Société Générale (SG). Together, they are worth a good £3 billion and the smallest (the Société Générale) ranks thirteenth in the world! In 1984, there were 406 banks in France, 293 of which were deposit banks, 40 trading banks and 73 long and medium term credit banks.

LES OPÉRATIONS BANCAIRES

Here are a few imaginary conversations to illustrate the language used in banking:

Client   Je veux retirer un nouveau carnet de chèques pour mon grand-père, s'il vous plaît. Voici le pouvoir pour remise de carnet, qu'il a rempli et signé.

Caissier   Merci. Mais vous n'avez pas signé vous-même. Voulez-vous signer à l'endroit indiqué 'mandataire' et est-ce que vous avez une pièce d'identité?

Translation

Customer   I'd like a new cheque book for my grand-father, please. Here's the procuration form that he's filled in and signed.

Cashier   Thank you. But you haven't signed it yourself. Could you sign where it is marked 'proxy' and do you have any means of identification?

Cliente   Bonjour, Monsieur. Je voudrais retirer 500F en liquide et
             transférer 8 000F de mon compte courant sur mon compte
             sur livret. Mon numéro de compte figure sur ce chèque pour
             500F, que j'ai bien endossé.
Caissier   Très bien, Madame. Voici vos 500F en coupures de cent
             francs et si vous voulez bien signer cet ordre de transfert je
             ferai le nécessaire pour virer les 8 000F.

Translation

Customer   Hello. I'd like to withdraw 500F cash and to transfer 8000F
             from my current account to my deposit account. My account
             number is on the cheque for 500F.
Cashier   Certainly, Madam. Here are your 500F in one hundred franc
             notes and if you would just sign this transfer advice note
             I'll deal with transferring the 8000F.

M. Meunier Je suis le contrôleur de gestion de la société Pastec. Je
             voudrais parler avec le responsable de notre compte, car j'ai
             constaté quelques anomalies dans le dernier relevé que nous
             avons reçu.
Caissière   Bien, Monsieur. Je vais prévenir Monsieur Barthoux.
M. Barthoux Bonjour, Monsieur Meunier, il paraît qu'il y a un petit
             problème?
M.M.   Petit! C'est vous qui le dites! Cette erreur peut avoir des
             conséquences graves pour ma société!
M.B.   De quoi s'agit-il exactement? J'ai votre relevé ici et tout me
             semble en ordre.
M.M.   Si vous regardez la grosse opération qui a eu lieu le 17 avril,
             c'est à dire un achat de £150 000, on voit que le compte
             passe dans le rouge de plus de 5 000F, occasionnant un
             problème de trésorerie imprévu.
M.B.   Mais, pourquoi imprévu? Je ne vois pas en quoi la
             responsabilité de la banque est engagée.
M.M.   Tout simplement parce que nous avons donné l'ordre avec
             le 14 avril comme date de valeur et que la livre sterling a
             augmenté de 3% entre ces deux dates! Vous avez trop tardé.
M.B.   Mais pas du tout, Monsieur. Nous sommes tributaires de
             notre correspondant britannique dans ce genre d'affaire et

le 15 et le 16 tombaient sur un week-end. Vous savez que
là-bas, le week-end est sacré!

M.M.   Je n'ai donc aucun recours?

M.B.   Malheureusement, non, à moins que vous n'ayez pris une
assurance contre le risque de change, auprès de la COFACE
ou d'un organisme similaire.

M.M.   Ce n'est pas le cas, car nous ne réalisons pas assez souvent
ce genre de transaction pour mériter une telle précaution.

M.B.   Eh bien, dans ce cas-là, vous êtes obligé de supporter les
conséquences. J'en suis désolé, et si la banque peut vous
être utile pour régler votre problème de trésorerie, n'hésitez
pas à me recontacter.

M.M.   Je vous en remercie, mais je ne crois pas que cela soit
nécessaire cette fois-ci. Mais je voulais être sûr qu'il n'y
avait pas eu erreur,voire tromperie.

Translation

M. Meunier I'm the financial manager of the Pastec company. I'd like
to speak to the person in charge of our account, as I've
noticed some discrepancies in the latest statement you sent.

Cashier   Yes, sir. I'll let M. Barthoux know you're here.

M. Barthoux Hello! I hear you have a small problem?

M.M.   Small is a matter of opinion! This mistake could have serious
consequences for my company.

M.B.   What is the problem exactly? I have your statement here
and everything seems to be in order.

M.M.   If you look at the entries for 17th April, you'll see that there
was a large transaction for the purchase of £150 000. You
can see that our account went into the red by over 5000F,
causing an unexpected problem of funds.

M.B.   But why 'unexpected'? I don't see how the bank can be
held responsible.

M.M.   Quite simply because in our instructions we gave 14th April
as the transaction date and the pound rose 3% between
those two dates! You acted too late.

M.B.   Not at all, Sir. We are dependent on our British
correspondents in a case like this and the 15th and 16th
happened to be a Saturday and a Sunday. You are aware
that over there the week-end is sacrosanct!

M.M.   So there's nothing I can do about it?

M.B.	I'm afraid not, unless you insured against exchange risks with the COFACE or a similar organization.
M.M.	No, we didn't. We don't carry out this kind of transaction often enough to justify such a measure.
M.B.	Well, in that case you'll just have to suffer the consequences. I'm very sorry about all this and if the bank can help in any way with your cash problem, do please get in touch with me again.
M.M.	Thank you, but I don't think that will be necessary this time. However, I wanted to make sure that it was not a mistake, or even sharp practice.

VOCABULAIRE

un dépôt	déposit
deposer	to deposit
une banque	bank
un banquier	banker
bureau (*m*)	office, agency, branch
un bureau de poste	post office
un biais	bias, slant, way
par le biais	by way of, by means of
terminer	to finish, to conclude
consentir	to agree to, to grant
un prêt	loan
prêter	to lend, to loan
émettre des billets (*mpl*)	to issue bank notes
détenir	to hold
la tutelle	tutelage, guardianship
du liquide	liquid, cash
les liquidités	liquid assets
pratiquer	to practise, to perform
un réescompte	rediscount
la guerre	war
une fusion	merger
un rachat	purchase, buy-out
valoir	to be worth
figurer	to figure, to feature
dénombrer	to count, to enumerate

le terme	term
long/moyen/court terme	long/medium/short term
le rang	rank
retirer	to withdraw
le carnet de chèques	cheque book
le pouvoir	power, proxy
remplir	to fill, to fill in
le mandataire	mandatory, attorney, representative
endosser un chèque	to endorse a cheque
un compte sur livret	deposit account
une coupure	banknote (of low value)
virer	to transfer, to clear (a sum of money)
un virement	a transfer
transférer	to transfer
un transfert	a transfer
un relevé de compte	a bank statement
constater	to note, to discover, to verify
la trésorerie	treasury, funds
avoir un recours	to have a recourse
avoir recours à	to turn to
la tromperie	deceit, fraud
voire	even, indeed
un découvert	overdraft

QUESTIONS

1   Qu'est-ce que le grand-père du premier client a rempli et signé?
2   Qu'est-ce que le client a oublié de faire?
3   Quelle transaction de transfert la cliente veut-elle effectuer?
4   Sous quelle forme le caissier lui donne-t-il ses 500F?
5   Où travaille M. Meunier?
6   La livre sterling, qu'a-t-elle fait entre le 14 et le 17 avril?
7   Comment un exportateur peut-il se prémunir contre (guard against) un risque de change?
8   Que propose le banquier pour aider M. Meunier?

Réponses

1 Il a rempli un pouvoir pour remise de carnet.
2 Il a oublié de signer le pouvoir.
3 Elle veut transférer 8000F de son compte courant sur son compte sur livret.
4 Il les lui donne en coupures de 100F.
5 Il est contrôleur de gestion chez Pastec.
6 Elle a augmenté de 3%.
7 En s'assurant auprès de la COFACE ou d'un organisme similaire.
8 Il propose de l'aider avec son problème de trésorerie.

GRAMMAR AND LANGUAGE NOTES

-ci et -là

Basically, these two words mean 'here' and 'there', but they are often found in contexts such as 'this one' and 'that one'. In this case, they are associated with demonstrative pronouns, such as **celui, celle, ceux,** and with nouns preceded by **ce, cette, ces.** In the last dialogue, we saw: 'dans **ce cas-là**' (in that case) and '**cette fois-ci**' (this time). Here are some more examples of this structure:

Nous avons un découvert **ce mois-ci**	We have an overdraft this month.
Cette année-là, nous avons réalisé de bons bénéfices	We made a good profit that year
Je ne parle plus à **ces gens-là**	I'm not speaking to those people any more
Celui-ci est plus beau que **celle-là**	This one is nicer than that one
Celles-ci sont bien trop chères	These (ones) are much too expensive
Il faut expédier **ceux-là** en Allemagne	Those have got to be sent to Germany

EXERCISES

A Translate:

1 The Bank of France issues bank-notes and offers rediscounts to other banks.
2 The BNP and the Crédit Agricole are among the largest banks in the world.
3 When you pay a cheque into your bank account, you must remember to endorse it.
4 I've discovered an error in my latest bank statement.
5 When you have an overdraft, you are said (in familiar French) to be in the red.
6 Exchange rate risks represent a real problem for a small export firm; for example, the franc has risen 7% in two months.
7 Please don't hesitate to get in touch with us if we can help you with your overdraft.

Key

1 La Banque de France émet des billets de banque et elle propose le réescompte aux autres banques.
2 La BNP et le Crédit Agricole sont parmi les plus grandes banques du monde.
3 Lorsque vous créditez votre compte d'un chèque, il ne faut pas oublier de l'endosser.
4 J'ai constaté une erreur dans mon dernier relevé de compte.
5 Lorsque vous avez un découvert, on dit familièrement que vous êtes dans le rouge.
6 Le risque de change est un problème réel pour une petite entreprise exportatrice; par exemple, le franc a augmenté de 7% en deux mois.
7 N'hésitez pas à nous contacter si on peut vous être utile pour votre découvert.

B Vocabulary

Fill in the blanks with the correct word from the list below:

Le secteur du .....(1)..... représente une activité très diverse en France, puisqu'il existe plus de 40 000 points où il est possible de verser ou de

.....(2)..... des fonds: agences .....(3)..... , bureaux de poste, caisses d'.....(4)..... , etc. Cette .....(5)..... organisation – banques nationalisées et .....(6)..... , organismes coopératifs, institutions publiques – joue un rôle essentiel dans le développement économique puisqu'elle en assure le .....(7)..... .

a bancaires; b financement; c retirer; d privées; e énorme; f crédit; g épargne

Key

1f; 2c; 3a; 4g; 5e; 6d; 7b

Les mots croisés   (A crossword puzzle)

Horizontalement:

2   Hier, cette action ____ 194F.   (it was *quoted* at 194F).
    en bourse
6   Il gagne plus d'une *brique/an*   ('une brique' in French slang = 10 000F).
9   Il a trouvé son compte dans
    le rouge.
10 Elle _____ son fils, *Ernie*.   (She *disowns* her son, Ernie.)

Verticalement:

1   Et Dieu *créa* la _____ humaine.
2   Elle a *vécu* dans une _____ .   (She lived in a *vat*.)
3   Pâté de foie gras de canard ou d'_____ .
4   Il *remet* à la fin.
5   Un *rat* cultivé!
6   Exprime le dégoût!
7   N'est pas d'accord.
8   _____ va là?   (Who goes there?)

Key

Horizontalement:

2 cota   6 banquier   9 découvert   10 renie

Verticalement:

1 race   2 cuve   3 oie   4 terme   5 art   6 berk!   7 non   8 qui

BACKGROUND NOTES

1   The different financial institutions, from the giant banks to the very small agencies, form an enormous and complex network, which has evolved rapidly in recent years. The main factors of change have been successive waves of privatization and nationalization, pressure from foreign and international organizations, technological innovations and, above all, changes in French laws and practices, often to conform to trends in the EC. If we compare this area with the UK scene, it can be said that French banks are generally bigger and richer than their British counterparts; insurance companies are comparable or smaller; and that the stock exchange is much less powerful. It will be interesting to watch how these three areas evolve across Europe during the 1990s, as it is likely to be a case of the survival of the biggest.

Useful addresses:

Association française de banques (AFB)
18 rue Lafayette
75009 PARIS
Tel: 142 46 92 59

Commission bancaire
73 rue de Richelieu
75002 PARIS
Tel: 142 96 16 21

Banque de France
39 rue Croix des Petits Champs
75001 PARIS
Tel: 142 92 42 92

2   The structure of the insurance sector resembles that of banking, as it comprises private and nationalized firms, mutual companies and branch offices of foreign companies. As with banking, there is a growing diversification of the activities of the sector, accompanied by a steady development of its weight in the national economy, through heavy capital investments in business and real estate. Over 250 billion francs are paid each year in insurance premiums (accident insurance represents almost twice life insurance), and the insurance companies' total investments are worth 750 billion F, bringing in more than 50 billion F a year. The number of insurance companies (557), is artificially swollen by a French law which prevents companies from being covered by the same insurance company for accident risks and for life insurance. There are rumours of a merger between two large French companies, AGF and GAN, respectively 11th and 15th in Europe, which would put them ahead of the present number one, the UAP (third in Europe).

Useful addresses:

> Fédération française des sociétés d'assurance (FFSA)
> 26 bd Haussmann
> 75009 PARIS
>
> Tel: 142 47 90 00
>
> Groupement des sociétés d'assurance à caractère mutuel
> 9 rue de Léningrad
> 75008 PARIS
>
> Tel: 143 87 45 89

3   Financial markets. Although French stock markets have gone through a period of rapid and enormous growth (+6000% in 15 years!), the Paris exchange still remains a modest sixth in the world tables. For 150 years, the stockbrokers had held a monopoly of share transactions in France and this, together with archaic practices and technologies, were responsible for the slow growth. With the law of January 22, 1988, Pierre Bérégovoy, the finance minister, initiated a series of sweeping reforms which have totally transformed the profession and enabled the modernization of French stock exchanges. The reforms were:

- the setting up of 'le second marché' to enable small, young companies to offer shares in their capital
- the setting up of the 'Matif' (a futures market available to companies)
- introduction of 'la cotation en continu' (continuous quotations) to replace 'la criée' (the auction system)
- the stockbrokers lost their monopoly, as the banks were allowed to deal directly. However, their financial means and their scope of activity were greatly extended and the majority set up as 'société de bourse', with the possibility of forming partnerships with outside agencies.

These reforms were long overdue and the French stock markets, (Paris, Lyon, Lille, Marseille, Nancy, Bordeaux and Nantes) are now in a position to face up to 1993 and the internationalization of financial markets in general.

Le bilan (The balance sheet)

SETTING THE SCENE

Finance and accounts are an area in which British and French methods have differed in form and approach in the past. EC regulations and directives are modifying practices in both countries and these divergences are disappearing. This unit approaches the problem from a layman's point of view and people requiring specialist knowledge will need to consult the books recommended in the bibliography.

The unit opens with a dialogue introducing the basic concepts and the relevant terminology. This is followed by a French–English glossary of the most common terms and expressions used in accounting, a typical French balance sheet and trading account and a series of exercises to encourage you to apply this specialist vocabulary in context.

DIALOGUE

La famille Ondet (Michel, son épouse Viviane et ses deux filles, Valérie et Eve) est à table. Eve, qui a 18 ans et qui termine ses études de coiffure, réfléchit à son avenir et se demande si, un jour, elle aura son propre salon. Elle intérroge son père sur certains aspects de la gestion.

Eve	Est-ce que tu peux m'expliquer la comptabilité très simplement? Je ne comprends rien quand tu nous parles du bilan, de compte fournisseurs, du fonds de roulement et tout ça.
Michel	Il me faudrait des heures, ma fille! Cependant, je vais essayer de t'expliquer les grandes lignes.
Viviane	Et pendant ce temps-là, moi, je vais m'occuper du poulet!
M.	Il faut d'abord distinguer le bilan, qui décrit la santé financière d'une société à un moment donné, du compte de résultats, qui résume les recettes et les dépenses pendant un exercice.
E.	C'est quoi, un exercice?

M.   Une période d'un an; on l'appelle aussi l'année fiscale.

E.   Qu'est-ce qu'on trouve parmi les dépenses?

M.   Cela dépendra du type d'activité de l'entreprise. Une société de service aura des dépenses très différentes d'une entreprise de fabrication, par exemple.

E.   Oui, je comprends bien.

M.   Le comptable totalise toutes les dépenses de l'entreprise pendant un an et ce total donne le débit. La somme des recettes lui donne le crédit de la société pendant la même période, et la différence entre les deux montre le résultat, qui peut être une perte ou, et c'est souhaitable, un bénéfice.

Valérie   Et quand on fait le bilan, ce n'est pas la même chose?

M.   Non, pour deux raisons. D'abord, comme j'ai dit tout à l'heure, le compte de résultats porte sur une période de temps, généralement un an, tandis que le bilan résume l'ensemble de la situation financière à une certaine date. Ensuite, le bilan tient compte de tous les investissements et de toutes les dettes et les détails sont présentés sous forme d'un tableau à deux colonnes où tout est équilibre.

E.   Mais si la firme fait de gros bénéfices ou, au contraire, elle est en train de perdre de l'argent, je ne vois pas comment le bilan peut être équilibre!

M.   Si, parce qu'en fait le bilan montre tout simplement tout l'argent que l'entreprise a reçu et l'utilisation qu'elle en fait. C'est ainsi que dans la colonne de droite, qui est intitulée 'passif', on dresse la liste de toutes les ressources financières, en précisant leur origine. A gauche, dans la colonne intitulée 'Actif', on montre l'utilisation qu'on a faite de ces fonds. Mais le plus simple serait de te montrer un vrai bilan, car ce n'est pas bien compliqué.

V.   Puisque le bilan est toujours équilibré, je n'en vois pas l'utilité.

M.   D'abord, c'est une obligation légale, car il faut le présenter au fisc pour établir les impôts. Mais, surtout, il permet au directeur de juger la santé de l'entreprise, et d'agir en conséquence. On peut très bien réussir un bénéfice sur un exercice et courir à la faillite quand même, si par ailleurs l'entreprise est très endettée.

E.   Ecoute, tu me montreras tout ça avec de vrais documents, car je ne te suis plus. De toute façon, voici maman avec le poulet et j'ai faim!

Translation

The Ondet family (Michel, Viviane his wife, and Valérie and Eve his two daughters) are at the dining-table. Eve, who is 18 and finishing her studies in hair-dressing, is wondering if she will have her own salon some day. She is asking her father about certain aspects of running a business.

Eve	Can you explain accounting to me in simple terms. I never understand anything when you start talking about balance sheets, payables, working capital and all that.
Michel	It would take me hours, dear. But I suppose I could give you a brief outline.
Viviane	Well, while you're doing that, I'll go and see to the chicken!
M.	First of all, you have to distinguish between the balance sheet, which shows how a firm stands at a given point in time, and the statement of income, which shows income and expenditures over a financial year.
E.	A financial year?
M.	One year; it's also called the fiscal year.
E.	What are you likely to find under expenses?
M.	That will depend on the type of business. A service company will have very different expenses from those of a manufacturer, for example.
E.	Yes, I understand that.
M.	The accountant adds up all the expenses of the firm over 12 months and the total is called the debit side. Income over the same period is put on the credit side, and the difference between the two gives the final result, which may be a loss or, hopefully, a profit.
Valérie	Isn't it the same thing when you draw up a balance sheet?
M.	No, it differs in two respects. First of all, as I said just now, the statement of income is established over a period of time, which is generally a year; whereas the balance sheet sums up the entire financial situation at a given date. Secondly, the balance sheet takes into account all of the firm's debts and investments, giving the details in two columns with the same balanced total.
E.	But if the firm has made healthy profits or, on the contrary, is losing money, I can't see how it can be balanced.

M.   But it is, because in fact it merely shows the funds the firm
           has received and how it has used them. So the right hand
           column, called 'liabilities', lists all the financial resources and
           their origin. The 'assets' column on the left shows how these
           funds have been used. It would be a lot easier if I showed
           you an actual balance sheet because it's not all that
           complicated.
V.   If the balance sheet is always balanced, I can't see what
           purpose it serves.
M.   Well, first of all, it's a legal obligation as you have to show
           it to the inland revenue for tax purposes. But above all, it
           enables a manager to know exactly where the company stands
           and to act accordingly. You can easily have final accounts
           showing a profit and still be heading for bankruptcy, if for
           example the company is heavily in debt.
E.   Listen, you'll have to show me all this with real documents,
           because I'm not following you. Anyway, here's Mummy with
           the chicken and I'm hungry!

VOCABULAIRE

le bilan	balance sheet
le compte fournisseurs	accounts payable
un fonds de roulement	working capital
les grandes lignes	outline
financier(ère)	financial
le compte de résultats	statement of income, final account
les recettes (fpl)	receipts
les dépenses (fpl)	costs, expenditures
un exercice	financial year
fiscal	fiscal, tax, taxation
le fisc	the tax department (inland revenue)
un comptable	an accountant
un expert comptable	a chartered accountant
totaliser	to add up, to total
le débit	debit side
une perte	loss
un bénéfice	profit
tenir compte de	to take into account

une dette	debt
un tableau à deux colonnes	two column table
équilibré	balanced
le passif	liabilities
l'actif (*m*)	assets
des fonds (*mpl*)	funds, money
une obligation	an obligation, a bond, a preference share
les impôts (*mpl*)	income tax
la faillite	bankruptcy
endetté(e)	indebted, running into debt
une action	share

QUESTIONS

1 Pourquoi Eve pose-t-elle des questions sur la gestion à son père?
2 Que décrit le bilan selon Michel?
3 Que résume le compte de résultats?
4 Que donne le total des dépenses d'une entreprise sur un an?
5 Quand est-ce qu'une société fait des bénéfices?
6 Quels détails sont présentés sur un bilan?
7 Comment appelle-t-on la liste des ressources financières d'une société?
8 Quelle est l'utilité du bilan pour un directeur?

Réponses

1 Parce qu'elle espère avoir son propre salon à gérer un jour.
2 Il décrit la santé de l'entreprise à un moment donné.
3 Il résume les recettes et les dépenses sur un an.
4 Il donne le crédit du compte de résultat.
5 Lorsque le total des recettes est supérieur au total des dépenses.
6 Les détails de tous les investissements et de toutes les dettes d'une firme.
7 On l'appelle le passif de la société.
8 Il lui permet de juger la santé de son entreprise et d'agir en conséquence.

DOCUMENTS

A French balance sheet is laid out as follows:

	ACTIF	PASSIF	Liablities
Fixed Assets	ACTIF IMMOBILISE	CAPITAL PROPRE	Stockholders' Equity
	Immobilisations incorporelles	Capital	Common Stock
		Réserves	
	Immobilisations corporelles		
	Immobilisations financières		
	- - - - - - -	- - - - - - -	
Current Assets	ACTIF CIRCULANT	PROVISIONS POUR RISQUES ET CHARGES DETTES	Current Liabilities
Inventories	Stocks	Dettes financières	Accounts Payable
Receivables	Créances	Dettes commerciales,	& Liabilities
Cash	Disponibilités	fiscales et sociales	For Tax & Pensions
		Dettes diverses	Sundry Debts

LANGUAGE NOTES

Useful expressions when talking about accounts and finance

Les placements à court terme sont comptabilisés au prix d'achat majoré des produits financiers à recevoir.

Short-term investments are stated at cost plus accrued interest.

Les immobilisations sont évaluées à leur prix d'acquisition diminué des amortissements.

Fixed assets are stated at cost less accumulated depreciation.

Les dépenses d'entretien et de réparation sont imputées immédiatement aux frais d'exploitation.

Expenditures for maintenance and repairs are charged to operating expenses as incurred.

Le personnel bénéficie de plan bénévoles de retraite et d'intéressement différé.

Employees are granted voluntary pension and deferred benefit plans.

En France, les principaux régimes de retraite sont établis par des conventions collectives négociées pour l'ensemble du pays par tous les employeurs et les syndicats d'un même secteur d'activité.

In France, the main pension schemes are provided for by union agreements negotiated by all employers and unions within an industry on a nationwide basis.

Les durées de vie estimées des immeubles et agencements vont de 10 à 50 ans, et celles du matériel et de l'équipement de 2 à 12 ans.

Estimated useful lives of buildings and improvements range from 10 to 50 years and of machinery and equipment from 2 to 12 years.

Les options d'achat d'actions ordinaires accordées aux cadres supérieurs le sont au prix du cours de l'action à la date où le droit à l'option a été octroyé.

Options to senior executives to purchase shares in the common stock are offered at fair market prices at date of grant.

Les états comptables ont été préparés conformément aux principes comptables en vigueur.

The financial statements have been prepared in accordance with the accounting principles in force.

Les provisions pour risques et charges ne sont inscrites en dettes que dans la mesure où elles traduisent sincèrement des risques ou charges à venir.

Estimated liabilities for risks and expenses are included under debts only if they genuinely represent a pending risk or expense.

Un fonds de commerce n'est comptabilisé que lorsqu'il a été acquis.

Goodwill can only be accounted when it has been acquired (i.e. not created by the owner).

EXERCISES

A   Vocabulary

Complete the text with suitable words from the list below:

Tous les ans, à la fin de l'.....(1)..... , une entreprise demande à un .....(2).....
de vérifier sa comptabilité. Il le fait en utilisant deux documents, le
.....(3)..... et le compte de .....(4)..... , qui seront donnés, après vérification,
au .....(5)..... pour établir les impôts de l'entreprise pour cet exercice-là.

Le premier de ces documents montre la situation .....(6)..... de
l'entreprise en résumant toutes les ressources de la société et l'utilisation
qu'elle en a faite. Toute cette information est présentée sous la forme de
deux .....(7)..... ; à gauche on trouve l'.....(8)..... où sont indiqués les
emplois, et à droite, le .....(9)..... , qui mentionne l'.....(10)..... des
ressources. Le PDG se sert du .....(3)..... pour .....(11)..... son entreprise
au mieux.

Le compte de .....(4)..... analyse toutes les .....(12)..... que l'entreprise
a encaissées et les .....(13)..... qu'elle a dû faire tout au long de l'année.
Si les .....(12)..... sont supérieures aux ....(13)..... , elle a fait un .....(14)..... ;
dans le cas contraire, elle aura fait une .....(15)..... . Une entreprise qui
fait trop souvent une .....(15)..... , court à la .....(16)..... .

a actif; b résultats; c perte; d exercice; e financière; f origine; g dépenses;
h expert-comptable; i recettes; j fisc; k bénéfice; l passif; m tableaux; n
bilan; o faillite; p gérer

Key

1d; 2h; 3n; 4b; 5j; 6e; 7m; 8a; 9l; 10f; 11p; 12i; 13g; 14k; 15c; 16o

B Translate

1   The accountant is checking if we have received your latest transfer
    of funds.
2   The difference between current assets and short term liabilities
    gives the working capital.
3   This year's income statement shows (*indiquer*) a profit of
    450 000 F before tax.
4   Fixed assets show (*montrer*) investments such as premises,
    machines and cars.
5   The balance sheet is a statement at a given date of the financial
    health of the firm.
6   The firm's chartered accountant checks the balance sheet and the
    income statement at the end of the financial year.

Key

1 Le comptable vérifie si nous avons reçu votre dernier virement de fonds (si on a reçu votre dernier transfert).

2 La différence entre l'actif circulant et les dettes à court terme donne le fonds de roulement.

3 Le compte de résultats de cette année indique un bénéfice de 450 000 F avant impôts.

4 L'actif immobilisé montre les investissements, tels que des locaux, des machines et des voitures.

5 Le bilan est un état de la santé financière de l'entreprise à un moment donné.

6 L'expert-comptable de l'entreprise vérifie le bilan et le compte de résultats à la fin de chaque exercice.

Les Mots Croisés

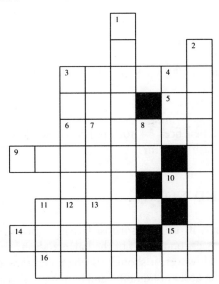

Horizontalement:

3 Le PDG ——— beaucoup sur le ——— de résultats.

5 Impersonnel.

6 La banque a déjà ——— mon compte.

9 Un inactif du verbe et du bilan.

10 J'———— vu!
11 Un inactif qui perd la tête, passe à gauche.
14 *Sorti* de *trois.*
15 Il est réfléchi, Son Excellence.
16 *Lis cent* fois de compte.

Verticalement:

1 Il est actif, mais il ne circule pas.
2 Sont imposés par le *fisc: ébène,* acajou, etc.
4 Ce n'est pas trop tard pour commencer le total.
6 On quitte les dons pour une Citroën.
7 Tu ———— belle, tu sais!
8 Si l'anglais scie l'arbre.
11 Visitez l'———— de Triomphe en *car.*
12 Cilla perd la 'la' et elle l'a dans l'oeil.
13 ———— aussi, tu es belle!

Key

Horizontalement:

3 compte   5 on   6 débité   9 passif   10 ai   11 actif   14 trios   15
se   16 clients

Verticalement:

1 immobilisé   2 bénéfices   4 tôt   6 DS   7 es   8 if (yew tree)   11
Arc   12 cil (eye-lash)   13 toi

BACKGROUND NOTES

1 An American will be less surprised than a British accountant to
   discover the assets on the left of the balance sheet, and the liabilities
   on the right. However, it should also be noted that assets are listed
   in an ascending order of liquidity, and liabilities in an ascending order
   of liability, i.e. ending up with the short-term debts. This reversal of
   priorities between the French and the Anglo-Saxon way of thinking
   is important and is to be found in many areas of intellectual and
   social activities. In general, the British will tend to go from the general
   to the particular, whereas the French will do the opposite. This is
   naturally reflected in the two languages and is best illustrated by

acronyms such as UNO (ONU), ECU (also 'ecu' in French, of course, but explained as the 'Unité de Compte Européenne'), WHO (OMS), and so on. It has even been suggested that the British practise deduction and reduction, while the French prefer induction and seduction! Vive la différence!

2   As was suggested at the beginning of this unit, the EC (la CE!) is drawing the two accounting methods closer together. This trend is further accentuated by the growing influence of Anglo-Saxon accounting and auditing firms in France. The British have a long tradition of auditing expertise in France and in recent years the Americans have moved strongly into this market. The big American auditing firms are all present in Paris, and thanks to a series of mergers and acquisitions are now present in the provinces. Other French professions which seem ripe for foreign 'take-over', as the traditional structures and legal barriers disappear, are the 'notaires' (solicitors) and the 'huissiers' (bailiffs or process-servers).

Unit 25

Législation sociale
(Social legislation)

SETTING THE SCENE

This unit deals with social legislation and attempts to describe briefly the organization of labour in France. The first part therefore is mainly descriptive. A comprehensive vocabulary list should enable English speaking business men and women to get the gist of the French documents that may fall into their hands! The second part follows the unit format and deals with the dismissal procedure in a PME (small–medium sized company).

CONTRAT D'EMBAUCHE

Les syndicats patronaux

Dans chaque département une chambre syndicale réunit patrons et artisans d'une ou plusieurs professions. Ces chambres se groupent au sein d'une fédération nationale (e.g. Fédérations du Bâtiment et des Travaux Publics).

L'organisme qui coiffe toutes ces fédérations nationales est le Conseil National du Patronat Français (CNPF).

Bien entendu le président est reçu régulièrement par le Premier Ministre et le Ministre des Affaires Sociales et de l'Emploi.

Les autres groupements patronaux sont la CGPME (Confédération Générale des Petites et Moyennes Entreprises), la FNSEA (Fédération Nationale des Syndicats d'Exploitants Agricoles), etc.

Les chambres de commerce et d'industrie

Le but des Chambres de Commerce et d'Industrie est de représenter, animer et servir au sein d'un établissement public le commerce et l'industrie, et contribuer par leur promotion au progrès économique et social.

Leur mission est interprofessionnelle, elles recherchent l'intérêt général du commerce et de l'industrie. Elles sont financées par les commerçants et industriels qui élisent et parmi lesquels sont élus les membres de la Chambre.

Leur mission est double:

Mission consultative: elles donnent au gouvernement avis et renseignements sur les problèmes industriels et commerciaux. Elles peuvent influer sur la législation commerciale.

Mission administrative et économique: les CCI peuvent créer et administrer des établissements eux-mêmes favorables au développement du commerce et de l'industrie:

- établissements d'enseignements: Grandes Ecoles; HEC (Hautes Etudes Commerciales); 18 ESCAE (Ecole Supérieure de Commerce et d'Administration des Entreprises); 50 instituts de formation commerciale; 200 centres de formation continue. Elles forment chaque année 250 000 jeunes et adultes.

- entrepôts, aéroports, gares routières, zones industrielles

- foires et expositions, installations portuaires

- ports de plaisance, campings, parcs

- représentations à l'étranger, aide et informations aux exportateurs.

La Chambre de Commerce de Paris à Londres peut donner aux ressortissants français des conseils juridiques, économiques, fiscaux etc.

Les syndicats ouvriers

La Constitution de 1946 proclame 'Tout homme peut défendre ses droits et intérêts par l'action syndicale, et adhérer au syndicat de son choix.' L'exercice du droit syndical est reconnu dans toutes les entreprises quelle que soit leur importance.

Le délégué syndical est le représentant désigné d'un syndicat auprès du chef d'entreprise. Le pourcentage des syndiqués en France n'est que de 13% il est de 28% en Grande-Bretagne, de 45% en Italie, de 70% à 80% en Belgique et au Danemark.

Les principaux syndicats ouvriers français sont:

- la CFDT (la Confédération Française du Travail)
- la CFTC (la Confédération Française des Travailleurs Chrétiens)
- la CGT (la Confédération Générale du Travail)
- FO (Force Ouvrière).

Les délégués du personnel

Dès que l'effectif d'une entreprise atteint le chiffre de 11 salariés, l'élection de représentants du personnel est obligatoire.

Si l'entreprise emploie au moins 50 salariés il y a création d'un comité d'entreprise.

Les délégués du personnel sont élus pour un an et ils présentent à l'employeur les réclamations individuelles ou collectives du personnel (hygiène, sécurité, salaires, horaires).

Le rôle du comité d'entreprise est d'assurer une expression collective des salariés permettant de prendre en compte leurs intérêts dans les décisions relatives à la gestion et à l'évolution économique et financière de l'entreprise, à l'organisation du travail et aux techniques de production.

Il est composé du chef d'entreprise ou son représentant, des représentants du personnel et d'un représentant des syndicats. Ils sont élus pour deux ans. Il se réunit tous les mois et chaque année le chef d'entreprise présente au comité un rapport d'ensemble écrit sur l'activité de l'entreprise (le chiffre d'affaires, les bénéfices et pertes, les résultats globaux de production, la situation de la sous-traitance, l'affectation des bénéfices, l'évolution des salaires, la situation comparée des hommes et des femmes, le bilan en matière d'hygiène et de sécurité . . .

Toutes les réunions de comité d'entreprise font l'objet d'un procès-verbal. Le chef d'entreprise doit mettre à la disposition des délégués un local et le matériel nécessaire et doit leur accorder 20 heures par mois pour assurer leurs fonctions.

Les membres du comité d'entreprise ont droit à une formation économique et financière.

La convention collective

C'est un accord relatif aux conditions de travail et aux garanties sociales, conclues entre un ou plusieurs patrons ou organisations patronales et une ou plusieurs organisations syndicales représentatives; par exemple, dans l'entreprise Ondet, 'la convention collective de la conserve'.

Les conflits du travail

Le conflit peut être individuel ou collectif. La grève est la cessation concertée du travail pour appuyer des revendications que l'employeur ne veut pas satisfaire. Il y a diverses types de grèves:

- la grève perlée – ralentissement du travail (go slow)

- la grève du zèle (work to rule).

Le droit de grève est inscrit dans la Constitution française.

On appelle 'lock-out' la fermeture temporaire de l'entreprise par l'employeur à l'occasion d'un conflit collectif. (Voir vocabulaire.)

Les congés annuels

Les travailleurs français ont droit à 30 jours ouvrables de congés payés pour 12 mois de travail. En pratique, les travailleurs français ont de 5 à 6 semaines de vacances et bénéficient de 10 jours fériés. Au Royaume-Uni, ils ont de 4 à 5 semaines de vacances et 7 jours fériés.

La durée légale du travail

La loi fixe à 39 heures la durée du travail hebdomadaire.

Le travail de nuit est interdit aux femmes et aux moins de 18 ans (sauf dans certains cas).

Dans certaines entreprises, un éventail d'horaires de travail est proposé aux salariés. Il comprend une plage fixe (9 heures–15 heures) où tous les salariés sont obligatoirement présents; les autres heures dues sont effectuées avant ou après cette plage fixe.

Les salariés employés à temps-partiel bénéficient des mêmes droits et garanties que les salariés à temps complet et leur rémunération est proportionnelle au nombre d'heures effectuées par rapport aux salaires des travailleurs à temps plein.

Le travail posté est le travail par équipes, chacune occupant progressivement le même poste de travail. Par exemple: trois fois huit heures (les trois huit). Dans ce cas précis la durée moyenne du travail hebdomadaire ne peut excéder 35 heures pour chaque équipe.

La formation professionnelle continue

Elle fait partie de l'éducation permanente. Elle a pour objet de permettre l'adaptation des travailleurs aux changements des techniques et des conditions de travail, de favoriser leur promotion sociale par l'accès aux différents niveaux de culture et de la qualification professionnelle.

Cette formation est essentiellement assurée par:

- des stages organisés par l'entreprise

- des congés individuels de formation

Les employeurs y participent. Toutes les entreprises d'au moins 10 salariés doivent consacrer au minimum 1,2% des salaires bruts payés à cette formation. Les entreprises peuvent assurer directement la formation de leur personnel ou verser cette contribution à des organismes de formation.

Tout salarié français ou étranger peut demander, quel que soit l'effectif de l'entreprise, un congé pour parfaire sa formation, changer d'activité, ou accroître ses connaissances. C'est le Congé Individuel de Formation (CIF).

La promotion sociale

En dehors des stages prévus par la loi (formation permanente) tout salarié ou travailleur sans emploi peut de sa propre initiative suivre les cours de promotion sociale, presque toujours gratuits.

Ils ont lieu le plus souvent le soir, ou le samedi. Ces cours sont regroupés dans les GRETA (groupements d'établissements), les collèges, les lycées ou instituts.

Le but de la promotion sociale est de faciliter l'accès des travailleurs à un poste supérieur ou leur orientation vers une activité nouvelle.

On distingue:

- la promotion professionnelle du premier degré qui a pour but de former des travailleurs spécialisés ou qualifiés

- la promotion professionnelle du deuxième degré qui permet d'accéder aux emplois d'agents techniques, de techniciens

- la promotion supérieur du travail qui offre aux travailleurs les moyens d'acquérir les connaissances et la méthode indispensables aux ingénieurs et techniciens supérieurs, aux chercheurs et aux cadres supérieurs des activités économiques et administratives (CNAM – Conservatoire National des Arts et Métiers, IUT – Instituts Universitaires de Technologie, Centre National d'Enseignement par Correspondance, etc..).

Le salaire

Depuis le premier octobre 1979, la mensualisation a été rendue obligatoire pour les travailleurs à temps plein des professions industrielles, commerciales, libérales, artisanales.

Le salaire ne peut être inférieur au SMIC (salaire minimum interprofessionnel de croissance) fixé par le gouvernement.

La négociation annuelle sur les salaires est obligatoire dans les entreprises où existent une ou plusieurs sections syndicales représentatives. Dans les périodes difficiles, le gouvernement peut 'bloquer' les salaires et les prix pendant un temps déterminé.

Le SMIC assure théoriquement, aux salariés dont les rémunérations sont les plus faibles, la garantie de leur pouvoir d'achat.

Si le salaire est supérieur à 10 000F par mois, il est obligatoirement payé par chèque barré ou virement bancaire ou postal.

Le bulletin de paie est remis obligatoirement à chaque travailleur, lorsque son salaire lui est versé (page 81 du manuel de Bernard Lescot *Législation du Travail*).

Le contrat individuel de travail

C'est une convention par laquelle une personne (salariée) s'engage à travailler pour une autre personne (employeur), et sous sa direction, moyennant une rémunération: salaire, appointements, commission, etc. Le contrat peut être écrit ou verbal.

La rupture du contrat de travail peut être le fait de l'employeur (licenciement) ou du salarié (démission).

Exemple de contrat de travail

```
MINISTERE
DES
AFFAIRES ETRANGERES          REPUBLIQUE FRANCAISE
     --------
Direction du Personnel et de            PARIS, le
l'Administration Générale
     --------
Sous-Direction des personnels  -5 juil. 1991 - 007249
culturels et de coopération
     --------
57, Bd de Invalides
75700 PARIS
```

Tél. : 47.83.01.23
Télé-copie : 47.83.04.81

Rédacteur : FF P   /EC
Poste no
Référence à rappeler : PL/D

N O T E

POUR LES PERSONNELS 'EXPATRIES' ACTUELLEMENT
EN SERVICE DANS LES ETABLISSEMENTS FRANCAIS
DANS LE MONDE ET DONT LES REMUNERATIONS RELEVENT
DESORMAIS DU DECRET NR 90-469 DU 31 MAI 1990

Vous trouverez ci-joint une 'ampliation' officielle du contrat et de sa lettre de mission permettant d'assurer votre rémunération à compter du 1er septembre prochain. Cette ampliation vous est envoyée par le ministère lui-même – en plus de celle qui vous est adressée par l'établissement – de manière à augmenter les chances de disposer de votre contrat au plus tôt.

Vous voudrez bien signer le contrat et sa lettre sans rien y ajouter ou retrancher. Si des indications vous paraissaient inexactes, voire erronées, vous joindrez une note d'observations qui nous permettra de modifier le contrat par avenant, s'il y a lieu.

Vous voudrez bien adresser contrat et lettre à l'aide de l'enveloppe ci-jointe à l'adresse ci-dessous et cela dans les délais les plus brefs.

Le département vous en remercie./.
SOUS-DIRECTION DES PERSONNELS
CULTURELS ET DE COOPERATION
DPAG – PL-D
57, bd des Invalides
75007 PARIS

MINISTERE   EXPRO5-044
DES
AFFAIRES ETRANGERES

Direction du Personnel et de
l'Administration Générale

Sous-Direction des personnels
culturels et de coopération

               CONTRAT INDIVIDUEL

établi en application du décret no 90-469 du 31.05.90
relatif à la situation administrative et financière des personnels
des établissements d'enseignement à l'étranger
et no 86-416 du 12 mars 1986
relatif aux conditions et modalités de prise en charge par l'Etat
des frais de voyage et de changement de résidence à l'étranger

                    entre

LE MINISTRE D'ETAT, MINISTRE DES AFFAIRES ETRANGERES

ET LE CONTRACTANT soussigné :

AVIS PRIS DE LA COMMISSION CONSULTATIVE PARITAIRE MINISTERIELLE COMPETENTE

   ARTICLE 1er : Mr , précédemment en fonction auprès de l'établissement : LYCEE FRANCAIS PONDICHERY INDE occupera les fonctions de PROVISEUR à compter du 01/09/90 auprès du même établissement : LYCEE FRANCAIS PONDICHERY INDE.

   ARTICLE 2 : Le contractant reconnaît avoir pris connaissance de la lettre de mission annexe au présent contrat et qui en fait partie intégrante.

ARTICLE 3 : Pour le calcul de la rémunération et l'octroi des avantages accessoires prévus par le décret susvisé, notamment en ce qui concerne les majorations familiales ainsi que pour le régime des déplacements prévus par les dispositions du décret no 86-416 du 12 mars 1986 susvisé, il sera tenu compte de la situation de l'agent telle qu'elle est fixée ci-dessous :

- Matricule : 805934

- Grade : PROFESSEUR CERTIFIE échelon 11 indice brut 0801

- Numéro s.s. : 1390729129001

- Situation de famille : MARIE(E) .

- Adresse (en France) :

29110 CONCARNEAU

Tout changement ultérieur de cette situation dûment notifié entraînera de plein droit à sa date d'effet les modifications résultant de l'application des décrets précités.

Les assurances sociales

Tous les salariés, français et étrangers, sont assujettis à la sécurité sociale.

L'employeur est responsable de l'affiliation de tout salarié dans les huit jours qui suivent l'embauche. Les assurés sont affiliés à la caisse primaire dans la circonscription dans laquelle ils habitent. La caisse primaire fait alors parvenir une carte d'immatriculation.

L'employeur retient la cotisation ouvrière quand il paye le salaire. Il ajoute la cotisation patronale et verse le tout à l'URSSAF (Union de Recouvrement des Caisses de Sécurité Sociale et d'Allocations Familiales).

TRANSLATION. CONTRACT OF EMPLOYMENT

Employers' associations and unions

Each department has a committee of union representatives made up of employers and craftsmen from one or more professions. These committees form part of a national federation (for example, Builders' Federation, Public Works' Federation).

The organization which presides over all these national federations is the Conseil National du Patronat Français (CNPF; the equivalent of the Confederation of British Industry). Its President meets regularly with the Prime Minister and the Minister for Employment and Social Affairs.

Other employers' associations include the CGPME (Confédération Générale des Petites et Moyennes Entreprises), la FNSEA (Fédération Nationale des Syndicats Exploitants Agricoles), etc.

Chambers of commerce and industry

Their aim is to represent, promote and serve trade and industry within the framework of a public institution, thereby contributing through the promotion of trade and industry to economic and social progress.

Their function is interprofessional; they advance the interests of trade and industry. They are financed by shopkeepers and industrialists who elect them and from whom are elected the Chamber of Commerce members.

Their role is twofold:

Consultative: they give advice and information to the government on commercial and industrial issues. They can influence commercial legislation.

Administrative and economic: the Chambers of Commerce can set up and run institutions which in turn help the development of trade and industry. These include:

- teaching institutions: Grandes Ecoles; HEC (cf. London School of Economics); 18 Business Schools; 50 commercial training institutes; 200 centres for adult education. Every year they train 250,000 adults and young people.
- warehouses, airports, bus stations, industrial zones
- trade fairs, ports

- marinas, camp sites, parks
- offices abroad, help and information to exporters.

The Paris Chamber of Commerce in London can give French nationals legal, economic and financial advice.

Trade unions

The 1946 Constitution states: 'Every man must be able to defend his rights and interests through union action and join the union of his choice.' The exercise of union rights is recognized in every company whatever its size. The shop steward is chosen by the union to represent them to the employer.

Only 13% of French workers are union members compared with 28% in the UK, 45% in Italy, 70–80% in Belgium and Denmark. The main French Trade Unions are:

- the CFDT
- the CFTC
- the CGT
- the FO.

Shop stewards

As soon as a company has 11 salaried workers, the election of a shop steward is compulsory. If the company employs at least 50 workers, a Works Council is created.

Shop stewards are elected for one year and they put forward to management the workers' individual and collective issues on pay, hours of work, safety, hygiene.

The role of the works council is to ensure the collective representation of the workers so that their interests are taken into account in decisions concerning the management of the company, as well as its economic and financial development, organization of work and production methods.

It is made up of the managing director or his representative, shop stewards and union representatives. They are elected for two years. They meet once a month and every year the director presents to the Council a global report on the company's activities (i.e. turnover, profit and loss, production figures, the situation with sub-contractors, division of profits, salary trends, comparison of the situation of male and female workers, reports on matters of hygiene and safety . . .).

Minutes are taken of all works' council meetings. Premises and equipment must be made available to the shop stewards by the director, who must also grant them 20 hours' time off a month to carry out their duties.

Members of the works council are entitled to economic and financial training.

Collective agreement

This is an agreement concerning working conditions and social guarantees made between one or several employers or employers' associations and one or several unions. For example, in the Ondet company 'the collective agreement for tinned food'.

Disputes at work

A dispute can be individual or collective. The strike is an agreed withdrawal of labour to support any grievances which cannot be met by the employer. There are several types of strike:

- go slow
- work to rule

The right to strike is written into the French Constitution.

A 'lock-out' is the temporary closure of the company by the employer caused by a collective conflict. (See vocabulary)

Annual leave

French workers are entitled to 30 working days leave for 12 months work. In practice, French workers have 5 to 6 weeks' holiday a year and 10 public holidays. Workers in the UK have 4 to 5 weeks' holiday and 7 public holidays.

Statutory working week

The legal working week in France is 39 hours. Women and people under 18 years (except in certain cases) are not allowed to work at night.

In some companies, employees are offered flexible working hours. There is usually a fixed period during which all workers must be present; the other hours can be completed before or after this fixed period.

Part-time workers enjoy the same rights and guarantees (privileges) as full-time employees and their salary is proportional to the number of hours worked pro rata the full-time salary.

Work on the assembly line is carried out in three shifts, which ensure 24-hour cover. For example: three times eight hours (the three eights). In this case, weekly hours cannot exceed 35 hours for each shift.

Staff development and training

This forms part of permanent education. Its objective is to enable workers to adapt to changes in technology and working conditions, and also to help their social promotion through access to different levels of culture and to professional qualifications.

This training is provided by means of:

- training programmes organized by the company (in-house)
- individual secondment for training

The employers contribute financially. All companies with at least 10 employees must set aside a minimum of 1.2% of the gross salary budget for this training. The companies can finance the training of their staff directly or it can be paid over to training institutions.

Every salaried employee, whether French or not, can apply for leave (whatever the size of the company) to improve his/her qualifications, change jobs or to increase his/her skills. This is called Individual Training Leave (CIF).

Career development

Apart from organized training schemes (continuous education) all salaried workers or unemployed workers can attend courses of their own choice for social promotion; these are nearly always free.

They generally take place in the evening or on Saturdays and are organized in GRETA (groups of institutions – schools, colleges or institutes).

The aim of social promotion is to help workers to accede to higher positions or to find a new career.

It includes:

- basic professional training programmes aimed at producing trained skilled workers

- advanced professional training programmes which give workers the means to acquire the knowledge and methods necessary to become engineers, technicians, researchers, or senior managers (CNAM, IUT, Distance Learning, etc.).

Wages

Since 1 October, 1979, monthly payment of wages has been compulsory for full-time industrial, commercial and professional employees. The salary must not fall below the SMIC (minimum guaranteed wage) fixed by the government.

Annual wages negotiation is compulsory in all companies which have one or more unions. In times of difficulty, the government can freeze salaries and prices for a limited period.

In theory, the SMIC guarantees the lowest paid workers a minimum purchasing power. If the salary exceeds 10 000F per month it has to be paid by crossed cheque or giro.

The salary slip has to be handed to every worker at the time his salary is paid, (see page 81 of the Bernard Lescot manual *Législation du Travail*).

Contract of employment

This is an agreement according to which a salaried person commits him/herself to work for another (employer) and is under his/her management in exchange for payment: salary, payment, commission, etc. The contract can be written or verbal.

The contract can be broken either by the employer (dismissal) or by the worker (resignation).

National insurance

All salaried workers, French or not, are liable for social security (national insurance).

The employer is responsible for registering an employee within eight days of being taken on. Employees are registered at the local Social Security office in the area in which they live. The local Office sends them a registration card. The employer deducts the employee's contribution when the salary is paid. The employer's contribution is added and the total is paid to the URSSAF organization (Union for the Recovery of Family Allowance).

VOCABULAIRE

un syndicat patronal	employers' association
un patron	boss
un syndicat professionnel	trade association
une fédération	organization, federation
la chambre de commerce et d'industrie	the chamber of commerce and industry
le but	aim
un établissement	institution
élire	to elect
un avis	a piece of advice
influer	to have an influence on
un entrepôt	warehouse
une gare routière	bus station
les ressortissants (*mpl*)	nationals
fiscal	financial
la formation continue	continuous education
former	to train
les droits (*mpl*)	rights
le délégué syndical du personnel	shop steward
les syndiqué(e)s	union members
l'effectif (*m*)	workforce, staff, manpower
obligatoire	compulsory
un représentant	a representative
un comité d'entreprise	works council, joint consultative committee
le réclamation	claim, complaint
la sécurité	safety
les horaires (*mpl*)	schedule, working hours, timetable
prendre en compte	to take into account
se réunir	to meet
un rapport	a report
les bénéfices (*mpl*	profits
les pertes (*fpl*)	losses
les résultats (*mpl*)	results
la sous-traitance	sub-contracting
l'affectation (*f*)	allocation
le bilan	assessment, evaluation

le procès-verbal	the minutes (of a meeting)
le recouvrement	recovery, collection
moyennant	in exchange for
le local	premises
la convention collective	collective agreement
conclure	to sign, to conclude
la cessation	stoppage
la grève	strike
la grève perlée	go slow strike
la grève sauvage	wild cat strike
la grève sur-le-tas	sit down strike
la grève surprise	lightning strike
la grève du zèle	work to rule, slow down (USA)
lancer un mot d'ordre de grève	to call a strike
se mettre en grève	to go on strike
la fermeture	closing
les congés (*mpl*)	holidays
un jour ouvrable	working day
un jour férié	public holiday
hebdomadaire	weekly
interdit	forbidden
un organisme de formation	training institution
parfaire	perfect, improve
accroître	increase
prévu par	provided by
la loi	law
suivre des cours	to attend classes
faciliter	to make easier
l'orientation	move
l'orientation professionnelle	careers advisory
un agent technique	supervisor
les chercheurs (*mpl*)	researchers
la mensualisation	monthly payment
le bulletin de paye	salary slip
verser	to pay
une rémunération	pay, payment, salary
les appointements (*mpl*)	pay
la rupture	breaking
le licenciement	dismissal
la démission	resignation

être le fait de	to be caused by
être assujetti à	liable to
la circonscription	district, area
l'immatriculation (f)	registration
la cotisation	contribution, subscription
cotiser à la sécurité sociale	to contribute to

DIALOGUE

M. Espinasse, chef de la production à la Société Ondet explique à Nicole Tosser la procédure de licenciement de l'entreprise.

M. Espinasse vient d'expliquer à son interlocutrice l'utilité des feuilles de production et d'emballage qui lui permettent de suivre de très près les diverses étapes de la production et également de surveiller le travail des ouvriers.

Nicole Tosser	Qu'est-ce que vous faites si vous remarquez une perte?
M. Espinasse	Et bien, on en cherche la cause. Elle peut venir d'un tas de choses, de négligence, de non-surveillance. Si c'est une cause de non-surveillance il faut voir pourquoi ça a été mal surveillé, si c'est une négligence, il faut voir qui l'a commise ou si c'est une faute professionnelle. Ou si c'est une machine qui tombe en panne, il faut voir pourquoi elle tombe en panne, pourquoi on a toujours le même problème, etc.
N.T.	Quand vous dites négligence, Monsieur Espinasse, ça peut être causé par des personnes qui ne font pas attention?
M.E.	Oui. Dans ce cas lorsqu'il a été vraiment établi que M ou Mme X a été négligent(e) je fais une réprimande verbale. Si ça se reproduit, on donne un avertissement.
N.T.	Donc, la procédure normale c'est d'abord une réprimande puis un avertissement.
M.E.	Oui, c'est ça. L'avertissement se donne par écrit, et après trois avertissements c'est la mise à pied.
N.T.	C'est à dire?
M.E.	C'est à dire que pendant la mise à pied de X jours (ça dépend de la gravité de la faute), la personne ne fait pas partie du personnel, elle n'est pas payée. C'est

seulement à son retour qu'elle est réintégrée dans l'usine. Et si à nouveau il y a une faute, là on ne donne même plus d'avertissment, c'est le licenciement. Voilà, c'est la procédure normale de la législation du travail.

N.T.   Ça arrive souvent?

M.E.   Non, non. Je crois que ça nous est arrivé une fois. La plupart du temps si la faute est très grave on passe directement au licenciement immédiat.

N.T.   Je suppose que comme vous travaillez dans l'agro-alimentaire, vous vous devez d'être très stricts sur les questions d'hygiène.

M.E.   Exactement. Nous sommes surtout axés sur l'hygiène. On a un produit de qualité, ce produit est bien perçu dans toute la France pour sa qualité, le moindre écart de qualité risquerait de nous faire tomber.

N.T.   Bien sûr . . .

Translation

Mr Espinasse, production manager at Ondet, explains the company's dismissal procedure to Nicole Tosser.

Mr Espinasse has just explained to his interviewer the usefulness of the production and packaging forms which enable him to follow closely the various production stages and also to monitor the employee's work.

Nicole Tosser   What do you do if you notice a loss?

M. Espinasse   Well, we look for the cause. It could be due to a variety of reasons – carelessness, lack of supervision. If the cause is lack of supervision, one has to find out why work has been badly supervised; if it's carelessness, one has to find out who is responsible, or it may be professional misconduct. If it is due to a machine breakdown, then one has to see why the machine has broken down, why the same problem occurs, etc.

N.T.   When you say negligence, Mr Espinasse, can this be caused by people's lack of due care?

M.E.   Yes. In a case where it has been clearly established that Mr or Mrs X has been careless, I give a verbal reprimand. If it happens again, a formal warning is given.

N.T.	Therefore, normal procedure is first a verbal reprimand, then a formal warning?
M.E.	Yes, that's right. The warning is always given in writing and after three warnings, a notification of suspension is given.
N.T.	Which means?
M.E.	Which means that during the lay-off period of X number of days (the amount depending on the seriousness of the case), the person is no longer part of the workforce, and is not paid. It's only on their return that they are reinstated in the factory. And if negligence occurs again, then we don't even give a formal warning, the person is dismissed. That's it. This is the normal legal disciplinary procedure.
N.T.	Does this happen often?
M.E.	No, not really. I think that it has happened once here. Most of the time, if the misconduct is serious, the person is dismissed instantly.
N.T.	I suppose that since you work in the food industry, you have to be strict on hygiene.
M.E.	Absolutely, we are particularly aware of hygiene. We have a quality product which has a good reputation throughout France. The slightest drop in quality could destroy us.
N.T.	Of course . . .

VOCABULAIRE

l'interlocuteur(trice)	interlocutor (person to whom you speak)
l'emballage (*m*)	packaging, wrapping
suivre de très près	to follow very closely
les étapes (*fpl*)	stages
surveiller	to check, watch
une perte	loss
non-surveillance	carelessness
commettre	to commit
tomber en panne	to break down
faire attention	to be careful

une réprimande	reprimand
se reproduire	to happen again
un avertissement	warning
écrit(e), par écrit (*m*)	written
la mise à pied	dismissal, lay off (for a few days)
la gravité	seriousness
la faute	mistake, misconduct
la législation du travail	labour law
être axé(e) sur	to centre on, to be particularly interested in or aware of
être bien perçu	to be well regarded, to have a good image
l'écart (*m*)	difference, variance, gap
faire tomber quelqu'un	to make someone fall (destroy)

QUESTIONS

1 A qui est-ce que Nicole Tosser parle?
2 Qu'est-ce qu'il vient de lui expliquer?
3 D'où peut venir une perte?
4 Qu'est-ce qui se passe si une personne est négligente?
5 Et si la négligence se reproduit plusieurs fois?
6 Qu'est-ce que c'est qu'une mise à pied?
7 Dans quel cas licencie-t-on un(e) ouvrier(ère)?
8 Ça arrive souvent chez Ondet?
9 Pourquoi est-ce que l'hygiène a une importance capitale chez Ondet?

Réponses

1 Au chef de production, M. Espinasse.
2 L'utilité des feuilles de production et d'emballage.
3 D'une panne de machine, de négligence ou de non-surveillance.
4 On lui donne une réprimande, puis un avertissement.
5 On ordonne une mise à pied.
6 C'est le renvoi de plusieurs jours, pendant lesquels l'ouvrier(ère) ne fait plus partie de l'entreprise et n'est plus payé(e).
7 Si la négligence se reproduit encore ou si une personne fait une faute extrêmement grave.

8 Non, pas très souvent.
9 Parce que c'est une entreprise agro-alimentaire dont le produit (les pâtes fraîches) est très bien perçu par les consommateurs.

COMMENT EXPOSER SES IDÉES (HOW TO PRESENT YOUR VIEWS)

Pour commencer   To start with

En premier lieu, il convient d'analyser	First it seems appropriate to analyse
Il faut tout d'abord définir	First it is necessary to define
Commençons par essayer de cerner la question	Let us start by attempting to define the issue
Premier point	First point
Première étape	First stage
D'une part	On the one hand

Pour continuer   To continue

De plus, d'autre part, en outre, par ailleurs	Besides, on the other hand
On doit aussi (également) examiner	One must also examine
Puis/ensuite il faut	Then it is necessary
En second lieu/deuxièmement il ne faut pas oublier	Secondly, one must not forget
Ceci nous amène à notre second point	This leads us to our second point
A cela il faut ajouter le fait que	To this one must add the fact that

Pour finir, pour terminer   To finish

Enfin, finalement	Finally
En conclusion, pour conclure	In conclusion
De tout cela nous pouvons tirer la conclusion que/la conclusion de tout cela est que nous devons licencier X	This leads us to conclude that X must be dismissed
En résumé/en bref/en somme/en un mot	To sum up
Cela montre que	This shows that

EXERCISES

A Translate

1 The Chamber of Commerce's mission is twofold.
2 About twenty-eight per cent of workers in France are in unions.
3 The shop stewards defend the workers' interests.
4 There are various types of strikes, work to rule, wild cat strike, etc.
5 How many days leave have you got?
6 The SMIC guarantees a certain buying power to the lowest paid workers.
7 After three warnings comes the temporary dismissal.
8 A serious mistake can lead to immediate permanent dismissal.
9 Our product has an excellent image in England.

Key

1 La mission de la CCI est double.
2 Environ vingt-huit pour cent des ouvriers en France sont syndiqués.
3 Les délégués syndicaux défendent les intérêts des travailleurs.
4 Il y a divers types de grève: la grève du zèle, la grève sauvage, etc.
5 Combien de congés avez-vous?
6 Le SMIC garantit un certain pouvoir d'achat aux travailleurs les moins rémunérés.
7 Après trois avertissements on donne une mise à pied.
8 Une faute grave peut entraîner un licenciement immédiat.
9 Notre produit est très bien perçu en Angleterre/Notre produit a une excellente image de marque en Angleterre.

B Structure of a speech (i)

This is a short speech made by the Head of the Law and Economics Department of a French University to his staff. The sentences are not in the right order. Try and spot the words introducing the points and put them in the right order (orally):

Nous devons également nous rendre à Newland Park pour mettre au point les programmes d'études et les dates exactes du semestre. En conclusion, je voudrais donc que vous me donniez votre accord afin que je puisse signer, au nom de notre faculté, le document de notre collaboration avec le Buckinghamshire College. Deuxièmement le doyen de la faculté et le responsable des formations de premier cycle sont venus nous rendre visite et à l'issue de nos entretiens il est apparu que ce projet d'échange d'étudiants entre nos deux facultés prenait bel et bien forme. Nous avons alors défini avec précision le cadre de cette collaboration. Notre première étape a été de prendre contact avec la Faculté de Management International et de Sciences Sociales Appliquées et de nous rendre à Newland Park pour une visite préliminaire. Ensuite un échange de correspondance nous a permis de peaufiner notre programme.

Now listen to the tape. ■

C Structure of a speech (ii)

You are presenting your views to a group of French speaking colleagues. Use as many 'articulations' as possible.

D Structure of a speech (iii)

Voici des extraits d'un discours prononcé par Monsieur le Professeur Georges Bertrand de l'Université de Toulouse à l'occasion du trentième anniversaire de l'Institut de la Promotion Supérieure du Travail de Toulouse. Encore une fois soyez attentif aux mots et expressions qui introduisent les idées du professeur.

Par exemple:

Je voudrais maintenant présenter brièvement l'IPST . . .

L'histoire de l'IPST a été marquée par trois grands étapes . . .

   1   De 1957 à 1970

   2   Ensuite en 1970

La troisième étape déterminante de ces 30 ans de vie de l'IPST a été . . .

l'IPST . . . chargé d'une double mission: tout d'abord . . . , en deuxième lieu l'IPST . . .

L'IPST . . . se devra *donc* d'adapter . . .

Après ces quelques mots sur l'IPST, il est maintenant plus aisé de . . .

Tout d'abord . . .

Ensuite de . . .

Enfin d'améliorer . . .

Voilà quelques thèmes de réflexion qu'il était utile de préciser à cette occasion.

Passons maintenant au contenu du colloque . . .

Je déclare donc la séance ouverte pour que commencent les débats

This is a wonderful example of a logically structured speech. We hope that you have enjoyed listening to it and have understood most of its points!

BACKGROUND NOTES

1 Casteilla Editions publishes excellent 'aide mémoires' on labour laws and civics *Législation du Travail et Sécurité Sociale* by Bernard Lescot and *Instruction Civique* by Bernard Lescot and Jean Sinou.

They are updated every year and are written for pupils and students. They are therefore extremely clear and concise. All good bookshops should stock them. If you are unable to obtain a copy write to:

> Editions Casteilla
> 25 rue Monge
> 75005 PARIS

2 The Franco-British Chamber of Commerce and Industry in Paris offers a wide range of useful services to British business visitors. These include an advertising medium (*Cross Channel Trade:* a monthly journal), rooms that can be hired as offices or for interviews, and contacts with businessmen and businesswomen. There is also a junior section of this Chamber whose membership is open to all executives of member companies up to the age of 40. This junior chamber has its own programme of functions and activities. Further details on all services and application forms for membership can be obtained from:

> The CCFB
> 8 rue Cimarosa
> 75016 PARIS
>
> Tel: (1) 45 05 13 08
> Telex: 614806

See the DTI's *Hints to Exporters: France* for details of the Chamber's sections in Marseille, Bordeaux, Lille, Lyon, Rouen, Le Havre, Strasbourg and St Laurent du Var.

3   The French unions are divided along political, ideological, and religious lines. The CGT is the largest union, dominated by communist ideology, while the CFDT is socialist. These strong views make it very difficult for French unions to join forces on the first of May when traditionally the main unions make their voices heard through a demonstration in Paris. They rarely shout the same slogans, each union's members staying together, in a separate procession. Support for the unions has declined steadily since the late seventies, and closed shops do not exist in France.

L'administration de la France et son rôle dans la CE (France's administration and its role in the EC)

SETTING THE SCENE

This final unit gives brief notes on France's administration, on the EC, on France's position in the EC and in the world, and it also includes extracts from two surveys on Europe.

Il y a 26 régions en France, 22 en métropole et 4 outre-mer.

Chaque région est divisée en départements. On compte 96 départements en France métropolitaine et 4 outre-mer. Chaque département est composé de communes administrées par un maire et un conseil municipal élus par les citoyens français.

Les DOM

Département d'outre-mer	Possession française depuis	Chef-lieu	Superficie (km^2)	Population (milliers)	Densité (hab/km^2)
Guadeloupe	1635	Pointe-à-Pitre	1 780	329	184
Guyane	1604	Cayenne	91 000	73	1.1
Martinique	1635	Fort-de-France	1 100	328	298
Réunion	1642	Saint-Denis	2 10	515	205

Les départements d'outre-mer (les DOM)

Ce sont d'anciennes colonies françaises qui ont depuis 1946 le statut de département français. Il y en a 4: La Guadeloupe, la Martinique, la Guyane et la Réunion.

Les territoires d'outre-mer (les TOM)

Ce sont de vieilles colonies françaises et ces territoires sont représentés au Parlement par des députés et des sénateurs, mais ils n'ont pas le statut de département français. Ils sont unis à la France par les liens économiques et culturels et peuvent, s'ils le désirent, accéder à l'indépendance. Les voici:

- La Polynésie française
- St Pierre et Miquelon
- Wallis et Futura
- La Nouvelle Calédonie
- Les terres australes et antartiques françaises
- Mayotte

L'Etat

La France est un état républicain et démocratique. Le Président de la République, élu pour sept ans, au suffrage universel à deux tours de scrutin, assume le pouvoir exécutif. Il choisit son premier ministre.

Les députés, élus au suffrage universel, et les sénateurs, détiennent le pouvoir législatif.

Les magistrats assument le pouvoir judiciaire.

La devise républicaine est: *Liberté Egalité Fraternité*.

Paris est la capitale politique de la France.

La CE: la communauté Européenne

Douze pays font partie de la CE et à partir du 1er janvier 1993, l'Acte Unique Européen entrera en vigueur.

Ce sera l'Europe sans frontières, le *Grand Marché*.

Les institutions européennes

Le Conseil Européen

Il est composé des douze chefs d'état et de gouvernement et se réunit trois fois par an.

LA FRANCE : REGIONS ET DEPARTEMENTS

Métropole d'équilibre
Préfecture régionale
Limite de région
Limite de département

0   150km

Le Conseil des Ministres

Il est composé de ministres délégués par chaque état et il siège à Bruxelles
et à Luxembourg. C'est l'organisme de décision des communautés.

La Commission

C'est l'organe moteur et le gestionnaire de la Communauté. Elle siège à
Bruxelles. Elle emploie 11 000 fonctionnaires et experts.

La Commission a l'initiative des projets de loi européens. Elle applique
les décisions du Conseil des Ministres. Elle élabore le budget de la
Communauté. Elle veille à l'application des traités.

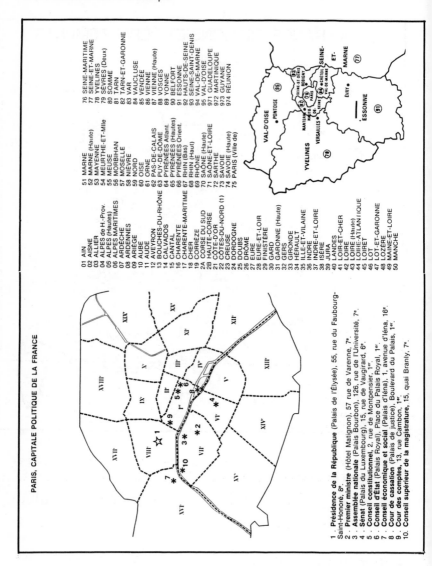

PARIS, CAPITALE POLITIQUE DE LA FRANCE

1 . **Présidence de la République** (Palais de l'Élysée), 55, rue du Faubourg-Saint-Honoré, 8e.
2 . **Premier ministre** (Hôtel Matignon), 57 rue de Varenne, 7e.
3 . **Assemblée nationale** (Palais Bourbon), 126, rue de l'Université, 7e.
4 . **Sénat** (Palais du Luxembourg), 15, rue de Vaugirard, 6e.
5 . **Conseil constitutionnel,** 2, rue de Montpensier, 1er.
6 . **Conseil d'État** (Palais Royal), Place du Palais Royal, 1er.
7 . **Conseil économique et social** (Palais d'Iéna), 1, avenue d'Iéna, 16e.
8 . **Cour de cassation** (Palais de Justice), Boulevard du Palais, 1er.
9 . **Cour des comptes,** 13, rue Cambon, 1er.
10. **Conseil supérieur de la magistrature,** 15, quai Branly, 7e.

01 AIN
02 AISNE
03 ALLIER
04 ALPES de H.-Prov.
05 ALPES (Hautes)
06 ALPES-MARITIMES
07 ARDÈCHE
08 ARDENNES
09 ARIÈGE
10 AUBE
11 AUDE
12 AVEYRON
13 BOUCHES-DU-RHÔNE
14 CALVADOS
15 CANTAL
16 CHARENTE
17 CHARENTE-MARITIME
18 CHER
19 CORRÈZE
2A CORSE DU SUD
2B HAUTE-CORSE
21 CÔTE-D'OR
22 CÔTES-DU-NORD (1)
23 CREUSE
24 DORDOGNE
25 DOUBS
26 DRÔME
27 EURE
28 EURE-ET-LOIR
29 FINISTÈRE
30 GARD
31 GARONNE (Haute)
32 GERS
33 GIRONDE
34 HÉRAULT
35 ILLE-ET-VILAINE
36 INDRE
37 INDRE-ET-LOIRE
38 ISÈRE
39 JURA
40 LANDES
41 LOIR-ET-CHER
42 LOIRE
43 LOIRE (Haute)
44 LOIRE-ATLANTIQUE
45 LOIRET
46 LOT
47 LOT-ET-GARONNE
48 LOZÈRE
49 MAINE-ET-LOIRE
50 MANCHE

51 MARNE
52 MARNE (Haute)
53 MAYENNE
54 MEURTHE-ET-Mlle
55 MEUSE
56 MORBIHAN
57 MOSELLE
58 NIÈVRE
59 NORD
60 OISE
61 ORNE
62 PAS-DE-CALAIS
63 PUY-DE-DÔME
64 PYRÉNÉES Atlant.
65 PYRÉNÉES (Hautes)
66 PYRÉNÉES Orient.
67 RHIN (Bas)
68 RHIN (Haut)
69 RHÔNE
70 SAÔNE (Haute)
71 SAÔNE-ET-LOIRE
72 SARTHE
73 SAVOIE
74 SAVOIE (Haute)
75 PARIS (Ville de)

76 SEINE-MARITIME
77 SEINE-ET-MARNE
78 YVELINES
79 SÈVRES (Deux)
80 SOMME
81 TARN
82 TARN-ET-GARONNE
83 VAR
84 VAUCLUSE
85 VENDÉE
86 VIENNE
87 VIENNE (Haute)
88 VOSGES
89 YONNE
90 BELFORT
91 ESSONNE
92 HAUTS-DE-SEINE
93 SEINE-SAINT-DENIS
94 VAL-DE-MARNE
95 VAL-D'OISE
971 GUADELOUPE
972 MARTINIQUE
973 GUYANE
974 RÉUNION

Le Parlement Européen

Il comprend 518 députés élus au suffrage universel direct pour cinq ans. Il siège à Strasbourg. Il contrôle le travail de la Communauté et il en vote le budget.

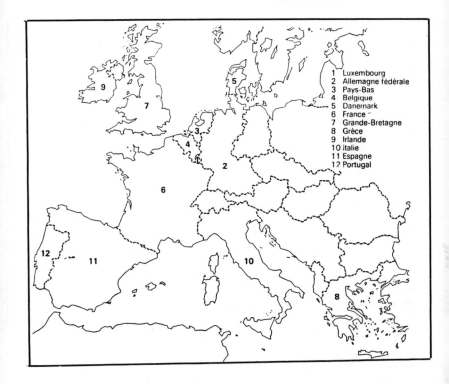

La Cour de Justice

Elle comprend 13 juges et 6 avocats généraux nommés pour cinq ans.
Elle siège à Luxembourg. La Cour contrôle le respect du droit européen.

Le Comité économique et social

Il est composé de représentants syndicaux et socio-professionnels. Il donne
son avis sur les professions de la Communauté.

La Cour des Comptes Européenne

Elle contrôle l'exécution du budget de la CE.

Une nouvelle unité monétaire est née: L'ECU (European Currency Unit). L'ECU est utilisé comme moyen de paiement à l'intérieur de la CE pour régler les échanges, chaque monnaie ayant un cours rattaché à l'ECU.

Le Grand Marché

L'Acte Unique Européen va abolir les frontières dans la CE.

- les contrôles aux frontières seront supprimés

- un document unique de douane sera substitué aux documents existants

- les normes techniques imposées aux produits seront unifiées

- l'équivalence des diplômes universitaires sera reconnue et chaque travailleur sera libre de s'établir dans le pays de son choix

- les frontières fiscales seront éliminées. Il faudra donc harmoniser les taux de TVA et les droits sur le tabac et l'alcool, et la fiscalité de l'épargne et de la fiscalité des sociétés.

L'Europe des Douze constituera alors le bloc économique le plus puissant du monde.

Les Grands Projets:

- Airbus   avions de ligne

- Ariane   lanceurs de satellite

- Eureka   recherche technologique

- Hermès   navette spatiale

- Brite   biotechnologie

- Race   télévision européenne relayée par satellites

- Erasmus   échanges d'étudiants

- TGV Européen   Train à Grande Vitesse.

TRANSLATION

France is made up of 26 regions: 22 mainland and 4 overseas. Each region is divided into 'départements' – 96 on the mainland and 4 overseas. Each 'département' is made up of 'communes' run by an elected mayor (le maire) and a town council (le conseil municipal).

Overseas counties (DOM)

These are former French colonies which since 1946, have been given the status of a French 'département'. There are 4: Guadeloupe, Martinique, Guyane and Réunion.

Overseas territories (TOM)

These are former French colonies which are represented in Parliament by 'deputés' (MPs) and 'sénateurs' (senators). They have economic and cultural links with France but do not have the status of 'départements'. They can become independant if they so wish. They include:

* French Polynesia
* St Pierre et Miquelon
* Wallis and Futura
* New Caledonia
* The Australasian and Antarctic French territories
* Mayotte.

The State

France is a republic and a democracy. France is a liberal state.

The President of the Republic is elected for seven years and has the role of the British Prime Minister. He chooses his prime minister. The 'deputés', also elected for seven years, and the Senators hold the legislative power.
   The Magistrates are in charge of the legal system.
   The motto of the Republic is: *Liberty, Equality, Fraternity*.
   Paris is the political capital of France.

The European Community (EC)

Twelve states make up the European Community and as from January 1, 1993, the Single European Act comes into force.

This will mean a Europe with no boundaries, *The Single Market*.

European institutions

The Council of Europe

This is made up of twelve heads of state and government and meets three times a year.

The Council of Ministers

This is made up of ministers elected from each member state and it resides in Brussels and in Luxemburg. It is the decision-making organism of the Community.

The Commission

This is the governing body of the Community. It sits in Brussels and it employs 11,000 civil servants and consultants.

The Commission instigates European law reform. It applies the decisions of the Council of Ministers. It carries out the budget of the Commission. It monitors the application of treaties.

The European Parliament

This is made up of 518 members directly elected by the people for five years. It sits in Strasbourg. It has control over the work of the Community and takes a vote on its budget.

The Court of Justice

This consists of 13 judges and 6 lawyers nominated for five years and sits in Luxemburg. The Court of Justice enforces European law.

The Economic and Social Committee

This is made up of union representatives and industrialists. They voice their opinion on professional matters within the Community.

The European Monetary Committee

This body controls the EC budget. A new monetary unit has been ntroduced: the ECU (European Currency Unit). The ECU is used as a method of payment within the Community, each currency having an ECU equivalent.

The Single Market

The Single European Act will abolish boundaries in the European Community.

- border controls will be eliminated
- a single customs document will replace existing ones
- technical standards will be uniform
- university diplomas/degrees will be universally recognized and workers will be free to set up business in the country of their choice
- taxation variations will be eliminated. It will therefore be necessary to bring into line VAT rates, tax on cigarettes and alcohol, investment taxes and taxation systems.

Europe of the Twelve will constitute the most powerful economic bloc in the world.
   Main projects:

- Airbus
- Ariane
- Eureka
- Hermès
- Brite
- Race
- Erasmus
- TGV Européen

LA FRANCE DANS LE MONDE

De plus en plus la France se trouve intégrée à l'économie mondiale et elle est donc influencée par tout ce qui se passe hors de ses frontières. Elle entretient des relations diplomatiques avec la quasi-totalité des pays de la planète et réalise des échanges économiques avec la plupart d'entre eux.

La France importe presque tout le pétrole nécessaire à la consommation nationale; 40% des voitures immatriculées en France proviennent de l'étranger mais elle exporte 60% de sa production automobile.

Les grands industriels français produisent un pourcentage de leur production à l'étranger (Pechiney: aluminium, Lafarge: ciment, Michelin: pneus).

Les entreprises de travaux publics ouvrent des chantiers en Afrique, au Proche-Orient, en Amérique Latine et dans l'Asie du Sud-Est.

La France est au quatrième rang des nations touristiques mais les Français sont de plus en plus nombreux à passer leurs vacances à l'étranger.

Les activités de services s'internationalisent, également; les chaînes d'hôtels comme Accord, Méridien, Pullman se développent tous azimuts hors de ses frontières.

Les frontières ne sont plus un obstacle à la distribution: Carrefour, Auchan ont ouvert des grandes surfaces à l'étranger. Cette internationalisation touche aussi la presse. *Marie Claire, Elle* magazines féminins, sont vendus en anglais, espagnol, italien; et le *Financial Times* a pris le contrôle du quotidien économique *Les Echos*. Cette ouverture des frontières touche aussi les hommes: 4 millions d'étrangers vivent en France et près d'1 million et demi de Français vivent à l'étranger.

La France est une nation moyenne au rayonnement mondial. La France métropolitaine avec ses 550 000 km carrés ne représente qu' 1/1000 eme de la surface du globe et avec ses 56 millions d'habitants elle ne représente qu'1% de la population mondiale. Son taux de natalité est très bas.

Sur le plan économique la France reste la sixième puissance du monde. Elle est membre de l'OCDE, organisation internationale dont le siège est à Paris et qui regroupe les pays les plus industrialisés du monde occidental. Quatre-vingts pour cent des échanges de la France sont réalisés avec les pays de l'OCDE.

Les principaux clients de l'industrie automobile nationale sont l'Allemagne, l'Italie et la Grande-Bretagne. La France réalise la moitié de ses échanges avec cinq pays seulement: L'Allemagne, l'Italie, la Belgique, le Royaume-Uni et les Etats-Unis. La France est célèbre dans le monde entier pour ses parfums, sa haute couture et sa gastronomie.

C'est la création de la Communauté Européenne qui a le plus influencé la vie politique et économique du pays au cours des dernières décennies. Cette influence ne fera que progresser à partir du 1er janvier 1993 avec l'ouverture des frontières qui concernera tous les domaines: marchandises,

L'EUROPE ET LES GRANDES PUISSANCES

	Population (en 1000)	Superficie (1000 km²)	Habitants (par km²)	en millions
	La population, la superficie et la densité 1985			Emploi total en 1985
Belgique	9 858	31	323	3,662
Danemark	5 114	43	119	2,598
RFA	61 024	249	245	25,531
Grece	9 935	132	75	3,774
Espagne	38 602	505	76	10,798
France	55 170	544	101	21,476
Irlande	3 540	69	51	1,073
Italie	57 141	301	190	21,113
Luxembourg	367	3	141	0,161
Pays-Bas	14 492	42	352	5,208
Portugal	10 157	92	110	4,137
Grand-Bretagne	56 618	244	232	24,391
Europe des 12	322 000	2 256	143	123,922
USA	239 300	9 372	26	109,378
URSS	278 600	22 402	12	
Japon	120 700	372	324	58,070
	483 000	135 837	37	

capitaux et emplois. D'ores et déjà c'est avec ses partenaires de la CE que la France réalise l'essentiel de ses échanges internationaux (plus de 60%).

La France représente 17% de la population de la CE, elle a un fort potentiel économique. Son territoire agricole est le plus vaste d'Europe; en matière industrielle la France est leader de certaines industries de pointe, aéronautique et nucléaire notamment, et dans de nombreuses activités de services: informatique et industries liées aux loisirs et au tourisme. Ceci constitue un atout important pour l'avenir.

Sa position géographique confère à la France un pôle de carrefour entre toutes les nations européennes et entre l'Europe du nord et l'Europe du sud. Ce pôle de carrefour est amplifié par les nouvelles liaisons TGV dont Paris sera la plaque tournante.

La France est le pays le plus vaste de la CE. Elle a des liens étroits avec ses anciennes colonies et exerce une grande autorité sur les pays du Tiers-Monde. Les accords économiques passés avec les pays d'Afrique-Noire au lendemain de leur indépendance ont laissé subsister la Zone Franc. Le CFA continue à être utilisé. Ceci permet à la France de développer dans de très bonnes conditions ses échanges dans toute une partie de l'Afrique. Les pays ACP (Afrique, Caraibes, Pacifique) ont des liens privilégiés avec la CE. Au total il y a une cinquantaine de pays liés à la CE par les accords de Lomé périodiquement renégociés.

Sur le plan culturel la présence française durant plusiers décennies dans diverses parties du monde a suscité un important héritage culturel qui se traduit par l'utilisation du français dans quelques dizaines de pays. Le français est parlé par près de 200 millions de personnes dans le monde. La plus forte concentration de francophones se trouve en Afrique; au Canada plus de 5 millions de personnes parlent français.

Nombre de francophones

Total en milliers (dont de langue maternelle)

Afrique *Sud du Sahara* 14 218 (633): Bénin 620 (20), Burkina Faso 410 (10), Burundi 310 (10), Cameroun 1 1460 (60), Centrafrique 310 (10), Comores 23 (3), Congo 525 (25), Côte-d'Ivoire 2 650 (150), Djibouti 35 (15), Gabon 335 (35), Guinée 515 (15), Madagascar 1 030 (30), Mali 610 (10), Maurice 340 (40), Mauritanie 108 (8), Niger 315 (15), Rwanda 410 (10), Sénégal 760 (60), Seychelles 12 (2), Tchad 310 (10), Togo 515 (15), Zaïre 2 560 (60), Angola, Mozambique, Cap-Vert, Guinée-Bissau, St-Thomas et du Prince, Guinée équatoriale 21 (1), Afr. du S. 14 (9), autres pays 20 (10). *Maghreb:* 13 050 (350): Algérie 6 650 (150), Maroc 4 130 (130), Tunisie 2 270 (70). *Afrique du Nord-Est:* 211 (8): Égypte 205 (5), Libye 6 (3).

Amérique 10 590 (8 490). *Du Nord:* 9 050 (8 300): Canada 7 350 (7 000) [Québec (5 000), Nouveau-Brunswick 280 (250), Ontario 500 (50), Manitoba (60)], États-Unis 1 700 (1 300) [Louisiane 250 (200), Nouvelle-Angleterre 500 (500)]. *Latine et Caraibes:* 1 540 (190): Haïti 750 (50), Dominique, Grenade, Ste-Lucie, St-Vincent, Trinité et Tobago 10 (10), Brésil 250 (50), Mexique 60 (10), Autres pays 460 (70).

Asie 1 705 (260). *Proche et Moyen-Orient:* 992 (197): Liban 625 (25), Iran 100, Israël 200 (150), Syrie 15 (5), Turquie 32 (2), autres pays 20 (15). *Extreme Orient* 713 (63): Pondichéry (Inde) 70 (20), Cambodge 55 (5), Laos 23 (3), Viêt-nam 510 (10), autres pays 55 (25).

Europe 66 009 (57 594). *Europe occidentale:* 65 443 (57 578): Andorre 13 (3), Belgique 5 450 (4 150), France (avec DOM-TOM) 56 000 (51 500), Espagne 170 (70), Val d'Aran 1 (1), Grande-Bretagne 150 (0), Jersey 5 (5), Italie 230 (80), Val d'Aoste 10 (10), Vallées Vaudoises 2 (2), Luxembourg 300 (50), Monaco 30 (25), Suisse 2 500 (1 300), autres pays 600 (300). *Europe de l'Est:* 566 (16): Pologne 52 (2), Roumanie 201 (1), Union soviétique 103 (3), autres pays 210 (10). **Océanie** 106 (26): Vanuatu 31 (1), autres pays 75 (25). **Monde 105 889 (67 361).**

Source: Quid 1990

Et *Paris* . . . ? Paris reste la capitale la plus populaire du monde, symbole de culture, luxe, beauté et . . . volupté!

Translation

France has become increasingly important in the world economy and therefore it is influenced by all the events that take place outside its borders. It has diplomatic and trade relations with almost all the countries of the world. It imports almost all the oil that it needs, 40% of its cars are imported and 60% of the cars it manufactures are exported.

French companies produce a percentage of their output abroad (Péchiney: aluminium, Lafarge: cement, Michelin: tyres). Civil engineering companies operate in Africa, Latin America and in South-East Asia.

France's tourist industry is fourth in the world but more and more French people spend their holidays abroad.

Service industries are becoming international. Hotel chains such as Accord, Meridien, Pullman have appeared everywhere in the world.

Borders are no longer an obstacle to distribution: both Carrefour and Auchan have opened hypermarkets abroad. The Press has also become international: women's magazines such as *Marie-Claire* and *Elle* are printed in English, Spanish and Italian and *The Financial Times* now owns the economic daily: *Les Echos.* Men and women are also affected by this opening of the borders: four million foreigners live in France and one and a half a million French citizens live abroad.

France is a medium-size country with a world-wide cultural influence; its 550,000 square kilometres represent one thousandth of the surface of the world and its 56 million inhabitants represent 1% of the world population. The birth rate is very low in France.

France's economy is the sixth in the world. It is a member of the international organization, OECD, the headquarters of which are in Paris and which is made up of the most developed countries in the western world – 80% of French trade is with the OECD countries.

The main customers of the French car industry are Germany, Italy and GB. Fifty per cent of French trade is with only 5 countries: Germany, Italy, Belgium, UK and the USA. France is famous world-wide for its perfumes, gastronomy and haute couture.

The creation of the Economic Community has influenced France's political and economic life the most during the last few decades. This influence will become even stronger after January 1, 1993 with the opening of the frontiers, which will affect all areas of activity: free movement of goods, capital and labour. Most of France's trade (more than 60%) is already with the Economic Community's partners.

France represents 17% of the Community's population. It has a strong economic potential, its agricultural land is the most extensive in Europe and France is the leader in a number of high technology industries such as the aeronautical and nuclear industries. It is also important in the leisure and tourist industries. This represents a significant advantage for France's future.

Thanks to its geographical location France is at the crossroads of Europe and also unites Northern and Southern Europe. Thanks also to the new TGV links and the Eurotunnel, Paris will become the focal point.

France is the largest country in the European Community. It has very close links with its former colonies and a strong influence on third world countries. Economic agreements signed with Black African countries after independence have preserved the Franc Zone. The CFA is still in use and this enables France to develop trade with many African countries. The ACP countries have preferential links with the European Community. The Lomé agreement, which is periodically re-negotiated, links about fifty African countries to the European Community.

Thanks to its high profile over several decades in various parts of the world, France has created an important cultural heritage which is demonstrated by the extensive use of French in many countries of the world. The highest concentration of French speaking people is in Africa. In Canada over 5 million people speak French.

And *Paris?* It remains the most popular capital in the world; a symbol of culture, luxury, beauty and . . . seduction.

La Grande-Bretagne n'est plus tout-a-fait une île. Allons-nous assister à un changement d'attitude de nos compatriotes respectifs les uns vis-à vis des autres?

Voici un article très amusant de Robert de Ferrer qui illustre bien le poids de l'histoire et de la mémoire collective.

Great Britain is no longer completely an island. Are we going to see a change of attitude in our respective countrymen towards each other?

Here is an amusing article by Robert De Ferrer which illustrates the importance of history and of collective memory.

Les Beefsteaks/The Frogs

by Robert de Ferrer

In spite or because of long centuries of a common history of conflicts and alliances the French and British people share mainly prejudices against one another and the Channel. The Channel is being pierced and we are told we are going to bed together in 1992.

Pour que cet évènement soit heureux, il faudrait nous connaître mieux. Que ces quelques clés, si imparfaites, puissent aider un peu ceux qui, avec bonne volonté, se cherchent!

LES BEEFSTEAKS

Les Britanniques, géographiquement insulaires, ont pris l'habitude de ne se faire conquérir fameusement qu'une fois au début de chaque millénaire. Ils dérivent, de la continuité de leur histoire, un sens tellement inné de leur supériorité qu'ils l'oublient. Sauf quand elle est mise en question, auquel cas ils montrent la plus grande cohésion vis à vis de l'extérieur.

Tous de classe moyenne, sauf de rares exceptions, ils sont déchirés par le besoin de se différencier des autres. Seuls ceux qui subsistent aux deux extrêmes de l'échelle sociale ne perdent ni temps ni énergie à gagner ou défendre les subtilités inutiles de leur position respective.

Se sachant passionnés et violents, ils se sont imposés depuis si longtemps un tel contrôle d'eux-mêmes que le flegmatisme, le détache-ent amusé et courtois et le souçi du bien être de l'autre sont devenus deuxième nature.

Puritains, ils forment une société fortement masculine encore aujourd'hui. Ils chérissent leur adolescence parce que protégée de l'embarras du contact féminin, pour la chaude camaraderie du sport et des blagues de potaches et pour le cachet de leur école secondaire indicateur, d'une importance absurde, de leurs places dans l'échelle sociale. Leurs meilleurs souvenirs sont de leur 'public school', ou, pour les mêmes raisons, de leur expérience militaire. Souvent l'homme mûr est un adolescent prolongé.

Le code de conduite bien entériné leur interdit de prendre ce qui leur est important au sérieux et surtout eux mêmes. Ceci permet l'humour qui éclaire tout, même les moments difficiles et interdit l'apitoiement sur son sort (self pity) qui est fortement réprouvé. Par contre ce qui n'est pas essentiel, le jeu, sport ou jardinage du plus gros légume, demande un sérieux fanatique.

Education et pression de groupe les empêchent de se vanter et d'étaler leur savoir. Ainsi, alors qu'il y a en Grande-Bretagne autant de gens intelligents qu'ailleurs, c'est aux étrangers seuls qu'on permet de se montrer brillants; donc 'clever' est ici péjoratif. Qui est expert préfère jouer les amateurs, qui a grande culture prétend être ignard.

Il faut savoir lire le Britannique au delà de cette apparente modestie. Elle a ses dangers car elle encourage pour certains la paresse. S'il vous reçoit dans son bureau, vous offrant fauteuil profond et boisson chaude, ce n'est pas perfidie mais savoir-faire. Les grandes idées le gênent mais il est généreux dans la pratique. Face à un conflit théorique, il choisira un compromis faisable. Il acceptera une solution encore un peu boiteuse si, pragmatique, il sent une chance de la faire marcher à peu de risques.

Amusé avec lui, sachez le trouver sans le forcer et vous faites affaire. Si vous avez su susciter son sens du fair play elle sera bonne.

THE FROGS

'Cogito ergo sum' wrote Descartes and defined his compatriots. Instead of 'I think therefore I am' he could have chosen as validly, 'People smile at me . . .' but he did not. Even idiots have to be intellectuals to be French. Think of them as so many stand-alone micros loaded with efficient programmes. Each, in its area of dedication, filters outside inputs for syntax errors before processing can start. Switching between programmes is cumbersome and they cannot be run in parallel. This is why in France you will not be offered coffee (hospitality) during a discussion (business) but invited to lunch afterwards (close business, open hospitality).

France, a cul-de-sac to North, East and South migrations, armed or not, is the original melting pot. Those who came felt no desire to swim or sail further, liked what they saw, became peasants and started playing boules. Their descendants know that they live in the best place in the world and welcome foreigners who share this view without threatening the equilibrium of the scene. But they retain from their land origins a suspicious narrowness of views, unease of manners and defensive greed. However, they have mastered the art of making their lives as balanced and pleasurable as possible.

Cambronne, a general at Waterloo, used a famous word in refusing to surrender the Imperial Guard and died peacefully in bed twenty seven years later. The French named the word and a metro station after him in celebration not of his heroism but of his negativity. 'Non' is still the first reaction from the French, be they heads of state or petty bureaucrats, bankers or waiters. It may be that the filters are too strong. It is also most probable that they hold dear their own ideas in preference to any other and this to the end, whenever possible.

The French live in centrally heated flats, often poky, but crave for a hearth, symbol of warm domesticity. Comfort is foreign but they love their homes which they hide from outsiders as too private and too revealing.

In the street or office, they wear the mask of their social role. Sometimes ill-fitting, it is mutually protected by the complicity of others. The theatre of their encounters is made up of coded formalities, enjoyed as an art form but devoid of much genuine human warmth. Behind hides the man, in charge of his emotions, often insecure, often brilliant, humourless but ironic, a solo player always ready to score a glorious try.

With a Frenchman be yourself but logical until it hurts. Avoid forcing swift changes of programmes and show appreciation of his brilliance. When facing more than one, be prepared to umpire their squabble. When you have gently guided them towards a double negative, you have had much fun and have achieved an agreement.

Robert J de Ferrer has been a consultant for more than 20 years. He was formerly head of the international marketing division of two major consultancy companies, and is now managing director of R2F, a London-based consultancy specialising in international business development. French by birth and an internationalist by experience and conviction, he holds an MBA from HEC (France) and is a fellow of the British Institute of Management Consultants. He has worked in all five continents, and lectures widely.

Info – Janvier/Février 1989

Voici également un reportage sur une enquête effectuée par David Baker, professeur de marketing au Buckinghamshire College, auprès d'environ 500 hommes d'affaires en Grande-Bretagne, France, Italie, Allemagne et Espagne. Un extrait de de l'enquête est aussi présenté.

Les Britanniques et les Français s'estiment être les moins compétents en langues étrangères. Les Francais sont bien entendu très fiers de leur gastronomie, de l'élégance de leurs femmes et de leur patrimoine culturel.

Here is also a report (see page 368) on a survey done by David Baker, Marketing lecturer at the Buckinghamshire College, on the attitudes of 500 businessmen in the UK, France, Italy, Spain, and Germany, and an extract from the report.

The French and the British think that they are the least competent linguists. The French are predictably proud of their cuisine, the elegance of their women and of their cultural heritage.

BRITISH POLITICS THE BEST, BUT NOT SO ITS YOUTH

By John O'Leary
Higher Education Correspondent

WHATEVER doubts there may be about the state of Britain's political leadership, they appear not to be shared by European businessmen. A survey carried out in five countries has found that British politics are the envy of France, Germany, Italy and Spain.

More than 500 businessmen from Britain and her four European partners were polled on a variety of subjects by academics at Buckinghamshire College of Higher Education. They were asked to name the top and bottom countries in everything from the arts to telecommunications, as well as the nationality most like themselves.

Apart from the French, who rated themselves top in most categories, most of the businessmen placed Britain top both for political awareness and leadership. A college spokesman said: 'I am quite sure they would have related the leadership question to Mrs Thatcher. There is no question that she has got a very big following in the business community.'

The British were also rated highly in law, medicine and the arts; poorly in food, fashion and linguistic ability. There was general agreement that their youth was the worst behaved in Europe.

All nationalities, including the Italians, rated Italy bottom for political leadership. Continuing with established national stereotype, the businessmen gave Italy top marks for art, architecture and fashion.

Overall, the Spanish fared least well, scoring poorly in business, technical development, film and theatre, fashion, food and railways. The compilers of the survey put part of their poor rating down to ignorance abroad.

No one country came out top for the quality of life, but France and Germany both scored well. Each of the five countries considered its own literature to be the best.

French film, fashion, food and railways were considered the best. Germany won out in business, technology, languages and education, as well as having the best-behaved youth.

The Germans joined both British men and women at the bottom of the fashion league. Germans were also considered the least artistic, but most committed to medicine and ecology, and the best for industrial relations.

The survey was conducted early this summer among businessmen divided equally between the five countries. The college has extensive European links and David Baker, the member of staff responsible, is a member of the European market researchers' professional body, ESOMAR.

Britain's high political ratings appear to reflect grudging respect, rather than any sudden change of European identity. The French, Italians and Spanish all considered the British less like them than any of the other nationalities in the survey. The British considered the Germans most like themselves, but the compliment was not returned since the Germans identified most closely with the French.

From *The Times*, 20 November 1990, with permission.

Selon l' article de *l'Observer* (page 369) 'L' Europe: ce qu' en pensent réellement les Britanniques', la France est la nation la plus sournoise . . . et les Français les plus chics et les plus sexy!

According to *The Observer* article on Europe (page 369), 'Damned Foreigners! What the Brits really think of Europe', France is the most devious country and its people the best dressed and the sexiest!

THE VIEW FROM EUROPE

POSITIVE SELF — VIEWS

GB
Column Percentages

BEST	LEGAL SYSTEM	79
BEST	THEATRE-FILMS	71
BEST	POLITICAL LEADERSNIP	71
BEST	LITERATURE	65
MOST	INVENTIVE-CREATIVE PEOPLE	58
BEST	MUSIC	43
BEST	SYSTEM OF MEDICAL CARE	43
BEST	TELEPHONE SYSTEM	39

France
Column Percentages

BEST	FOOD	91
BEST	RAILWAY SYSTEM	84
BEST	FASHION SENSE - WOMEN	82
BEST	LITERATURE	81
BEST	TELEPHONE SYSTEM	64
BEST	SYSTEM OF MEDICAL CARE	64
BEST	QUALITY OF LIFE	63
MOST	HEALTHY PEOPLE	61
BEST	THEATRE-FILMS	54
BEST	POLITICAL LEADERSHIP	47
BEST	RECREATIONAL FACILITIES	33

FRG
Column Percentages

MOST	ECOLOGICALLY AWARE	96
HIGHEST	LEVEL OF TECHNICAL DEV	86
BEST	ROAD SYSTEM	86
BEST	SYSTEM OF MEDICAL CARE	78
MOST.	EFFECTIVE BUSINESSMEN	72
BEST	LABOUR RELATIONS	71
BEST	LEGAL SYSTEM	50
BEST	TELEPHONE SYSTEM	47
BEST	FOOD	44
BEST	EDUCATIONAL SYSTEM	39
BEST	RAILWAY SYSTEM	38
BEST	RECREATIONAL FACILITIES	36
BEST	LITERATURE	28

Italy
Column Percentages

MOST	INVENTIVE-CREATIVE PEOPLE	92
BEST	FOOD	88
BEST	FASHION SENSE - WOMEN	83
BEST	ARTISTIC PEOPLE	79
MOST	FASHION SENSE - MEN	71
BEST	QUALITY OF LIFE	51
BEST	ARCHITECTURE	45
BEST	MUSIC	40
BEST	LITERATURE	39
BEST	THEATRE-FILMS	34

Spain
Column Percentages

BEST	FOOD	78
BEST	RECREATIONAL FACILITIES	70
BEST	LITERATURE	50
MOST	INVENTIVE-CREATIVE PEOPLE	37

NEGATIVE SELF-VIEWS

GB
Column Percentages

WORST	LINGUISTS	69
LEAST	WELL-BEHAVED YOUTH	60
WORST	FASHION SENSE - MEN	36
WORST	LABOUR RELATIONS	32

France
Column Percentages

WORST	LINGUISTS	37
LEAST	EFFECTIVE BUSINESSMEN	35

FRG
Column Percentages

WORST	FASHION SENSE - MEN	34

Italy
Column Percentages

WORST	POLITICAL LADERSHIP	65
WORST	SYSTEM OF MEDICAL CARE	63
WORST	LEGAL SYSTEM	51
LEAST	POLITICALLY AWARE PEOPLE	44
LEAST	ECOLOGICALLY AWARE	40
WORST	RAILWAY SYSTEM	39
WORST	TELEPHONE SYSTEM	38
WORST	LINGUISTS	24

Spain
Column Percentages

LOWEST	LEVEL OF TECHNICAL DEV	94
WORST	ROAD SYSTEM	93
WORST	RAILWAY SYSTEM	91
WORST	TELEPHONE SYSTEM	81
WORST	SYSTEM OF MEDICAL CARE	72
WORST	EDUCATIONAL SYSTEM	63
WORST	POLITICALLY AWARE PEOPLE	59
LEAST	ECOLOGICALLY AWARE	56
LEAST	EFFECTIVE BUSINESSMEN	52
WORST	QUALITY OF LIFE	46
WORST	LABOUR RELATIONS	37
WORST	LEGAL SYSTEM	35

We have strong opinions on our European partners, rating the French the sexiest and the most devious nation, the Germans the most arrogant, the Italians least clever, the Irish the most easy-going, the Spanish the laziest, the Dutch the most boring – and ourselves the most courageous

FRANCE (STYLISH AND SEXY)

GERMANY (EFFICIENT, BUT ARROGANT)

	FRENCH	SPANISH	ITALIAN	BRITISH	IRISH	DUTCH	GERMAN
STYLISH	37	7	30	9	1	5	4
ARROGANT	29	14	12	14	7	4	48
SEXY	21	8	19	4	1	2	1
DEVIOUS	19	9	10	6	16	2	12
EASY-GOING	10	27	20	27	30	15	3
GREEDY	10	7	7	12	3	2	9
COWARDLY	8	3	12	2	10	0	2
BORING	8	7	6	13	9	13	11
EFFICIENT	6	3	5	26	5	24	41
LAZY	6	23	13	16	11	1	1
HARD-WORKING	5	12	10	29	22	28	38
CLEVER	2	1	1	6	2	4	8
COURAGEOUS	1	3	2	25	7	6	8

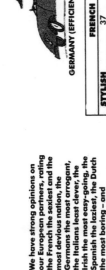

ITALY
(COWARDLY)

IRELAND
(EASY-GOING)

SPAIN
(LAZY)

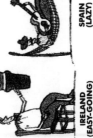

HOLLAND
(BORING)

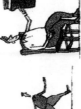

BRITAIN
(HARD-WORKING)

From *The Observer*, 28 October 1990, with permission.

BACKGROUND NOTES

Bibliography

Management in France by Jean-Louis Barsoux and Peter Lawrence, published by Cassell (ISBNO-304-31677-6) is a must for anyone doing business with the French. The chapter on rituals in France is particularly fascinating.

   Le Guide du Savoir-Vivre en Affaires by Olivier Protard et Pierre-Alain Szigeti, published by Businessman/Albin Michel is also interesting and entertaining.

   On France: John Ardagh's book *France Today* (Penguin 1987) and Theodore Zeldin's *The French* are both excellent reads.

   The best reference book on France must be *Quid* updated annually by Dominique et Michèle Frémy and published by Robert Laffont.

Abbréviations et sigles (Acronyms)

ACF	Automobile club de France (French automobile club)
AELE	Association européenne de libre-échange (EFTA)
AFP	Agence France Presse (French Press Agency)
AFPA	Association pour la formation des adultes (Adult Education Association)
AITA	Association Internationale des transport aériens (IATA)
ANPE	Agence nationale pour l'emploi (national unemployment agency)
AOC	(Vin d') appellation d'origine contrôlée (certified description of wine)
APE	Activité principle exercée (principal activity of a business)
AR	Accusé de réception (acknowledgement of receipt)
AS	Assurance sociale (social insurance)
ASSEDIC	Association pour l'emploi dans l'industrie et le commerce (industrial and commercial employment association)
ATTN	à l'attention de (for the attention of)
BDF	Banque de France (Bank of France)
BEP	Brevet d'études professionnelles (secondary school professional diploma)
BFCE	Banque française du commerce extérieure (French overseas trade bank)
BIRD	Banque internationale pour la reconstruction et le développement (IBRD)
BIT	Bureau international du travail (ILO)
BNP	Banque nationale de Paris
BO	Bulletin officiel
BP	Boîte postale (PO Box) ou la Banque Populaire
BPF	Bon pour francs (on cheques = value in francs)
BRI	Banque des rèlements internationaux (BIS)

BTP	Bâtiment, travaux publics (construction and public works)
BTS	Brevet de technicien supérieur (higher technical diploma)
CA	Chiffre d'affaires (turnover) ou Conseil D'Administration (the Board)
CAC	Compagnie des agents de change (the stockbrokers' association; the 'CAC 40' is the French equivalent of the 'FTI')
CAF	Coût, assurance, frêt (CIF)
Càd	C'est à dire (i.e.)
CAP	Certificat d'aptitude professionnelle (certificate of professional aptitude)
CCF	Crédit Commercial de France
CCI	Chambre de Commerce et d'Industrie (chamber of commerce and industry)
CCP	Centre des chèques postaux ou Compte chèque postal (Post Office bank)
CEA	Commissariat à l'énergie atomique (atomic energy commission) or Compte d'épargne en actions (stocks and shares savings account)
CEDEX	Courrier d'entreprise à distribution exceptionnelle (when this acronym is added to a postal code, it means the company benefits from a special postal service)
CE	Communauté européenne (EC)
CFA	(le franc de la) Communauté financière africaine (1F. CFA = 2FF.)
CFCE	Centre français du commerce extérieur (French centre for overseas trade)
CFDT	Confédération française démocratique du travail (a TU)
CFTC	Confédération française des travailleurs chrétiens (a Christian TU)
CGC	Confédération générale des cadres (a white-collar and executive TU)
CGT	Confédération générale du travail (a TU)
CHU	Centre hospitalier universitaire (hospital cum university)
CIC	Crédit industriel et commercial
Cie	Compagnie (company)

CL	Crédit Lyannais
CNAM	Conservatoire national des arts et métiers (Arts and crafts conservatory)
CNE	Caisse nationale d'épargne (national savings bank)
CNPF	Conseil national du patronat français (French equivalent of the CBI)
CNRS	Centre national de la recherche scientifique (scientific research centre)
CNUCED	Conférence des Nations Unies pour le commerce et le développement (UNCTAD)
COB	Commission des opérations en course (stock exchange control commission)
CODEVI	Compte pour le développement industriel (savings accounts for industrial development)
COFACE	Compagnie française d'assurance pour le commerce extérieur (overseas trade insurance company)
CREDOC	Centre de recherches, d'études et de documentation sur la consommation (consumer research centre)
CRS	Compagnie républicaine de sécurité (state security police)
CV	Cheval vapeur (horse power) ou curriculum vitae.
DATAR	Délégation à l'aménagement du territoire et à l'action régionale (regional economic development board)
DAU	Document administratif unique (single administrative document)
DOM/TOM	Département/Territoire d'Outre-Mer (Overseas department/territory)
DTS	Droits spéciaux de tirage (SDR)
DUT	Diplôme universitaire de technologie (diploma of a University institute of technology)
EDF	Electricité de France (the French electricity company) EGF = gas utility
ENA	Ecole nationale d'administration (school for the most senior civil servants)
Ets	Etablissements (establishment, business)
Ex.	Exemple (e.g.)
FF	Franc français (French franc)

FMI	Fonds monétaire international (IMF)
FNSEA	Fédération nationale des syndicates d'exploitants agricoles (national farmers' federation)
FO	Force ouvrière (a TU)
GIE	Groupement d'intérêt économique (economic interests group)
Ha	Hectare ($10\,000\,\text{m}^2 = 2.471$ acres)
HEC	Hautes études commerciales (*the* top school of management)
HLM	Habitation à loyer modéré (subsidized housing)
HT	Hors taxes (quoted in prices = before tax; in contrast to TTC)
Id	Idem (the same)
IFOP	Institut français d'opinion publique (French public opinion institute)
INC	Institut national de la consommation (national consumer institute)
INRA	Institut national de la recherche agronomique (agronomical research)
INSEE	Institut national de la statistique et des recherches économiques (national institute for statistics and economic surveys)
IUT	Institut universitaire de technologie (university institute of technology)
MM	Messieurs (Messrs)
Mlle	Mademoiselle
Mme	Madame
MBA	Marge brute d'autofinancement (cash-flow)
Me	Maître (title of address, e.g. for a barrister)
MOM	attendez un moment (in telexes, etc. = wait a minute, please)
N/....	Notre.... (Our....)
NF	Norme française (sign used by the French standards' office)
N°	Numéro (Number, £)

OCDE	Organisation de coopération et de développement économique (OECD)
OMS	Organisation monidiale de la santé (WHO)
ONU	Organisation des Nations Unies (UNO)
OPA	Offre publique d'achat (take over bid)
OPEP	Organisation des pays exportateurs de pétrole (OPEC)
OS	Ouvrier spécialisé (skilled worker)
OTAN	Organisation du traité de l'Atlantique-Nord (NATO)
PCV	A percevoir (a reverse charge phone-call; call collect)
P-DG	Président-directeur général (chairman and managing director; CEO)
PIB	Produit intérieur brut (GDP)
PJ	Pièce(s) jointe(s) (enc.) ou Police judiciaire (judiciary police)
PLV	Publicité sur le lieu de vente (point of sale advertising)
PME	Petite et moyenne entreprise (small and medium-sized firm)
PMI	Petite et moyenne industrie (small and medium-sized industry)
PMU	Pari mutuel urbain (a national book-making network; 'un pari' is a bet)
PNB	Produit national brut (gross national product)
POS	Plan d'occupation des sols (official ordnance survey)
PTT	Poste, télécommunications, télédiffusion (French GPO; the official title has changed to PTE–Poste, télécommunications et espace–until 1 January 1991, when it changes again!–but most people still use PTT)
PV	Prix de vente (selling price) ou procès verbal ((official) report or minutes)
QG	Quartier général (headquarters)
RATP	Régie autonome des transports parisiens (the Paris public transport network)
RER	Réseau express régional (the Paris express underground system)
RIB	Relevé d'identité bancaire (bank account identification document)

SA	Société anonyme (equivalent to a public limited company)
SARL	Société anonyme à responsabilité limitée (private limited company)
SDR	Société de développment régional (regional development firm)
SEITA	Société d'exploitation industrielle des tabacs et des allumettes (state tobacco company)
SERNAM	Service national des messageries (national transport network)
SICAV	Société d'investissement à capital variable (investment growth fund)
SIREN	Système informatique pour répertoire des entreprises (computerized data base of all companies registered in France)
SME	Système monétaire européen (EMS)
SMIC	Salaire minimum interprofessionnel de croissance (minimum basic salary)
SMIG	Salaire minimum interprofessionnel garanti (minimum guaranteed salary)
SNC	Société en nom collectif (private company with unlimited responsibility)
SNCF	Société nationale des chemins de fer (French rail)
SS	Sécurité sociale (social security)
SVP	S'il vous plaît (please)
TEE	Trans-Europ-Express
TGV	Train grande vitesse (the bullet train!)
TIR	Transport international routier (international road transport)
TTC	Toutes taxes comprises (price including tax, as opposed to HT)
TVA	Taxe à la valeur ajoutée (VAT)
URSS	USSR
URSSAF	Union pour le recouvrement de la sécurité sociale et des allocations familiales (social security and family allowance recovery agency)
UTA	Union des transports aériene (air transport union)

VDQS   Vin de qualité supérieure (high quality wine)
VRP   Voyageur représentant, placier (travelling sales person)

ZUP   Zone à urbaniser en priorité (priority area for urban
              development)

Vocabulary

French	English
French	*English*
aboutir	to succeed
aboutir à un accord	to reach an agreement
accueil (*m*)	welcome, reception
accuser réception de	to acknowledge
achats (*mpl*)	purchasing, purchases
acheter	to buy
acheteur (*m*)	buyer
acompte (*m*)	deposit
actif (*m*)	assets
actuel	current
adresser	to send
adresser(s') à	to go to
affaire (*f*)	business, affair;
avoir affaire à	to be dealing with . . .
affectation (*f*)	allocation
affichage (*m*)	poster, announcement on a billboard
affiche (*f*)	poster
agencements (*mpl*)	improvements, arrangement, fitting-up
agent (*m*) technique	supervisor
agir	to act
agro-alimentaire (*m*)	food industry
ajouter	to add
aller; ça vous va?	to go, to suit; does that suit you? OK with you?
allié(e) à	combined with
ambiance (*f*)	atmosphere
améliorer	to improve
aménagement (*m*)	installation

amortissement (*m*)	depreciation, amortization, writing off
animation (*f*)	management, conduct, running
animer	manage, run, motivate
annonce (*f*)	ad
annonceur (*m*)	advertiser company
annuel(le)	yearly
annuler	to cancel
appel (*m*) d'offre (*f*)	call for tender
appliquer	to put into practice
apporter	to bring
apte à	able to
argent (*m*)	silver, money
arrondissement (*m*)	district (of Paris)
aspirer à	to aspire to; to aim at
assujetti à	liable to
assurance (*f*)	insurance
assurer	to assure, to insure, to provide
s'assurer que	to make sure
assureur (*m*)	an insurance agent
atelier (*m*)	workshop
attente (*f*)	expectation
atterrir	to land
attirer	to attract
attirer l'attention (*f*) sur	to draw someone's attention to
auditeur (*m*)	listener
augmenter	to increase
auprès de	near, according to
avertissement (*m*)	warning
avis (*m*)	a piece of advice
avoir recours à	to resort to, to turn to
baisser	to lower
banque (*f*)	bank
banquier (*m*)	banker
barbue (*f*)	brill
bas	low
bâtir	to build
beau	nice, fine, handsome
bénéfice (*m*)	profit, benefit

bénéfices (*mpl*)	profits
bénéficier de	to enjoy
berk!	exclamation expressing disgust
besoin (*m*)	need
au besoin	if needs be
besoins (*mpl*)	needs
biais (*m*)	bias, slant
par le biais	by way of, by means of
bilan (*m*)	assessment, evaluation, balance sheet
blanc(he)	white
bleu(e)	blue
bleu-marine	navy blue
blocage (*m*) des prix (*mpl*)	price freeze
blouse (*f*)	overall
bois (*m*)	wood
boîte (*f*)	tin, can
bon (*m*) de réduction (*f*)	a discount coupon
bon (*m*), carnet (*m*) de commandes	order form, book
branchement (*m*) électrique	connection
brief (*m*)	brief
brouillard (*m*)	fog
bulletin (*m*) de paye (*f*)	salary slip
bureau (*m*)	office
but (*m*)	aim
cachet (*m*)	date stamp, seal
cachet (*m*) d'aspirine	aspirin tablet
cadre (*m*)	setting
cadre supérieur	(senior) executive
cadre (*m*) d'achat (*m*)	shopping environment
dans le cadre de	as part of
cahier (*m*) des charges (*fpl*)	specifications, schedule of conditions
canal (aux) (*m*) de distribution	distribution channel(s)
canard (*m*)	duck
candidature (*f*)	application
caractère saisonnier (*m*)	of a seasonal nature
caractère (*m*) d'imprimerie (*f*)	type face
carence (*f*)	deficiency; negligence
carnet (*m*) de chèques	cheque book

carré(e)	square
carte (f) des vins (mpl)	wine list
carton (m)	cardboard
centrale (f) d'achats (mpl)	buying group
cerner	to define, to pinpoint
cessation (f)	stoppage
chaîne (f) d'emballage (m)	packaging department
chaîne (f) de production (f)	production line
chaleureusement	warmly
chance (f)	luck
changer	to change
charge (f)	expense, tax, burden
charge (f)	responsibility
avoir la charge de	to be responsible for
charger	to load
chef (m) d'atelier (m)	workshop supervisor, production manager
chef (m) de service (m)	head of department
cheminée (f)	chimney, fireplace
chemise (f)	shirt
cher(ère)	expensive, dear
chercheurs (mpl)	researchers
chiffre (m)	figure, number
chiffre d'affaires (m, fpl)	turnover
choix (m)	choice
faire son choix	to make one's choice
chômage (m)	unemployment
cible (f)	target
circonscription (f)	district, area
circulaire (f)	circular
clair(e)	clear, light
classer	to file
client (m)	customer
clientèle (f)	customers
cloison (f)	partition, wall
clôture (f)	closing, winding up
coffre à bagages (m)	luggage rack
coiffure (f)	hairdressing, haircut
collège (m)	secondary school
comité (m) d'entreprise (f)	works council

commande (*f*)	order
commerce (*m*)	trade, business
commercialisation (*f*)	marketing, selling
communiquer	to communicate
complément (*m*)	complement, rest, residue
comportement (*m*)	behaviour
compréhensible	understandable
comprendre	to understand, to include
comptabiliser	to account
comptabilité (*f*)	accounting, accountancy
comptable (*m*)	accountant
expert comptable (*m*)	chartered accountant
compte (*m*) sur livret (*m*)	deposit account
compte (*m*) clients (*mpl*)	accounts payable, payables
compte (*m*) de résultats (*mpl*)	income statement, final accounts
compte (*m*) fournisseurs (*mpl*)	accounts receivable, receivables
compte-rendu (*m*)	report, minutes
compter sur	to count on, to rely on
conclure	to sign, to conclude
concours (*m*)	competition
concurrence (*f*)	competition
concurrent (*m*)	competitor
conditionnement (*m*)	conditioning, packaging
confectionner	to make, to prepare
confiance (*f*)	confidence, trust
confier	to entrust
confiserie (*f*)	confectionary
congé (*m*)	leave, holiday
congés (*mpl*)	holiday
conjoncture (*f*)	economic situation, climate
connaissance (*f*)	acquaintance
faire la connaissance	to make someone's acquaintance
connaissement (*m*)	bill of lading
consacrer (du temps) à	to devote (time) to
conseil (*m*)	piece of advice
consentir	to agree to, to grant
conservation (*f*)	preserving
constater	to note, to discover, to verify
container (*m*)	container
contracter une assurance	to take out insurance

contraindre	to compel, to oblige
contrarié(e)	upset
contrat (*m*) de location (*f*)	hire contract
contrôler	to check, to monitor
contrôleur (*m*) de gestion (*f*)	finance manager
convaincu(e)	convinced
convenir	to suit
convention (*f*) collective	collective agreement
convocation (*f*)	notice, notification
costume (*m*)	suit
cotisation (*f*)	contribution, subscription
cotiser à	to contribute to
coton (*m*)	cotton
couette (*f*)	quilt, duvet
couleur (*f*)	colour
de couleur vive	brightly coloured
couloir (*m*)	corridor
coupure (*f*)	bank-note (of low value)
courrier (*m*)	correspondence, mail, post
cours (*m*)	rate
cours (*m*) d'une action	share price
cours du franc (*m*)	exchange rate for the franc
court	short
coussin (*m*)	cushion
couverture (*f*)	coverage
créditer	to credit (an account)
créneau (*m*)	opening, market gap
crêpe (*f*) dentelle	a Breton 'lace' pancake
creux (euse)	hollow
cuir (*m*)	leather
cuivre (*m*)	copper
curiosité (*f*)	curiosity
par simple curiosité	out of sheer curiosity
cuve (*f*)	vat
débarquer	to unload
débit (*m*)	debit side
décharger	to unload
décoller	to take off
découler	to follow from, to ensue

découvert (*m*)	overdraft
dédouaner	to clear through customs
défaut (*m*)	flaw, defect
dégats (*mpl*)	damage
dehors	outside
en dehors de	apart from
délais (*mpl*) de livraison (*f*)	delivery terms
délégué syndical (*m*)	shop steward
demande (*f*)	request
demander	to ask
se demander	to wonder
démarche (*f*)	step, procedure
démarrer	to start
déménagement (*m*)	removal
déménager	to move
démission (*f*)	resignation
dénombrer	to count, to enumerate
dépendre de	to depend on
dépense (*f*)	expense, cost
déplacement (*m*)	business trip
dépliant (*m*)	leaflet, folder
déposer	to deposit
dépot (*m*)	deposit
dernier (ère)	last, the last one
dérouler (se)	to take place
désireux(se)	wanting
désolé(e)	sorry
destinataire	adresse
détaillant (*m*)	retailer
détenir	to hold, to possess
détourner	divert
dette (*f*)	debt
devise (*f*)	foreign currency
devoir	to have to
diffusion (*f*)	circulation, dissemination, distribution
diffusion (*f*)	copies sold
disparaître	to disappear
disposition (*f*)	lay-out
distinguer . . . de . . .	to distinguish . . . from . . .

divers	other information
dixième (1/10 ème)	tenth
documenter (se) sur	to find information on
domicile (m)	home
à domicile	at/to the home
dommage (m)	damage, pity (shame)
donner	to give
donner sur	to look out onto
dossier (m)	file, dossier
douceur (f)	softness
doux(ce)	soft
drap-housse (m)	fitted sheet
droit	right
droit d'inscription	registration fee
droits (mpl)	rights
dur(e)	hard
durée (f)	period of time, duration
duvet (m)	down
ébauche (f)	rough draft
écart (m)	difference, gap
écart (m) des prix (mpl)	price differential
échantillon (m)	sample
échantillonnage (m)	sampling
échéance (f)	maturity, term
à échéance	due
écrit	written
par écrit	in writing
éditer	to publish
effectif (m)	workforce, staff
effectifs (mpl)	manpower, number of employees
efficacité (f)	effectiveness, efficiency
égale (=)	equals
élaboration (f)	design, development
éliminer	to eliminate
élire	to elect
émaner de	to be issued by
emballage (m)	packing, wrapping
emballer	to package; to pack; to wrap
embarquer	to load

emblême (m)	emblem, insignia
émettre des billets	to issue bank-notes
emplacement (m)	site
en rupture de stock	out of stock
en stock	in stock
encadrement (m)	supervisory staff
encadrer	supervise
enchanté(e)	pleased to meet you
enchanté(e) de + inf	delighted to
encombrement (m)	congestion, clutter
endetté(e)	indebted, running into debt
enjeu (m)	stake, wager
enjeux (mpl)	challenge(s)
enlever	to take off
ennuyer	to annoy
s'ennuyer	to be bored
énorme	enormous
enquête (f)	study, research, fact-finding
enquête (f) de marché (m)	fact-finding market survey
enquêteur (m)	interviewer
enregistrer	to record, to register
enrobé(e)	coated with
enseigne (f)	sign
enterrer un rapport	to shelve a report
entrée (f)	first course
entrepôt (m)	warehouse
entreprise (f)	company
entretien (m)	interview
envers	towards
envoi (m)	sending, mailing, shipping, despatch
envoyer	to send
épais(se)	thick
épaisseur (f)	thickness
épargne (f)	savings
épeler	to spell
épouse (f); époux (m)	wife; husband
épreuve (f)	proof
équilibré	balanced
équilibrer	to balance
équipe (f)	team

escompte (*m*)	discount
espace (*m*)	space
essai (*m*)	test, trial, attempt
établir	establish, create
établissement (*m*)	institution; drawing up
étage (*m*)	floor
au premier étage	on the first floor
étalagiste (*m*)	window-dresser
étape (*f*)	stage, step
états comptables (*mpl*)	financial statements
étiquetage (*m*)	labelling
étiquette (*f*)	label
être bien perçu(e)	to be well regarded
être chargé(e) de + inf	to be asked to do something
être impressionné par	to be impressed with
être référencé(e)	to be listed in a range of products
étude (*f*) de marché (*m*)	market research
études (*fpl*)	studies
évaluation (*f*)	assessment
évaluation (*f*) du marché	market appraisal
exactitude (*f*)	accuracy
exclusivité (*f*)	exclusive right
exécuter une commande	to carry out, to process an order
exemplaire (*m*)	a copy
exercice (*m*)	exercise, fiscal year
exigences (*fpl*)	demands, requirements
exiger	to demand
expédier	to send, to ship, to dispatch
expéditeur (*m*)	sender
expédition (*f*)	despatch, shipment
expert (*m*) comptable	chartered accountant
exploiter	to exploit, to run
exportation (*f*)	export
exportations (*fpl*)	exports
exposant (*m*)	exhibitor
exposition (*f*)	exhibition
fabricant (*m*)	manufacturer
fabrique (*f*)	factory
fabriquer	to manufacture

fac	university
à la Fac	at university
faciliter	to make easier
facturation (f)	invoicing
facture (f)	invoice, bill
facture (f) proforma	the proforma invoice
faillite (f)	bankruptcy
faire attention	to be careful
faire parvenir	to have sent
faire ressortir	to show, to bring out
faire tomber (quelqu'un)	to destroy, to make someone fall
faire un relevé détaillé	to draw up a detailed list
faire un tour de	to go round
fait (m)	fact
au fait	by the way
falloir	to be necessary
faute (f)	mistake, misconduct
fédération (f)	organization, federation
fer (m)	iron
fermeture (f)	closing
fichier (m)	file, mailing list
fidélité (f) à la marque	brand loyalty
figurer	to figure, to feature
filiale (f)	subsidiary
financement (m)	financing
finances (fpl)	finance
financier	financial
fiscal	financial
fixer le prix	to set a price
foire (f)	trade fair, show
foncé(e)	dark
fonder	to found
fonds (mpl)	funds, money
fonds (mpl) de commerce	business, goodwill
fonds (mpl) de roulement	working capital
forcèment	necessarily
forfait (m)	special rate, fixed rate
formation (f)	training
formation continue (f)	continuous education
forme (f)	shape

former	to train
fournisseur (*m*)	supplier
fournitures (*fpl*)	supplies, materials
fragile	fragile
frais(aîche)	cool
frais (*mpl*)	expenses
frais (*mpl*) d'exploitation (*f*)	operating expenses
frais de dossier (*m*)	handling fee
franco de port	carriage paid
fréquentation (*f*)	number of customers
froid(e)	cold
fruits (*mpl*) de mer (*f*)	sea-food
fusion (*f*)	merger
galette (*f*) au beurre	a round, Breton butter biscuit
gamme (*f*)	range
gardiennage (*m*)	surveillance
gare routière (*f*)	bus station
garer, se garer	to park (a vehicle), to park
garnissage (*m*)	tog-rating; filling; stuffing
geler	to freeze
gestion (*f*)	management
gestion (*f*) des ressources humaines	human resource mangement (HRM)
gestion (*f*) des stocks	stock management, inventory control
gestion (*f*) du personnel	personnel management
gestionnaire (*m*) des stock	stock controller
gondole (*f*)	gondola
grand	large, tall
grande distribution (*f*)	large-scale retailing (hypermarkets)
grands magasins (*mpl*)	department stores
granit (*m*)	granite
en granit	stone-built
gratuit(e)	free
gravité (*f*)	seriousness
grêler	to hail (as in a storm)
grève (*f*)	strike
grippe (*f*)	influenza
gris(e)	grey
guerre (*f*)	war

hasard (*m*)	chance
au hasard	by chance, at random
haut	high
hauteur (*f*)	height
hebdomadaire	weekly
heure (*f*)	hour, the time
être à l'heure	to be on time
heures (*fpl*) de pointe	peak hours, rush hour
heureux(se) de + inf	pleased to
Hexagone(l') (*m*)	France (with its hexagonal shape)
horaires (*mpl*)	schedule, working hours, time table
housse (*f*)	cover
humide	damp
humidité (*f*)	damp, humidity
illimité(e)	unlimited
image (*f*) de marque (*f*)	brand image
immatriculation (*f*)	registration
immédiatement	immediately
immobilisations (*fpl*)	fixed assets
implanter(s')	to set up
important	large, voluminous, important
importations (*fpl*)	imports
imposer (s'imposer)	to impose (to be a must)
impôt (*m*)	tax
impôts (*mpl*)	income tax, taxes
imprimé(e)	printed
imprimer	to print
imprimeur (*m*)	printer
imputé(e) à	charged to
incendie (*m*)	fire
inciter à	to incite
incomparable	unrivalled; unbeatable
indiquer	to indicate
influer	to have influence on, to affect
informatique (*f*)	computer science, computing
informer (s') de	to get information on
insister	to insist
instantané(e)	instant
interdit	forbidden

intéressement (*m*)	profit-sharing scheme
interlocuteur (trice)	interlocuter (person to whom you speak)
intermédiaires (*mpl*)	middlemen
interroger	to question, to consult
isolation (*f*)	insulation
jeux (*mpl*)	games
jouer un rôle	to play a part
jour férié	public holiday
jour (*m*) ouvrable	working day
journée (*f*) portes-ouvertes	open day
jurer par	to swear by
justement	precisely
LTA (lettre de transport aérien)	Airway Bill
laine (*f*)	wool
laisser en évidence	to leave in a prominent position
lancement (*m*)	launch
lancer	to launch, to send out
largeur (*f*)	width
lecteur (*m*)	reader
léger (ère)	light
légèreté (*f*)	lightness
législation (*f*) du travail	labour law
lendemain (*m*)	the day after, the next day
Lettre de Voiture	Roadway Bill
lettre (*f*) de change (*m*)	the foreign bill of exchange
liaiser	to liaise
licenciement (*m*)	dismissal
linéaire (*m*)	shelf (space)
linge (*m*)	linen
liquide (*m*)	cash
liquidités (*fpl*)	liquid assets
liste (*f*) de prix (*m*)	price list
lit (*m*)	bed
livrer	to deliver
local (*m*)	building, premises
location (*f*)	renting, hiring
loi (*f*)	law
long	long

longueur (f)	length
louer	to hire
lourd(e)	heavy
machine-outil (f)	machine tool
magasin (m)	shop
grand magasin	department store
maîtrise (f)	command
majoré(e)	increased, over-estimated
majuscules (fpl)	capital letters
mandataire (m)	mandatory, attorney, representative
manuscrit(e)	handwritten
marchandisage (m)	merchandising
marché (m)	market
marché (m) cible (f)	target market
marché porteur (m)	a buoyant market, a growth market
marque (f)	brand, make
marron(inv)	brown
matière (f)	matter
en matière de	concerning, as regards
matière (f) première	raw material, ingredient
médias (mpl)	(general) advertising media
mélange (m)	mixture
ménage (m)	household
ménagère (f)	housewife
mensualisation (f)	monthly payment
mensuel	monthly
mensuel (m)	monthly magazine
menu pêcheur (m)	meal of fish and sea-food
métal (m)	metal
métier (m)	job, craft
mètre (m) carré (m2)	square metre
mètre (m) cube (m3)	cubic metre
mettre	to put, to put on (clothes)
se mettre à	to start doing
se mettre d'accord avec	to come to an agreement with
mettre en évidence	to bring to the fore, to reveal
mettre la dernière main à	to put the final touch to
mince	thin
mise (f) à pied	dismissal, suspension

mise (*f*) en place	implementation, setting up
mise (*f*) en page	lay-out
mite (*f*)	moth
modalités (*fpl*)	conditions, terms, methods
mode (*m*) d'expédition (*f*)	method of despatch
modification (*f*)	change
montant (*m*)	total, amount
moquette (*f*)	fitted carpet
mordre	to bite
motifs (*mpl*)	designs
mou (molle)	soft
moyennant	in exchange for
moyenne (*f*)	average
en moyenne	on average
moyens (*mpl*)	means
nature (adj)	plain
négoce (*m*)	trade
neiger	to snow
nettoyage (*m*)	cleaning
nettoyage (*m*) à sec	dry-cleaning
niveau (*m*)	level
au niveau de	at the level of
noir(e)	black
nomenclature (*f*)	classification
normalisation (*f*)	standardization
notamment	namely, especially
note (*f*)	bill
note (*f*) de service (*m*)	memo
noter sur 20	to mark out of 20
notoire	notorious
nougat (*m*) glacé	iced nougat
numéro (*m*)	edition, number (of a magazine)
obligation (*f*)	obligation, bond, preference share
obligatoire	compulsory
s'occuper de	to look after someone
quelqu'un/de quelque chose	to deal with something
octroyer	to grant
oeuvre (*f*) (e.g. une oeuvre d'art)	work (e.g. a work of art)
offre (*f*)	offer, proposal

oie (f)	goose
omettre	to leave out
or (m)	gold
orage (m)	storm
orange	orange
ordre (m)	order
d'ordre général	in the category of, of the variety, of a general nature
organigramme (m)	organization chart
orientation professionnelle (f)	careers advisory service
ouais	yes (colloquial)
ouverture (f)	opening
ouvrir un crédit documentaire	to open a documentary credit
ovale	oval
PDG	chairman and managing director
page entière	full page
paiement (m)	payment
paille (f)	straw
palette (f)	pallet
panne	breakdown
avoir une panne; tomber en panne	to have a breakdown
panneau (m)	panel, board
papier (m)	paper
parfaire	perfect, improve
participer à	to take part in
passage (m) en douane (f)	customs clearance procedure
passer une commande	to place an order
passer	to go past
se passer	to happen
passif (m)	liabilities
pasteurisation (f)	pasteurization
patienter	to wait patiently
patron (m)	boss, owner
pénétrer un marché	to break into a market
perdre	to lose
se perdre	to get lost
périodique (m)	periodical
permettre	allow
se permettre de	to allow oneself to

personnel (*m*)	staff
perte (*f*)	loss
pertes (*fpl*)	losses
petit	small
petite annonce (*f*)	classified ad
pierre (*f*)	stone
piste (*f*) de décollage/d'atterrissage	runway; take-off/landing runway
place (*f*)	place
à la place de	in place of
place fenêtre/couloir	a window/aisle seat
placement (*m*)	placing, investment
plaire à	to please
cela me plaît	I like it
plaisanter	to joke
plaisanterie (*f*)	joke
planning (*m*)	programme, schedule, timetable
plaquette (*f*)	brochure (of a company)
plastique (*m*)	plastic
plat (*m*)	dish, course
pleuvoir	to rain
plumettes (*fpl*)	small, curled feathers
plus de temps que prévu	longer than expected
PLV (publicité (*f*) sur le point de vente)	point of sale advertising
point (*m*) de vente (*f*)	point of sale, outlet
point (*m*)	point
à quel point	to what extent
point (*m*)	full stop, period
poisson (*m*)	fish
porcelaine (*f*)	china
port dû	carriage forward (unpaid)
port (*m*)	transport cost
poste (*m*)	position, role, extension
poste (*f*)	post office
poster mural (*m*)	wall poster
poumon (*m*)	lung
pourcentage (*m*)	percentage
poussière (*f*)	dust
pouvoir	to be able to
pouvoir (*m*)	power, proxy

pouvoir (m) d'achat (m)	buying power, purchasing power
pratiquer	to practise, to perform
première commande	initial order
prendre en compte	to take into account
présenter quelqu'un	to introduce someone
présenter quelque chose	to present sthg
présentoir (m)	display stand
prêt(e) pour	ready for
prêt (m)	loan
prétentions (fpl)	expected salary
prêter	to lend, to loan
prévision (f)	forecast
prévoir	to foresee, to provide for
prévu(e) par	provided by
prier	to beg
je vous prie	please, I beg your pardon
prise (f) de courant (m)	power point
prise (f) de participation (f)	buying of shares (US, stocks)
prise (f) de contact (m)	making contact
prix (m)	price, prize
prix (m) CAF	CIF price
prix (m) CF	CF price
prix (m) FOB	FOB price
prix (m) cible (f)	target price
prix (m) facture (f)	invoiced price
prix (m) franco domicile	free delivery
prix (m) sortie usine	ex-works price
prix (m) de vente (f)	retail price
procédé (m) de fabrication (f)	manufacturing process
procès (m) verbal	minutes
procurer (se)	to obtain
produire	to produce
produit (m)	product
produit financier	accrued interest
profondeur (f)	depth
promotion (f) sur le lieu de vente (f)	point of sale advertising
proposition (f)	proposal
propre	own, clean
propreté (f)	cleanliness
prospecter (un marché)	to prospect (a market)

proximité	nearness
à proximité	nearby
publicitaire (*m*)	ad-man/woman
publicité (*f*) (la pub)	advertising
publier	to publish
publipostage (*m*)	mailing
questionnaire (*m*)	questionnaire
rabais (*m*)	special reduction
raccourci (*m*)	shortcut
raccrocher	to ring off; to hang up
rachat (*m*)	purchase, buy-out
racine carrée (*f*)	square root
raison (*f*) sociale	trading name, name of a firm
ramener	to bring back
rang (*m*)	rank
rapidité (*f*)	speed
rapport (*m*)	report
rapport (*m*) d'entreprise (*f*)	company report
ravi(e) de + inf	delighted to
rayon (*m*)	department, shelf
rayon (*m*)	radius
rayonnement (*m*)	cultural influence
recenser	to count, to list, to inventory
recette (*f*)	receipt, revenue
recherche (*f*)	quest, search, research
recherche (*f*) et développement (*m*)	research and development
réclamation (*f*)	complaint
recouvrement (*m*)	recovery, collection
rectangulaire	rectangular
rédaction (*f*)	wording, drafting
rédiger	to write, to draw up
réduction (*f*)	discount
réduire	to reduce
référence (*f*)	reference
être référencé	to be listed in range of products
réflêchir	to think about, to reflect on
refroidissement (*m*)	cooling
régaler (se)	to regale (oneself)
régime (*m*) de retraite (*f*)	pension scheme

règlement (*m*)	settlement
relations (*fpl*) publiques	public relations
relevé (*m*) de compte	statement of account, bank statement
remise (*f*)	distribution, hand-out; reduction
remplir	to fill (in)
remplir (un formulaire)	to fill in a form
rémunération (*f*)	pay, payment, salary
rencontrer quelqu'un	to meet someone
rendez-vous (*m*)	appointment
rendre	to give back
se rendre	to go to
renforcer	to strengthen
renier	to disown
renouveler	to renew
renseigner	to inform
se renseigner sur	to ask, to make inquiries about
repasser	to iron
repérable	easily spotted, detectable
reprise (*f*)	return, taking back
réputé(e)	famous
requis(e)	required
réservation (*f*)	booking
réserver	to book
responsable (*m*)	person in charge, manager
ressortissants (*mpl*)	nationals
ressource (*f*)	resource
restituer	to give back
restreint(e)	limited
résultats (*mpl*) d'une enquête	findings of a survey/inquiry
résultats (*mpl*)	results
résumer	to sum up
retard (*m*)	delay
avoir du retard; être en retard	to be late
retenir	to retain, to choose
retirer	to withdraw
réunion (*f*)	meeting
réunion de travail	business meeting
réunir	to gather, to meet, to put together
réussir	to succeed

réveiller (se)	to wake up
réveiller quelqu'un	to wake someone up
révéler	to reveal, to disclose
revenir à	to come to
rideau (*m*)	curtain
rigide	rigid
ristourne (*f*)	rebate, discount, reduction
rond(e)	round
rose	pink
rouages (*mpl*)	cogwheels, structure
rouge	red
routier (ière), maritime, aérien(ne)	road, sea, air (adjs)
rubrique (*f*)	section, heading
rupture (*f*)	breaking
sain(e)	healthy, sound
saint-pierre (*m*)	John Dory
salaire (*m*)	pay, salary
salle (*f*)	room
salle (*f*) de restaurant (*m*)	dining room (of a restaurant)
salon (*m*)	trade fair, exhibition, show
salon de coiffure	hairdresser
santé (*f*)	health
savoir	to know
savon (*m*)	soap
se charger de quelque chose	to do sthg, to take responsibility for sthg
se reproduire	to happen again
se réunir	to meet
seau (*m*)	bucket
seau à glace	ice-bucket
sec (èche)	dry
sécurité (*f*)	safety
séduire	to seduce
segment porteur (*m*)	market opportunity, growth segment
sein (*m*)	breast
au sein de	in the midst of, within
sélectionner	to select
séminaire (*m*)	seminar
sentir	to feel, to sense, to smell of something

se sentir	to feel
serrer	to tighten, to squeeze
serrer la main à quelqu'un	to shake someone's hand
service (m)	department
service (m) à thé (m)	tea-set
service (m) commercial	sales department
service (m) comptabilité	accounts department
service (m) pressing	dry-cleaning service
sigle (m)	acronym
signaler	to point out, to notify, to inform
signalisation (f)	signs
situé(e)	located
société (f)	company
société (f) à but non-lucratif	non-profit making organization
société (f) à responsabilité limitée	private limited company
société (f) à succursales multiples	chain store
société (f) anonyme (SA)	public limited company
société (f) civile	shell or nominee company, non trading company
société (f) commerciale	business firm
société (f) de capitaux (mpl)	limited trading company
société (f) de commerce (m)	trading company
société (f) de personnes (fpl)	partnership
société (f) en commandite simple	limited partnership
société (f) en nom (m) collectif	general partnership
société (f) holding	holding company
société (f) immobilière	real-estate company
société (f) mère	parent company
société (f) par actions (fpl)	joint stock company
société (f) soeur	sister company
soie (f)	silk
soin (m)	care
avec soin	with care, neatly
sol (m)	ground
solde (m)	balance, settlement sale
solde (f)	pay, salary
soleil (m)	sun
solide	solid
solvabilité (f)	credit worthiness
sombre	dark

sondage (*m*)	poll
soucieux (ieuse) de	anxious to
souhaitable	desirable
soumettre une offre	to submit a quotation
soumission (*m*)	tender
souple	pliable
sous-traitance (*f*)	sub contracting
spécialités (*fpl*)	specialities
spécifier	to point out
stand (*m*)	stand (at trade fair)
stationner	to park
statistiques (*fpl*)	statistics
stocker	to stock
subir	to undergo, to be subjected to
sucré	sweet
suffire	to be enough
suivi (*m*)	follow-up, monitoring
suivre	to follow
suivre des cours (*mpl*)	to attend classes
supérieur(*f*) à	greater than
support (*m*)	(specific) advertising medium
supporter	to stand, to put up with
supports (*mpl*) visuels	visual aids
surface (*f*)	area
surveiller	to check, to watch
syndicat (*m*) patronal	employers' association
syndiqués (*mpl*)	union members
tableau (*m*)	table, board
tableau (*m*) à deux colonnes	two column table
sur tous les tableaux	right across the board
taie (*f*)	pillowcase
taille (*f*)	size
tapis (*m*)	carpet
tarif (*m*)	price list
taux (*m*) de change (*m*)	exchange rate
tel(le) que	such as
tendance (*f*)	trend
tenir compte de	to take into account, to allow for
tenir sur	to fit on

tenir un stand	to manage a stand
tenter	to attempt
tergal (m)	terylene
terme (m)	term
à long/moyen/court terme	in the long/medium/short term
terminer	to conclude, to finish
terrain (m)	ground, field
sur le terrain	in the field, out on the job
texte (m)	copy
thé (m)	tea
tiers (1/3)	third
timbrage (m)	stamping, franking
tirage (m)	copies printed
tirer les prix	to quote the best possible prices
tissu (m)	material
tissu au mètre	material by the metre
titre (m)	title
titulaire de	holder of
tomber en panne	to break down
tonner	to thunder
toque (f)	chef's hat
totaliser	to add up, to total
toucher	to reach
traite (f)	draft, bill of exchange
traite (f) documentaire	the documentary bill
transférer	to transfer
transfert (m)	transfer
transitaire (m)	forwarding agent, freight forwarder
transmettre	to transmit, to pass on
transporteur (m)	carrier, haulage contractor
trésorerie (f)	funds, treasury
triangulaire	triangular
tromperie (f)	deceit, fraud
trouver	to find
se trouver	to be situated
truffé(e) de	full of
turnover (m)	personnel turnover
tutelle (f)	tutelage, guardianship
uni(e)	plain, smooth

uniquement	only
usine (f)	factory
utilisateur (m)	user
utilité (f)	usefulness, purpose
valoir	to be worth
valoriser	to enhance
vendeur (m)	seller, sales person
vendre	to sell
vendre meilleur marché	to undercut prices
venir	to come
vent (m)	wind
ventes (fpl)	sales
vérification (f)	checking
vérifier	to check
verre (m)	glass
verrine (f)	glass jar
verser	to pay
vert(e)	green
vestiaire (m)	cloakroom, rest-room, changing room
vêtement (m)	(item of) clothing
vêtements (m) de mer (f)	sea clothes
viande (f)	meat
vigueur (f)	strength, vigour
en vigueur	in force
violet(te)	violet
virement (m)	transfer
virer de l'argent	to transfer money
vision (f)	idea, picture, vision
vitrine (f)	window
en vitrine	on show, on display
voie (f) postale	post (lit. postal route)
voir	to see
voire	even, indeed
vol (m)	flight; theft
vouloir	to want, to wish
voyage (m) d'affaires (fpl)	business trip

English	*French*
able	capable
to be able to	pouvoir
accountant	comptable (*m*)
chartered accountant	expert (*m*) comptable
accounting, accountancy	la comptabilité
accounts department	service (*m*) comptabilité
accounts payable	compte (*m*) clients
accounts receivable	compte (*m*) fournisseurs
accrued interest	produit (*m*) financier
accuracy	exactitude (*f*)
acknowledge	accuser réception de
acquaintance	connaissance (*f*)
to make someone's acquaintance	faire la connaissance quelqu'un
act (v)	agir
ad-man/woman	publicitaire (*m*)
add (v)	ajouter
advertiser company	annonceur (*m*)
advertising	publicité (*f*)
advertising medium (general)	médias (*mpl*)
advertising medium (specific)	support (*m*)
advice	conseil (*m*)
advise	conseiller
affect	influer
agency	agence (*f*)
agree to	consentir, être d'accord sur
agreement	accord (*m*)
to reach an agreement	se mettre d'accord avec
aim (n)	but (*m*)
allocation	affectation (*f*)
allow	permettre
to allow oneself	se permettre
amortization	amortissement (*m*)
annoy	ennuyer
apart from	en dehors de
appointment	rendez-vous (*m*)
approach	approche (*f*), démarche (*f*)
area	surface (*f*)
ask (v)	demander
asked to do sthg (to be).	être chargé(e) de + inf
aspirin tablet	cachet (*m*) d'aspirine

assessment	évaluation (*f*), bilan (*m*)
assets	actif (*m*)
atmosphere	ambiance (*f*)
attempt	essayer, tenter
attend classes	suivre des cours (*mpl*)
attract	attirer
average	moyenne (*f*)
on average	en moyenne
avoid	éviter
balance (settlement)	solde (*m*)
balance (v)	équilibrer
balance sheet	bilan (*m*)
balanced	équilibré(e)
bank (n)	banque (*f*)
banker	banquier (*m*)
bankruptcy	faillite (*f*)
batch of data	paquet (*m*) de données
be careful	faire attention
be well regarded	être bien perçu(e)
bed	lit (*m*)
beg	prier
I beg your pardon	je vous en prie
behaviour	comportement (*m*)
bias	biais (*m*)
bill	note(*f*), addition (*f*)
bill of exchange	traite (*f*)
bill-sticking	affichage (*m*)
black	noir(e)
blue	bleu(e)
blurred	flou(e)
bond (preference share)	obligation (*f*)
book (v)	réserver
booking	réservation (*f*)
bored (to be)	s'ennuyer
boss	patron (*m*)
brand (n)	marque (*f*)
brand image	image (*f*) de marque
brand loyalty	fidélité (*f*) à la marque
break down	tomber en panne

break into a market	pénétrer un marché
breakdown (n) to have a	panne (f)
breakdown (v)	tomber en panne (f)
breaking	rupture (f)
brief (n)	brief (m)
bring	appporter
bring back	ramener
bring out, show	faire ressortir
brochure	brochure(f), plaquette (f)
brown	marron(inv)
bucket	seau (m)
ice-bucket	seau à glace
build	bâtir, construire
building	bâtiment (m); local (m)
bulky	volumineux (-euse)
buoyant (market)	porteur (un marché porteur)
bus station	gare (f) routière
business	commerce (m)
business firm	société (f) commerciale
buy (v)	acheter
buy-out (n)	rachat (m)
buyer	acheteur (m)
buying group	centrale (f) d'achat
buying power	pouvoir (m) d'achat
cardboard	carton (m)
care	soin (m)
with care	avec soin
careers advisory service	orientation (f) professionnelle
carrier, haulage contractor	transporteur (m)
cash (n)	argent liquide (m), espèces (fpl)
cash (v)	encaisser
catch word	accroche (m)
chain store	société (f) à succursales multiples
chairman and managing director	PDG, président directeur général
challenge	défi (m), enjeux (mpl)
chance	chance (f), hasard (m)
by chance	au hasard
change (n)	modification (f)
change (v)	changer

channels of distribution	canaux (*mpl*) de distribution
charged to	imputé(e)
cheap	bon marché
check (v)	vérifier
check, to watch	surveiller
checking	vérification (*f*)
cheque book	carnet (*m*) de chèques
chimney	cheminée (*f*)
china	porcelaine (*f*)
choice	choix (*m*)
to make one's choice	faire son choix
choose	choisir, retenir
circulation (sold/printed)	diffusion (*f*)/tirage (*m*)
classification	nomenclature (*f*)
classified advertisement	petite annonce (*f*)
clean	propre
cleanliness	propreté (*f*)
clear	clair(e)
cloakroom	vestiaire (*m*)
closing	fermeture (*f*)
clothing	vêtements (*mpl*)
clutter	encombrement (*m*)
coated with	enrobé(e) de
cold	froid(e)
collective agreement	convention collective (*f*)
come	venir
communicate	communiquer
company	entreprise (*f*), société (*f*) , firme (*f*)
company brochure	plaquette (*f*)
company report	rapport (*m*) d'entreprise (*f*)
competition	concurrence (*f*)
competitor	concurrent (*m*)
complaint	réclamation (*f*)
compulsory	obligatoire
computer	ordinateur (*m*)
computing	informatique (*f*)
conclude	conclure, terminer
conditioning	conditionnement (*m*)
conduct (v)	animer, gérer
confectioner's shop	confiserie (*f*)

confidence	confiance (*f*)
congestion (traffic)	encombrement
connection (electric)	branchement (*m*)
consult	consulter, interroger
container	container (*m*)
continuous education	formation (*f*) continue
contract	contrat (*m*)
hire contract	contrat de location
contribute to	cotiser à
contribution, subscription	cotisation (*f*)
convinced	convaincu(e)
cool (adj)	frais (aîche)
cooling	refroidissement (*m*)
copper	cuivre (*m*)
copy (n)	texte (*m*), exemplaire (*m*)
corridor	couloir (*m*)
cost	coût (*m*), dépense (*f*)
cotton	coton (*m*)
count on	compter sur
course (of a meal)	plat (*m*)
coverage	couverture (*f*)
credit (n)	crédit (*m*)
credit (v)	créditer
credit worthiness	solvabilité (*f*)
cultural influence	rayonnement (*m*)
curiosity	curiosité (*f*)
out of sheer curiosity	par simple curiosité
currency	devise (*f*)
curtain	rideau (*m*)
cushion	coussin (*m*)
customer	client (*m*)
damage (n)	dégâts (*mpl*)
damp (adj)	humide
damp (n)	humidité (*f*)
dark	sombre
date stamp	cachet (*m*)
day	jour (*m*)
the next day	le lendemain
deal with	s'occuper de, avoir affaire à

debit side	débit (*m*)
debt	dette (*f*)
deficiency	carence (*f*)
delay	retard (*m*)
delighted to + verb	enchanté(e) de +inf, ravi(e) de + inf
deliver	livrer
delivery terms	délais (*mpl*) de livraison
demand (v)	exiger
demand (n)	exigence (*f*)
department	service (*m*), département (*m*), rayon (*m*) (in shop)
department store	grand magasin
depend on (contingent on)	dépendre de
depend on (rely on)	compter sur
deposit (n)	dépôt (*m*)
deposit (v)	déposer
depreciation	dépréciation (*f*), amortissement (*m*)
design (n)	dessin (*m*), motif (*m*)
design (v)	dessiner, concevoir
design (development of a project)	élaboration (*f*)
desirable	souhaitable
despatch (v)	expédier, envoyer
despatching	expédition (*f*), envoi (*m*)
devote time to	consacrer du temps à
difference, gap	écart (*m*)
digital	numérique
directory	annuaire (*m*)
disappear	disparaître
discount (n)	remise (*f*), réduction (*f*)
discount coupon	bon (*m*) de réduction (*f*)
dismissal	licenciement (*m*)
dismissal, suspension	mise (*f*) à pied
disown	renier
display (on)	en vitrine
display stand	présentoir (*m*), stand (*m*)
distinguish from	distinguer de
distribution channel(s)	canal (*m*)/canaux (*mpl*) de distribution
district	circonscription (*f*)
divert	détourner

down (n)	duvet (*m*)
draft	traite (*f*)
drafting	rédaction (*f*)
draw up	établir
drawing up	élaboration (*f*)
dry (adj)	sec (èche)
dry-cleaning service	service (*m*) pressing
duck	canard (*m*)
due	à échéance
duration	durée (*f*)
dust (n)	poussière (*f*)
duvet	couette (*f*)
economic situation	conjoncture (*f*)
effectiveness	efficacité (*f*)
efficiency	efficacité (*f*)
elect	élire
eliminate	éliminer
emblem	emblème (*m*)
employers' association	syndicat (*m*) patronal
enhance	valoriser
enjoy	aimer, bénéficier de
enormous	énorme
ensue (v)	découler
entrust	confier
establish	établir
establish oneself	s'installer
evolve	évoluer
executive	cadre (*m*)
exhibition	exposition (*f*)
exhibitor	exposant (*m*)
expected	attendu(e), prévu(e)
it took longer than expected	cela a pris plus longtemps que prévu
expense	frais (*m*), charge (*f*), dépense (*f*)
expenses	frais
expensive	cher (ère)
exports	exportations (*fpl*)
fact	fait (*m*)
fact-finding market survey	enquête (*f*) de marché
factory	fabrique (*f*), usine (*f*)

famous	réputé(e)
fax	télécopie (f), télécopieur (m)
fee	droit (m)
feel (v)	se sentir
field	champ (m), terrain (m)
in the field	sur le terrain
figure	chiffre (m)
file (n)	dossier (m)
file (v)	classer
fill (v)	remplir
fill in a form	remplir un formulaire
finance manager	le contrôleur de gestion, le directeur financier
financial	financier (ière), fiscal
financial statement	état (m) comptable
financing	financement (m)
find (v)	trouver
findings	résultats (mpl) d'une enquête
fire (n)	feu (m), incendie (m) (accidental)
fireplace	cheminée (f)
fiscal year	exercice (m)
fish (n)	poisson (m)
fixed assets	immobilisations (fpl)
flexible	souple
flight	vol (m)
floor (of a building)	étage (m)
flow (n)	flux (m), débit (m)
fog	brouillard (m)
follow	suivre
follow-up (n)	suivi (m)
food (sector)	agro-alimentaire
forbidden	interdit(e)
forecast (n)	prévision (f)
forecast (v)	prévoir, faire une prévision
foresee	prévoir
found (v)	fonder
fragile	fragile
franking	affranchissement (m)
free (of charge)	gratuit(e)
freeze (v)	geler

freight forwarder	transitaire (*m*)
funds	fonds (*mpl*)
games	jeux (*mpl*)
gap (in a market)	créneau (*m*)
gather (v)	réunir
general partnership	société (*f*) en nom collectif
get to	se rendre
give back	rendre
glass	verre (*m*)
gold	or (*m*)
gondola	gondole (*f*)
goodwill	fonds (*m*) de commerce
granite	granit (*m*)
grant (v)	consentir, accorder
greater than	supérieur(e) à
green	vert(e)
grey	gris(e)
ground (n)	sol (*m*)
hairdresser's	salon (*m*) de coiffure
hairdressing	coiffure (*f*)
handsome	beau
hang up (v) (telephone)	raccrocher
happen again	se reproduire
hard	dur(e)
have influence on	influer
have to	devoir
head of department	chef (*m*) de service
head office	siège (*m*) social
health	santé (*f*)
healthy	sain(e)
heavy	lourd(e)
high	haut(e)
hire (v)	louer
holding company	société (*f*) holding
holiday	congés (*mpl*), congé (*m*)
holidays	vacances (*fpl*)
hollow (adj)	creux
hour	heure (*f*)
household	ménage (*m*)

housewife	ménagère (f)
human resource management	la gestion (f) des ressources humaines (fpl)
husband	mari (m), époux (m)
import (n)	importation (f)
impressed with (to be)	être impressionné(e) par
improve	améliorer
improvements	améliorations (fpl), agencements (mpl)
in exchange for	moyennant
incite	inciter
include (v)	inclure, comprendre
income statement	compte (m) de résultats (mpl)
increase (n)	augmentation (f)
increase	augmenter
indebted	endetté(e)
indeed	voire
indicate	indiquer
influence (v)	influer
influenza	la grippe
information	information (f)
to find information	se documenter, se renseigner sur
installation	aménagement (m)
instant	instantané(e)
institution	établissement (m)
insulation	isolation (f)
insurance	assurance (f)
insure (v)	assurer
integrated office	bureautique (f)
interactive	intéractif (ve)
interlocutor (person to whom you speak)	interlocuteur(trice)
interviewer	enquêteur (m)
introduce someone	présenter quelqu'un
investigation	enquête (f)
investment	investissement (m), placement (m)
invoice (n)	facture (f)
invoice (v)	facturer
invoicing	facturation (f)
iron (n)	fer (m)

iron (v)	repasser
issue (v) (currency, a cheque)	émettre
jar (glass)	verrine (f)
job	travail (m), métier (m)
joint stock company	société (f) par actions
keep in touch	garder le contact
know	savoir
label	étiquette (f)
labelling	étiquetage (m)
labour law	législation (f) du travail
land (v)	atterrir
large	grand(e)
last (adj)	dernier
the last one	le dernier/la dernière
late	tard
to be late	être en retard
launch (n)	lancement (m)
launch (v)	lancer
law	loi (f)
lay-out	disposition (f)
layout	mise (f) en page
rough layout	ébauche (f)
leaflet	dépliant (m)
leather	cuir (m)
leave in a prominent position	laisser en évidence
level	niveau (m)
at the level of	au niveau de
liabilities	passif (m)
liable to	assujetti(e) à
liaise	liaiser
light	léger (ère), clair(e)
lightness	légèreté (f)
limited	limité(e), restreint(e)
limited liability company	société (f) de capitaux (mpl)
limited partnership	société (f) en commandite simple
linen	lin (m)
linen (underclothes)	linge (m)
link	lien (m), connexion (f)

listener	auditeur (*m*)
load (v)	charger, embarquer
loan (n)	prêt (*m*)
loan (v)	prêter
located	situé(e)
logotype	logo (*m*), sigle (*m*)
long	long(ue)
look after someone	soigner quelqu'un, s'occuper de quelqu'un
look out on	donner sur
lose	perdre
loss	perte (*f*)
losses	pertes (*fpl*)
lost	perdu(e)
to get lost	se perdre
low	bas(se)
loyalty (brand)	fidélité (*f*) à la marque
luck	chance (*f*)
luggage rack	coffre (*m*) à bagages
lung	poumon (*m*)
machine	machine (*f*)
machine tool	machine-outil (*f*)
mail	courrier (*m*)
mailing	publipostage (*m*), mailing (*m*)
mailing list	fichier (*m*)
make (n)	marque (*f*)
make contact	prendre contact
making contact	prise (*f*) de contact
make easier	faciliter
make inquiries about	se renseigner sur
make someone fall, to destroy	faire tomber quelqu'un
manage (run)	gérer
management	gestion (*f*), management (*m*)
manager	responsable (*m*)
manufacture (v)	fabriquer
manufacturer (n)	fabricant (*m*)
manufacturing process	procédé (*m*) de fabrication (*f*)
mark out of 20	noter sur 20
market (n)	marché (*m*)

market appraisal	évaluation (f) du marché
market niche	créneau (m), niche (f)
market, selling	commercialisation (f)
material (n)	matière (f), tissu (m)
matter (n)	matière (f)
meaning	sens (m)
means	moyens (mpl)
meat	viande (f)
meet	réunir, se réunir
meet someone	rencontrer quelqu'un
meeting	réunion (f)
merchandising	marchandisage (m)
merger	fusion (f)
middlemen	intermédiaires (mpl)
minutes	procès (m) verbal
mistake	faute (f)
mixture	mélange (m)
monitor (v)	contrôler
monitoring	suivi (m)
month	mois (m)
monthly	mensuel(le)
monthly magazine	mensuel (m)
monthly payment	mensualisation (f)
nationals	ressortissants (mpl)
nearby (adv)	à proximité, près, proche
nearness	proximité (f)
necessarily	forcément
necessary	nécessaire
to be necessary	falloir
need	besoin (m)
if needs be	au besoin
negligence	négligence (f), carence (f)
network	réseau (m)
nominee company	société (f) écran
non-trading company	société civile (f)
note (v)	noter, constater
notorious	notoire
number	nombre (m), chiffre (m)
number (of a magazine)	numéro (m)

number of customers	fréquentation (*f*)
obligation	obligation (*f*)
obtain	obtenir, se procurer
offer (n)	offre (*f*)
office	bureau (*m*)
only	seulement, uniquement
open a documentary credit	ouvrir un crédit documentaire
open day	journée (*f*) portes ouvertes
opening	ouverture (*f*)
opening (in a market)	créneau (*m*)
operating expenses	frais (*mpl*) d'exploitation
orange	orange
order (n)	commande (*f*), ordre (*m*)
order (v)	commander
organization, federation	fédération (*f*)
organization chart	organigramme (*m*)
oval	ovale
overall	blouse (*f*)
overdraft	découvert (*m*)
own (adj)	propre
pack (v)	emballer
packaging	conditionnement (*m*)
packaging	emballage (*m*)
packaging department	chaîne (*f*) d'emballage
packing	emballage (*m*)
page	page (*f*)
whole page	page entière
pallet	palette (*f*)
panel	panneau (*m*)
parent company	société (*f*) mère
park (v)	garer, se garer, stationner
partition	cloison (*f*)
partnership	société (*f*) de personnes
pass on	transmettre
pasteurization	pasteurisation (*f*)
pay	verser
pay (n)	paie (*f*), solde (*f*)
pay (v)	payer
pay, payment, salary	rémunération (*f*)

payment	paiement (*m*)
peak hours	heures (*fpl*) de pointe
pension scheme	régime (*m*) de retraite
perfect, improve	parfaire
period of time	durée (*f*)
periodical (n)	périodique (*m*)
person in change	responsable (*m*)
personnel management	gestion(*f*) de personnel (*m*)
piece of advice	avis (*m*)
pillowcase	taie (*f*) d'oreiller (*m*)
pink	rose
pinpoint (v)	cerner
place and order	passer une commande
place	lieu
in place of	au lieu de, à la place de
plan (n)	plan (*m*)
plan (v)	projeter
plastic	plastique (*m*)
play a part	jouer un rôle
please (v)	plaire
pleased to + verb	heureux(se) de + inf
point of sale	point (*m*) de vente (*f*)
point out	spécifier
point-of-sale advertising	PLV (publicité (*f*) sur le point de vente
poll	sondage (*m*)
position (in a company)	le poste
post (n)	voie postale (*f*) (lit. postal route)
poster	affiche (*f*), poster (*m*)
powerful	puissant(e)
premises	local (*m*)
present sthg	présenter quelque chose
preserving	conservation (*f*)
print (v)	imprimer
printer	imprimeur (*m*), imprimante (*f*) (for a computer)
produce (v)	produire
product	produit (*m*)
production line	chaîne (*f*) de production (*f*)
production manager	chef (*m*) de production, chef (*m*) d'atelier

profit-sharing scheme	intéressement (*m*)
profits	bénéfices (*mpl*)
promising (adj)	prometteur (-eusse)
proof	épreuve (*f*)
proposal	proposition (*f*), offre (*f*)
prospect (v) (a market)	prospecter (un marché)
provide for	prévoir
provided by	prévu(e) par
public holiday	jour férié (*m*)
public limited company, plc	société (*f*) anonyme (SA)
public relations	relations (*fpl*) publiques
publish	publier, éditer
purchases	achats (*mpl*)
purchasing	achats (*mpl*)
purchasing power	pouvoir (*m*) d'achat
put together	réunir, rassembler
put up with	supporter
put, put on	mettre
questionnaire	questionnaire (*m*)
quilt	couette (*f*)
rain (v)	pleuvoir
random (at)	au hasard
range (n)	gamme (*f*)
rank (n)	rang (*m*)
rate	cours (*m*), taux (*m*)
special rate	forfait (*m*)
raw material	matière première (*f*)
reach	toucher
reader	lecteur (*m*)
ready for	prêt(e) pour
real-estate company	société (*f*) immobilière
rebate	ristourne (*f*)
receipt	quittance (*f*), reçu (*m*), récipissé (*m*)
receipts	recette(s) (*f/fpl*)
reception	accueil (*m*)
record (v)	enregistrer
recovery, collection	recouvrement (*m*)
rectangular	rectangulaire
red	rouge

reduce	réduire
reflect on	réfléchir
register (v)	enregistrer
registration	immatriculation (*f*)
rely on	compter sur
renew	renouveler
rent (n)	location (*f*)
renting	location (*f*)
report	rapport (*m*)
company report	rapport (*m*) d'entreprise
request (n)	demande (*f*)
required	requis(e), exigé(e)
research and development	la recherche et le développement
researchers	chercheurs (*mpl*)
resignation	démission (*f*)
resource	ressource (*f*)
responsibility	responsabilité (*f*), charge (*f*)
responsible for (to be)	être responsable pour, avoir la charge de
results	résultats (*mpl*)
retail price	prix (*m*) de vente (*f*)
retailer	détaillant (*m*)
retain	retenir
reveal	révéler
rights	droits (*mpl*)
rigid	rigide
ring off	raccrocher
road, sea, aid (adjs)	routier (ière), maritime. aérien(ne)
room	salle (*f*)
run, exploit, operate	exploiter
runway (take-off/landing)	piste (*f*) de décollage/d'atterrissage
safety	sécurité (*f*)
salary slip	bulletin (*m*) de paye
sales manager	directeur (*m*) des ventes (*fpl*)
sales person	vendeur (*m*), vendeuse (*f*)
sales	ventes (*fpl*)
sales department	service (*m*) commercial
sample (n)	échantillon (*m*)
sampling	échantillonage (*m*)

schedule	horaires (*mpl*)
sea-food	fruits (*mpl*) de mer (*f*)
seasonal nature	caractère (*m*) saisonnier
seat (n)	place (*f*)
window/aisle seat	place (fenêtre/couloir)
secondary school	collège (*m*)
see	voir
select (v)	sélectionner
sell	vendre
seller	vendeur (*m*)/vendeuse (*f*)
seminar	séminaire (*m*)
send	envoyer, expédier
sending	envoi (*m*)
seriousness	gravité (*f*)
set up (v)	s'implanter, s'installer
setting	cadre (*m*)
setting up	mise (*f*) en place
shake hands with someone	serrer la main à quelqu'un
shape (n)	forme (*f*)
share price	cours (*m*) d'une action
sheet	drap (*m*)
shelf	rayon (*m*)
shelf space	linéaire (*m*)
shell company	société (*f*) écran
shelve (a report)	enterrer un rapport
ship (v)	expédier
shirt	chemise (*f*)
shop (n)	magasin (*m*)
shop steward	délégué (*m*) syndical
shopping environment	cadre (*m*) d'achat
short	court(e)
sign, to conclude	conclure
signs	signalisation (*f*)
silk	soie (*f*)
silver	argent (*m*)
sister company	société (*f*) soeur
site (for advertising)	emplacement (*m*)
situated (to be)	se trouver
size	taille (*f*)
small	petit(e)

smell (v) of sthg	sentir
soap	savon (*m*)
soft	doux (ouce)/mou (olle)
softness	douceur (*f*)
solid	solide
sorry	désolé(e)
sound (adj)	sain(e)
space	espace (*m*)
specialities	spécialités (*fpl*)
specifications	cahier (*m*) des charges, devis descriptif
spell	épeler
square(d)	carré(e)
staff	personnel (*m*)
stages	étapes (*fpl*)
stamping	timbrage (*m*)
stand (v) (put up with)	supporter
standardization	normalisation (*f*)
statement (bank)	relevé de compte (*m*)
statistics	statistique(s) (*f/fpl*)
stock exchange prices	le cours de la bourse
stock management	la gestion (*f*) des stocks (*mpl*)
stone	pierre (*f*)
stoppage	cessation (*f*)
straw	paille (*f*)
strengthen	renforcer
strike	grève (*f*)
strong	fort(e), solide
studies	études (*fpl*)
study (n)	étude (*f*), enquête (*f*)
sub-contracting	sous-traitance (*f*)
subsequent	ultérieur(e)
subsidiary (n)	filiale (*f*)
succeed (v)	réussir, aboutir
such as	tel(le) que
suit (n)	costume (*m*)
suit (v)	convenir, aller
sum up	résumer
sun	soleil (*m*)
supervisor	chef d'atelier (*m*), surveillant (*m*), agent (*m*), technique

supervisory staff	encadrement (*m*)
supplier	fournisseur (*m*)
surveillance	gardiennage (*m*)
survey (n)	enquête (*f*), étude (*f*)
swear (v)	jurer
sweet	sucré(e)
take into account	prendre en compte, tenir compte de
take off (n) (of a plane)	décollage (*m*)
take off (v) (for a plane)	décoller
take off (v) (remove)	enlever
take part in	participer
take place	se dérouler
target	cible (*f*)
target market	marché (*m*) cible (*f*)
tax	impôt (*m*)
income tax	les impôts (*mpl*) sur le revenu
tea	thé (*m*)
tea-set	service (*m*) à thé
team (n)	équipe (*f*)
term	terme (*m*)
in the long/medium/short term	à long/moyen/court terme
terms	modalités (*fpl*)
terylene	tergal (*m*)
test	essai (*m*), test (*m*)
theft	vol (*m*)
thick	épais(se)
thin	mince
through	à travers, par l'intermédiaire de
time	temps (*m*), heure (*f*)
to be on time	être à l'heure
tin, can	boîte (*f*)
total (n)	total (*m*)
total (v)	totaliser
towards	vers, envers
trade (n)	commerce (*m*)
trade fair	salon (*m*), foire (*f*)
trading company	société (*f*) de commerce
trading name	raison (*f*) sociale
train (v)	former

training	formation (*f*)
transfer (n)	transfert (*m*), virement (*m*)
transfer (v)	transférer, virer
transmit	transmettre
trend	tendance (*f*)
triangular	triangulaire
trip (n)	déplacement (*m*)
a business trip	voyage (*m*) d'affaires
turn to	avoir recours à
turnover	le chiffre (*m*) d'affaires
personnel turnover	rotation (*f*) du personnel
type face	caractère (*m*) d'imprimerie
undergo	subir
understandable	compréhensible
union members	syndiqués (*mpl*)
unlimited	illimité(e)
unload	décharger, débarquer
unrivalled	incomparable
upset (adj)	contrarié(e)
usefulness	utilité (*f*)
user	utilisateur (*m*)
vat (for wine, whisky)	cuve (*f*)
VAT	TVA (*f*)
violet	violet(te)
vision	vision (*f*)
visual aids	supports (*mpl*) visuels
wait patiently	patienter
wake up	se réveiller
wake someone up	réveiller quelqu'un
wall poster	poster (*m*) mural
want	vouloir
war	guerre (*f*)
warehouse	entrepôt (*m*)
warmly	chaleureusement
warning	avertissement (*m*)
way	chemin
by the way	au fait
weekly	hebdomadaire

welcome (n)	accueil (*m*)
white	blanc(he)
wholesaler	grossiste (*m*)
wife	femme (*f*), épouse (*f*)
wind (n)	vent (*m*)
window dresser	étalagiste (*m*)
wine list	carte (*f*) des vins (*mpl*)
wish (v)	vouloir
withdraw	retirer
within, in the midst of	au sein de
wonder (v)	se demander
wood	bois (*m*)
wool	laine (*f*)
word-processor	traitement (*m*) de texte (*m*)
work	travail (*m*), oeuvre (*f*), boulot (*m*) (fam.)
workforce, staff	effectif (*m*)
working capital	fonds (*m*) de roulement
working day	jour (*m*) ouvrable
works council	comité (*m*) d'entreprise (*f*)
workshop	atelier
workshop supervisor	chef (*m*) d'atelier
worth	valeur (*f*)
to be worth	valoir
wrap (v)	emballer
wrapping	emballage (*m*)
write out	rédiger
writing off	amortissement (*m*)
written	écrit
in writing	par écrit

Herschel Grammar School

A Grant Maintained Grammar School

Northampton Avenue • Slough • Berkshire SL1 3BW
Tel: Slough (0753) 520950/530984 • Fax: 0753 691712